启蒙与古今伦理转型

启真馆 出品

启蒙与古今伦理转型

罗卫东　李家莲 主编

ZHEJIANG UNIVERSITY PRESS
浙江大学出版社
·杭州·

图书在版编目（CIP）数据

启蒙与古今伦理转型 / 罗卫东，李家莲主编 . -- 杭州：浙江大学出版社，2024.1
（启蒙运动研究）
ISBN 978-7-308-24514-2

Ⅰ. ①启… Ⅱ. ①罗… ②李… Ⅲ. ①启蒙运动—研究 Ⅳ. ① B504

中国国家版本馆 CIP 数据核字（2023）第 239514 号

启蒙与古今伦理转型

罗卫东 李家莲 主编

责任编辑	叶　敏	
责任校对	张培洁	
装帧设计	王小阳	
出版发行	浙江大学出版社	
	（杭州天目山路148号　邮政编码310007）	
	（网址：http://www.zjupress.com）	
排　版	北京楠竹文化发展有限公司	
印　刷	河北华商印刷有限公司	
开　本	635mm×965mm　1/16	
印　张	17	
字　数	245千	
版 印 次	2024年1月第1版　2024年1月第1次印刷	
书　号	ISBN 978-7-308-24514-2	
定　价	78.00元	

前　言
——启蒙与古今伦理转型的情感枢纽

　　时至今日，发生在 18 世纪的启蒙依然对人类生活的方方面面有着至关重要的影响。这场声势浩大的启蒙，不仅塑造了现代世界的基本秩序，而且用这种秩序塑造了人类的情感，对于每天都身处其中的我们来说，无人能置之度外。事实上，就其根源来说，启蒙至少源于文艺复兴时期，一个乘着文学和艺术的翅膀并借古代典籍推动人类觉醒的时代。米开朗琪罗的壁画和雕塑，莎士比亚的十四行诗与传世戏剧，为这种觉醒唱响了文艺的赞歌，直到 18 世纪，觉醒的号角才在哲学与其他人文社会科学领域缓缓响起。就启蒙与古今伦理转型中的情感枢纽言之，早在这种启蒙和转型本身发生之前，它就在人类的心灵中开启了激荡碰撞之旅。从文艺复兴到启蒙，古今伦理转型的核心情感动机是实现人自身的解放与自由。当教会的装饰画开始用崇尚自然风尚新画作取代中世纪那些不太自然的经典之作时，当人类情感的爱恨情仇在莎士比亚的传世名作中成为真正主角时，当鲁滨逊凭着坚强的毅力和进取雄心开启冒险人生时，当"浮士德精神"现身欧洲大地时，当格列佛以批判的眼光用自己在小人国、大人国、飞行岛和马国的游历表达人文主义理想时，当情感在 18 世纪的英国情感主义哲学中成为主角时，我们看到，始于文艺复兴时代的情感动机不仅没有在 18 世纪的哲学和社会思潮中退居幕后，相反，它主导并推动了古今伦理转型。如本书收录的高力克教授的《休谟、斯密的正义论与古今伦理转型》所言，这种转型的表征是正义伦理学的兴起[1]。

---

[1] 参阅本书专题部分高力克教授的论文《休谟、斯密的正义论与古今伦理转型》。

尽管人自身的解放与自由不仅是文艺复兴时期的潜在情感动机，也是18世纪欧洲启蒙哲学的情感主旋律，不过，当不同文化传统与哲学语境中的启蒙思想家面对这个问题时，他们为之找到的实现自由与解放道路却不尽相同。概言之，为了实现该目的，英国启蒙思想家依凭的是情感之路，德国启蒙思想家依凭的是理性之路，而法国启蒙思想家依凭的则是革命之路。当沙夫茨伯里以审美之情为钥匙缓缓开启18世纪英国哲学的大门时，这意味着其他各类情感随后也会相继涌入18世纪的英国哲学舞台，直到斯密为人类社会构建起以市场经济秩序为表现形式的现代新秩序时，这场人类历史上以情感为主旋律的第一次启蒙运动才在英国缓缓落下帷幕。然而，位于英吉利海峡对岸的欧洲大陆思想家们思考启蒙时，却走了与情感不同的理性之路和革命之路，分别以德国启蒙运动和法国启蒙运动为典型代表。有意思的是，尽管发生在英国的苏格兰启蒙运动始于沙夫茨伯里和哈奇森等人对情感问题的讨论，但在《国富论》为人类社会确立的现代新秩序中，情感却并非主色调，而是与高度重视理性的德国启蒙思想家一样，该书也高度重视理性。众所周知，自古希腊以来，理性主义就在西方哲学舞台上扮演着主角，就此言之，在启蒙与古今伦理转型的过程中，理性主义的地位不仅没有被削弱，相反借着现代性的浪潮以一种新的方式全面深入了我们生活的方方面面。

然而，在这种处于支配性地位的强大理性主义哲学的加持下，我们从启蒙思想获得的关于人类生活和人类价值的一般性图景却是扭曲的，在很多方面都无法给我们提供助力，我们是否真正实现了人的解放与自由，这依然是一个需要被追问的问题。比如，在财富与美德的问题上，当我们真正在生活中采纳《国富论》描述的有关财富和秩序的观点时，斯密当年就发现，这并不意味着我们的美德因此会得到增加，进一步说，二者之间还呈现出了相互背离的状态。对这一问题的高度重视使斯密开始思考何谓真正值得被赞同的东西，并由此推出了第六版《道德情操论》。再比如，在伦理问题和知识论（认识论）的问题上，高度重视理性的启蒙思想家／理性主义者通常都认为，理性是活性的，而情感则是被动的，不仅如此，他们还高度重视与被动相对立的那种主动性、活动性、行动和自主掌控（自主性），随着现代秩序逐步确立，启蒙与伦理转型中形成的"浮士德精神"被拓展到了现代人类生活的方方面面。启蒙思想家 / 理性主义者除了以这种方式理解理性与情感之间的主动与被动关系外，也用同样的思想对待自然。由于高度重视与被动相对立的那种主动性、活动性、行动和自主掌控（自主性），自然在人类面前是被动的，是被立法的对象，而不是给理性或主动的行动提供动力的源泉。

造成这一切的根本原因在于，在我们实现启蒙和古今伦理转型的过程中，我们忽视了真正的情感枢纽——承应（receptive/receptivity）[2]。当沙夫茨伯里基于内眼（inward eye）也即美的感官(sense of beauty) 和道德感官（moral sense）讨论审美之情和道德情感的美学和道德合法性时，他并不认为美的感官和道德感官的本性与情感有关，他赋予二者以理性的本质，用理性为标准为二者确定美与道德的标准。因此之故，虽然沙夫茨伯里在 18 世纪英国哲学舞台上开启了情感之门，但这扇门却终究受制于理性的铰链，不得解放与自由。当沙夫茨伯里的追随者弗兰西斯·哈奇森（Francis Hutcheson）继续深化其情感主义哲学思想时，很显然，他注意到了沙夫茨伯里学说中的这个问题，所以他做的最重要的工作是把普遍、平静且无利害的仁爱确立为道德感官的情感基础，试图以情感的名义让人类的道德情感得到真正的解放与自由。然而，由于被视为道德之基础的情感和履行道德判断功能的道德感官的基础都是这种相同的仁爱，哈奇森的道德哲学陷入了循环论证的泥沼。为了走出困境，他主张从情感的后果出发来衡量美德，用他的话说，"为最大多数人带来最大幸福的行为就是最好的行为，以同样的方式引发苦难的行为是最坏的行为"[3]。

---

[2]　早在 2007 年，美国哲学家迈克尔·斯洛特（Michael Slote）就在《关怀伦理学与移情》一书中第一次提出了"承应"这一概念，后来，他在《从启蒙到承应》《认识论的阴与阳》《无处不在的情感：以阴阳观之》《阴阳的哲学》和《阴阳哲学大观：从心灵和谐到宇宙和谐》等著述中反复使用该概念。

[3]　Francis Hutcheson, *An Inquiry into the Original of Beauty and Virtue in Two Treatises*, edited and with an introduction by Wolfgang Leidhold, Indianapolis: Liberty Fund, 2004, p.125.

很显然，在这种情感主义哲学中，由于受情感主导的行为须受制于情感的后果，并以之为基础衡量美德的大小，这种情感和行为终究也未能享有真正的解放与自由。当休谟用同情取代沙夫茨伯里和哈奇森的道德感官概念后，他在《人性论》第二卷第一章第十一节阐释了何谓同情，根据他的理解，同情不是一种情感，而是一种情感机制，一种使他人的情感和思想与我们自己的情感和思想保持一致或相似的机制。[4] 休谟曾试图用它阐述道德赞同，然而，当他发现同情机制会因时空、地理、血亲等因素而具有偏狭性时，他声称，要赋予其以普遍性的视角，受其支配的道德赞同才是真正值得被赞同的。尽管如此，这种受普遍性视角支配的同情在休谟的全部哲学体系中并未真正发挥效力，不仅如此，到了《道德原则研究》中，休谟对它的理解也发生了根本性改变，在使其更接近同胞之情中的共有之情的过程中，同情机制的道德效力逐步淡出了我们的视野。斯密也讨论同情，但他的同情概念与休谟的同情概念有本质不同。休谟的同情涉及他人对我们的情感注入以及我们因此而形成与他人类似的情感，斯密的同情与此无关，他认为，除非借助想象，否则我们无法知晓他人的感情[5]。因此，在斯密的同情概念中，想象占据了核心位置，发挥了关键作用。萨缪尔·弗莱沙克尔（Samuel Fleischacker）抓住这点，认为斯密的同情具有投射性。[6] 进一步说，尽管斯密也把同情理解为一种情感机制，但与他的同情概念一样，这种情感机制也具有投射性。很显然，较之承应，投射是一种截然相反的情感状态。就此言之，当苏格兰启蒙运动随着《国富论》的出版而落下帷幕时，始于沙夫茨伯里的 18 世纪英国情感主义哲学最终以情感的投射状态为之画上了句号，与此

---

[4] 休谟：《人性论》，关文运译，郑之骧校，北京：商务印书馆，1996 年，第 352-353 页。

[5] Adam Smith, *The Theory of Moral Sentiments*, edited by D.D. Raphael and A.L. Macfie, Indianapolis: Liberty Fund, 1984, p.9.

[6] Samuel Fleischacker, "Sympathy in Hume and Smith", in C. Fricke and D. Føllesdal, *Intersubjectivity and Objectivity in in Adam Smith and Edmund Husserl*, Frankfurt: Ontos Verlag, 2012, pp.273–311.

同时，与投射相对立的承应，那种具有接受性和被动性的情感，则完全被忽视。这充分证明，即便对于以情感为主旋律的苏格兰启蒙时代的道德哲学来说，承应也远未得到理解和认可。既然如此，当欧洲大陆的理性主义者们理解启蒙并以此为基础推动伦理思想实现古今之变时，承应受到了更彻底的忽视，也就不足为怪了。然而，由于承应在人类所有价值概念尤其是道德价值概念中占据十分重要的核心地位，因此，这种忽视引发的理论后果是灾难性的，它直接导致启蒙思想家在人的主动性、活动性、行动和自主掌控（自主性）问题上为我们提供了一种处于扭曲状态的有关的概念和思想体系。时至今日，当我们重新反思启蒙和古今伦理转型问题时，我们不得不严肃对待这个问题。

事实上，被理性主义哲学家们看重的主动性、活动性、行动和自主掌控（自主性）内在地蕴含着承应，而承应也内在地关联着以之为基础的主动性、活动性、行动和自主掌控（自主性）。然而，启蒙时代致力于推动伦理古今转型的情感主义思想家们却不这样认为，确切地说，我们在他们的哲学体系中发现，心灵的活性与伴随承应而来的被动之间存在着难以弥合的裂缝。例如，在《论美与美德观念的根源》中谈到感官知觉时，哈奇森告诉我们："因外在对象的现身及其作用于我们的身体而在心灵中激发起来的那些观念可被称为感觉。我们发现，心灵在这种情况下是被动的。"[7]哈奇森把接收这些观念的官能称为感官，认为心灵除了能被动地接受感官知觉外，别无所能。所以在谈到心灵的活性或主动性时，他认为心灵有把不同感官单独接收的观念进行综合、比较和抽象的能力。[8]然而，令人困惑的是，心灵的这种活力或活性却不会受到内在于感官的任何机制或法则的约束，它似乎可以在完全不受这种约束的情况下天马行空般地展现自己

---

[7] Francis Hutcheson, *An Inquiry into the Original of Beauty and Virtue in Two Treatises*, p19.

[8] Francis Hutcheson, *An Inquiry into the Original of Beauty and Virtue in Two Treatises*, p20.

的主动性或活性。简言之，在哈奇森哲学中，心灵的被动和活性是有裂缝的。到了休谟哲学，哈奇森讨论过的心灵的被动性则表现为理性的惰性，休谟认为，"理性完全是惰性的，不能阻止或产生任何行动或感情"[9]。时至今日，这种观点依然根深蒂固，我们发现，戴维森(Donald Davidson)等当代哲学家也认为信念、理性等都具有惰性，是不活动的。然而，这种观点是有问题的。比如，当饥肠辘辘的人在房间寻找食物且发现房间没有食物时，如果理性是惰性的，如果它不能阻止或产生任何行动或感情，那么，这个饥肠辘辘的人就不会离开房间，去外面寻找食物。但事实上，只要心智正常，每个饥肠辘辘的人都会走出房间，去外面寻找食物。这充分说明，在面对经由感官知觉提供的观念时，心灵不会仅仅只是对其进行综合、比较和抽象，而是会基于该观念而自动产生出某种行动，如内格尔在《利他主义何以可能》中所言，认知或理性内在地蕴含着情感。

美国当代哲学家迈克尔·斯洛特教授认为，这种承应和定向行动之间的关系，就其始终紧密相连、从不分离来说，可用中国传统哲学中的阴阳关系予以描述。斯洛特教授还认为，以承应和定向行动为内核的阴阳法则构成了自律的准绳，也构成了人类一切行为的规范之源。就此言之，当我们用这种观点反观过于强调投射且完全忽视承应的18世纪启蒙与古今伦理转型时，当我们以自由的心态在自律原则的支配下面对大自然和他人时，我们将生出受纳心和谦卑心。很显然，这也意味着启蒙思想家就人的主动性、活动性、行动和自主掌控（自主性）提出的那些思想是亟待修订的。在理性主义长期占主流的西方哲学舞台上，承应以及以之为基础衍生出的阴阳都是全新的概念与思想，我们完全可以说，关于此话题的讨论以及据此对启蒙与古今伦理转型展开的反思和批判，还有很多未竟的工作等待着我们努力完成。有鉴于此，我们选编了此书，希望读者在阅读这些相关论文的过程中能深入了解不同视角下的启蒙与古今伦理转型，也能在反思、批

---

[9] David Hume, *A Treatise of Hume Nature*, edited by L.A. Selby-Bigge, Oxford: Oxford University Press, 1958, pp.457-458.

判乃至借鉴启蒙与古今伦理转型的理论成果的过程中为中国现代社会
的治理提供自己的智力支撑和理论贡献。

李家莲

2023 年冬写于湖北武汉

目　录

专　题

其　他

评　论

专　　题

休谟、斯密的正义论与古今伦理转型

高力克

1688 年"光荣革命"后，英国取代荷兰成为头号世界海洋帝国，航海、贸易、殖民的迅猛发展，促进了市场经济的繁荣，中世纪的宗教和封建共同体日益让位于一个以资产者为主体的市民社会。商业社会的兴起，呼唤一个与新社会秩序相配合的新价值体系的诞生，它构成了由中世纪宗教道德向现代社会道德之伦理转型的时代背景。当人们摒弃基督教传统的禁欲苦行主义，对财富的追求日益成为市民社会的一种新生活方式时，这表征着从古代德性到现代德性的深刻伦理转型。

随着商业社会的来临，古今道德转型的趋向不仅表现为"个人"的兴起和欲望、财富、利益、竞争的正当化，而且伴随着以"正义"和产权规则为中心的规则伦理的兴起。在苏格兰启蒙运动的道德哲学中，大卫·休谟（David Hume）和亚当·斯密（Adam Smith）的正义论，即其为商业社会新秩序建构新伦理的尝试。

一　休谟的正义论

大卫·休谟是 18 世纪苏格兰启蒙运动的著名思想家，其哲学、政治学、经济学和历史学思想对苏格兰启蒙运动乃至西方现代思想影响深巨。在休谟的道德哲学中，正义论居于引人注目的中心位置。在其代表作《人性论》中，第三卷《道德学》除了导论性的第一章"德与恶总论"，讨论道德德目之内容的仅两大章，其中第二章"论正义与非义"则居全卷大半篇幅，而"论其他的德和恶"皆被列入篇幅更小的第三章。对正义的偏重，成为休谟伦理学的一个鲜明特色。

休谟的正义理论旨在回答这样两个问题：（1）正义的原则是出于何种动机而建立的？（2）我们为何认为遵守这些原则是善的，违背这些原则是恶的？[1]

在 18 世纪，道德哲学包括伦理学与法学。正义兼具伦理与法律意义。作为美德的正义，是法律的伦理基础。古代自然法的"自然正义"观念认为：正义和法律来自上帝。而休谟认为，"正义起源于社会协议"。[2]人类的一大困境，在于自然赋予其以无穷的欲望和需要，却又仅赋予其满足这些需要的很薄弱的手段。其他动物则往往在这两方面是互相补偿的。作为社会动物，人只有依赖社会，才能弥补自己的缺陷，以便相对于其他动物取得优势。社会使个人的这些弱点得以补偿；在社会状态中，他的才能的增长超过欲望的增长，使他比在野蛮和孤立状态中生活得更加幸福。人类可以凭勤劳和幸运而获得所有物的享用，但其财物随时可能被其他人的暴力劫取或被随意转移。因此随着财富的增长，财物占有的不稳定性和它的稀缺性成为社会发展的主要障碍。[3]

如何补救这种财物占有的不稳定性，从而使人们免于暴力的侵害和劫夺？休谟认为，在未受教化的自然状态中显然无计可施，补救的方法不是由自然而是由人为措施得来的。只有通过社会全体成员所缔结的协议使对外物的占有变得稳定，才能使每个人安享他凭幸运和勤劳所获得的财物。由此，每个人就知道什么是自己可以安全地占有的；而且情感在其偏私的、矛盾的活动方面也就受到了约束。[4]

在休谟那里，正义是一种起源于共同利益感之约定的社会规则。"全面的和平和秩序是正义的伴生物，亦即全面禁绝侵犯他人财产的

---

[1] 伊丽莎白·S. 拉德克利夫：《休谟》，北京：中华书局，2002 年，第 107-108 页。
[2] 大卫·休谟：《人性论》（下），北京：商务印书馆，1996 年，第 534 页。
[3] 休谟：《人性论》（下），第 525-528 页。
[4] 休谟：《人性论》（下），第 530 页。

伴生物。"[5]"对许诺的遵奉本身就是正义的最重要的部分之一。"[6]"正义"是一种为了共同利益的约定，它具有"禁绝侵犯他人财产"和"诚信守诺"等含义。

休谟强调，正义这种为人们所承认的协议并不是许诺，因为只有行为关系确立后，许诺才有意义。协议只是一般的"共同利益感觉"，这种感觉是社会全体成员互相表示出来的，并且诱导他们以某些规则来调整各自的行为。因为人们的行为都相互参照对方的行为，而且在行动时也假定对方将做某些行为。正如两个人在船上划桨时，是依据一种协议或习俗而行事的，虽然他们彼此从未做出任何许诺。关于财物占有的稳定规则是逐渐发生的，并且经过缓慢的进程，经历了不断的尝试和犯错，才逐渐发生效力。[7]

休谟认为，正义与财产权同出一源。在人们缔结了戒取他人所有物的协议而每个人都获得了所有物的稳定以后，正义与非义的观念由此产生，也产生了财产权、权利和义务的观念。"我们的财产只是被社会法律，也就是被正义的法则所确认为可以恒常占有的那些财物。……一个人的财产是与他有关系的某种物品。这种关系不是自然的，而是道德的，是建立在正义上面的。因此，我们如果不先充分地了解正义的本性，不先指出正义的起源在于人为的措施和设计，而就想象我们能有任何财产观念，那就很荒谬了。正义的起源说明了财产的起源。同一人为措施产生了这两者。"[8]同时，"划定财产、稳定财物占有的协议，是确立人类社会的一切条件中最必要的条件"[9]。

需要指出的是，休谟的社会"协议"并不是"契约"。相反，对于一位经验主义哲学家和历史学家来说，休谟认为霍布斯以来的社会契约论纯属哲学家的虚构。在他看来，人类的原初状态就具有社会性，而他们绝不可能长期停留在前社会的野蛮状态。哲学家们随意由

---

[5] 休谟：《道德原则研究》，北京：商务印书馆，2001年，第156页。

[6] 休谟：《道德原则研究》，第157页。

[7] 休谟：《人性论》（下），第530-531页。

[8] 休谟：《人性论》（下），第531页。

[9] 休谟：《人性论》（下），第532页。

推理而假设的"自然状态"和诗人们所臆造的"黄金时代",都是一种无聊的虚构。[10]

休谟是情感主义伦理学的代表人物,他认为道德感的基础是情感,而不是理性。关于"正义"的心理基础,休谟将其归为人的利己本性。"正义只是起源于人的自私和有限的慷慨,以及自然为满足人类需要所准备的稀少的供应。""对公益的尊重或强烈的广泛的慈善,不是我们遵守正义规则的最初的、原始的动机;因为我们承认,人类如果赋有那样一种慈善,这些规则根本是梦想不到的。"[11]易言之,倘若人性本善或自然供应充足,则人类社会完全不需要正义规则。

利己心之所以成为正义的根源,在于由利己而利群之相反相成的道德辩证法。休谟指出,自私与人性不可分割。"利己心才是正义法则的真正根源;而一个人的利己心和其他人的利己心既是自然地相反的,所以这些各自的计较利害的情感就不得不调整得符合于某种行为体系。因此,这个包含着各个人利益的体系,对公众自然是有利的;虽然原来的发明人并不是为了这个目的。"[12]在休谟看来,正义源于利益。道德的公私辩证法在于:"自私是建立正义的原始动机;而对于公益的同情是那种德所引起的道德赞许的来源。"[13]人性的自私和同情的两重性,是形成正义规则的基础。

虽然正义规则源于人的自私,但其基础则在于人的社会性。人们的相互依赖和对社会的依赖,使其自愿接受社会规则的约束。休谟强调,人们凭经验发现,如果任凭自私和有限慷慨的人自由地活动,会使他们与社会格格不入,而社会则是满足人们那些情感的必要条件。所以他们自然就乐于接受那些使人与人交往更加安全和方便的规则的约束。[14]

在休谟看来,正义具有普遍性,它是一切社会共同的伦理基础,是所有社会秩序绝对必需的规则,人类社会须臾离不开正义。"导向

---

[10] 休谟:《人性论》(下),第533-534页。
[11] 休谟:《人性论》(下),第536页。
[12] 休谟:《人性论》(下),第569页。
[13] 休谟:《人性论》(下),第540页。
[14] 休谟:《人性论》(下),第539页。

正义的那种便利或者毋宁说那种必需性，是如此普遍，处处都如此指向同一些规则，以致这种习惯出现在所有社会中。"[15]"如果没有正义，社会必然立即解体，而每一个人必然会陷于野蛮和孤立的状态，那种状态比起我们所能设想到的社会中最坏的情况来，要坏过万倍。"[16]

休谟强调，正义规则对于人类社会来说如此普遍，以至于它甚至适用于那些极端反道德的黑社会组织。"甚至建立在最不道德、对一般社会的利益最具毁灭性的原则之上的那些社会，其中也需要一定的规则，它们既通过私人利益、也通过虚假荣誉而约束每一个成员去遵奉。人们经常注意到，匪寇和海盗如果不在其内部建立一种新的分配正义，不恢复他们对其余人类已经侵犯的那些公道法则，他们就不可能维持他们的有害的联盟。"[17]匪盗团伙也离不开正义规则并反对不义，此即所谓"盗亦有道"。

在休谟的道德哲学中，"正义"居于无与伦比的中心位置。他把道德分为"社会的道德"与"自然的道德"两类，"正义"是社会道德的基石，仁慈、同情、慷慨等则属于自然的道德。对于休谟来说，正义是财产权的伦理基础，有了正义才有财产权。同时，正义还是政府之合法性的基础，政府不过是执行正义的机构，而不是霍布斯所谓自然状态的人们让渡的统治权力。

休谟的"正义"观念，不同于柏拉图之"心灵的德性"的古代"正义"观念，而是一种与财产权相联系的伦理规则，它包含权利与义务。如果说柏拉图的"正义"是一种理性、激情、欲望和谐而统治者、护卫者、生产者各安其位的身份伦理，那么休谟的"正义"则是一种个人之权利与义务结合的契约伦理。休谟的正义伦理，表征着一种以正义为中心的规则伦理的兴起。

---

[15] 休谟:《道德原则研究》，第54页。
[16] 休谟:《人性论》（下），第538页。
[17] 休谟:《道德原则研究》，第60-61页。

二 斯密的正义论

亚当·斯密是苏格兰启蒙运动的另一位伟大的思想家，这位以《国富论》闻名遐迩的现代经济学之父，在道德哲学上亦成就卓著，他继承和发展了休谟伦理学的情感主义、同情说、正义论等学说，其《道德情操论》集苏格兰启蒙伦理学之大成。

斯密小休谟 12 岁，两人是志同道合的学术良友。早在大学生时代，斯密就经由导师哈奇森教授介绍，结识了正在撰写《人性论》的青年哲学家休谟。休谟的哲学、伦理、经济思想，深深影响了斯密思想的发展。

在道德哲学上，斯密的正义论承休谟正义理论之余绪，将正义归为规则伦理的核心德目。休谟将整个道德体系归为"正义"与"其他的德"两部分，斯密亦将道德区分为"正义"准则与"仁慈"等其他美德两种类型，并进一步深入辨析了两种道德的不同性质和功能。

斯密盛赞休谟关于"正义"与其他美德的区分，将其誉为伟大哲学家的天才发现："正义和其他所有社会美德之间的明显区别，这种区别近来才为一个非常伟大、富有独创天才的作者所特别强调，即我们感到自己按照正义行事，会比按照友谊、仁慈或慷慨行事受到更为严格的约束；感到实行上面提及的这些美德的方法，似乎在某种程度上听任我们自己选择，但是，不知为什么，我们感到遵奉正义会以某种特殊的方式受到束缚、限制和约束。这就是说，我们感到那种力量可以最恰当地和受人赞同地用来强迫我们遵守有关正义的法规，但不能强迫我们去遵循有关其他社会美德的格言。"[18] 斯密敏锐地发现，"正义"与法则相联系而具有社会的强制性，是一种"必须"如此的底线伦理；"仁慈"诸美德则为个人的行为选择，属于"应当"如此的美德伦理。

在斯密看来，仁慈是人类的善良美德，正义则是构成社会秩序之

---

[18]　亚当·斯密：《道德情操论》，北京：商务印书馆，1997 年，第 98 页。

基础的基本道德。对于社会伦理秩序来说，正义显然更为不可或缺，人类社会离不开正义。"社会不可能存在于那些老是相互损伤和伤害的人中间"，甚至，"如果强盗和凶手之间存在着某种交往的话，他们至少一定不会去抢劫和杀害对方。因此，与其说仁慈是社会存在的基础，还不如说正义是这种基础。虽然没有仁慈之心，社会也可以存在于一种不很令人愉快的状态之中，但是不义行为的盛行却肯定会彻底毁掉它"。[19] 斯密进一步发挥了休谟的观点。正义虽然谈不上是崇高的美德，却是人类社会的伦理支柱。对于人类社会来说，或许我们可以奢侈品与必需品来比喻仁慈与正义。

斯密强调，正义是社会秩序的基础，是"人类联合的伟大卫士"。"为了强迫人们遵奉正义，造物主在人们心中培植起那种恶有恶报的意识以及害怕违反正义就会受到惩罚的心理，它们就像人类联合的伟大卫士一样，保护弱者，抑制强暴和惩罚罪犯。"[20]"正如在通常不放弃相互伤害的人中间，不可能发生社会交往那样，只有较好地遵守正义法则，社会才能存在。"[21] 因而，人们以遵守正义规则为德行，以违反正义规则为罪恶。"不折不扣并且坚定不移地坚持一般正义准则本身的人，是最值得称赞和最可信赖的人。虽然正义准则所要达到的目的是阻止我们伤害自己周围的人，但违反它们常常可能是一种罪行。"[22] 不义是人类之敌。"所有的人，即使是最愚蠢和最无思考能力的人，都憎恶欺诈虚伪、背信弃义和违反正义的人，并且乐于见到他们受到惩罚。"[23]

斯密关于"善"与"正义"的分析，使休谟两种道德的区分进一步明晰化。斯密以建筑为喻："行善犹如美化建筑物的装饰品，而不是支撑建筑物的地基，因此做出劝诫已经足够，没有必要强加于人。相反，正义犹如支撑整个大厦的主要支柱。如果这根柱子松动的

---

[19] 斯密：《道德情操论》，第 106 页。
[20] 斯密：《道德情操论》，第 107 页。
[21] 斯密：《道德情操论》，第 108 页。
[22] 斯密：《道德情操论》，第 215 页。
[23] 斯密：《道德情操论》，第 110 页。

话，那么人类社会这个雄伟而巨大的建筑必然会在顷刻之间土崩瓦解。"[24] 对于道德体系的大厦来说，"善"的美德伦理是"装饰品"，"正义"的底线伦理则是"支柱"。

斯密进而以语言学为喻，分析"正义"与其他美德的不同功能："正义准则可以比作语法规则；有关其他美德的准则可以比作批评家们衡量文学作品是否达到杰出和优秀水平而订立的准则。前者是一丝不苟的，准确的，不可或缺的。后者是不严格的、含糊的、不明确的，……一个人可以根据规则学会完全正确地合乎语法地写作；因而，或许，可以学会公正地行动。……但是，却没有哪种准则能确实无误地引导我们写出杰出或优秀的文学作品。同样，虽然某些准则能使我们在某些方面纠正和弄清楚我们对美德可能抱有的一些不完善的想法，但却没有哪种准则可以使我们确实学会在一切场合谨慎、非常宽宏或十分仁慈地行动。"[25]

在斯密看来，一切古代道德学家都坚持以不明确的方式追求美德，而晚近的自然法学派则主张按照确定性的戒律行事。前者像批判家那样写作，后者则像语法学家那样写作。

关于正义与人性的关系，斯密的观点与休谟有所不同。斯密认为，正义与仁慈的美德都源于人的仁慈的感情。"对自己幸福的关心，要求我们具有谨慎的美德；对别人幸福的关心，要求我们具有正义和仁慈的美德。前一种美德约束我们以免受到伤害；后一种美德敦促我们促进他人的幸福。……那三种美德中的第一种最初是我们的利己心向我们提出来的要求，另两种美德是我们仁慈的感情向我们提出来的要求。"这三种美德都是一个有德之人不可或缺的。"一个人若在其整个一生中或一生中的大部分时间坚定而又始终如一地仿效谨慎、正义或合宜的仁慈这种思想方式，则其行为便主要是受这样一种尊重的指导，即对那个想象中的公正的旁观者、自己心中的那个伟大居住者、

---

[24] 斯密：《道德情操论》，第106页。
[25] 斯密：《道德情操论》，第215-216页。

判断自己行为的那个伟大的法官和仲裁者的感情的尊重。"[26]"想象中的公正的旁观者"是斯密道德哲学特有的概念,指人们通过设身处地的共感心理,以他者的眼光判断自己行为的合宜与否。"公正的旁观者"是人们据以作出道德判断的良知的心灵之镜。

在斯密看来,"仁慈或许是神的行为的唯一原则"[27]。"正义"则是人类基本的社会准则。"仁慈"是积极道德,"正义"则是消极道德。"仁慈"是大善,"正义"则是合宜行为的准则。一个人仅仅缺乏仁慈并不应受到惩罚,但他实践仁慈的美德却应该得到最大的赞许和报答。相反,一个人违反正义会遭到惩罚,但他遵守正义却得不到什么报答。因为,"正义的实践中存在着一种合宜性,因此它应该得到应归于合宜性的全部赞同。但是它并非真正的和现实的善行,所以,它几乎不值得感激。在绝大多数情况下,正义只是一种消极的美德,它仅仅阻止我们去伤害周围的邻人"[28]。"正义"作为消极道德,是一种"必须"(不……)的否定性道德,即人类社会起码的伦理规则;"仁慈"等积极道德,则是一种"应当"的肯定性道德,其体现了人类善良的美德和道德理想。

斯密进一步发展了休谟关于"正义"与其他美德之分的思想,他将"善"与"正义"归为两种不同层次的道德。"善"(应当)是美德,是高尚品德;"正义"(必须)则是规则,是底线伦理,它与法律同源同理。"仁慈"趋近于宗教,"正义"则与法律为邻。斯密揭示了"正义"的特性如强制性、消极道德、底线伦理等,并阐明了"正义"作为社会伦理之基础和人类联合之卫士的重要伦理意义,从而丰富和发展了道德正义理论。

斯密的"正义",不同于柏拉图伦理学中的"正义"。斯密指出,按照柏拉图的道德学说,当人的灵魂中理性、激情和欲望各司其职时,理性支配激情,各种激情履行自己的正当职责,就产生了正义。

---

[26] 斯密:《道德情操论》,第 342 页。
[27] 斯密:《道德情操论》,第 401-402 页。
[28] 斯密:《道德情操论》,第 100 页。

"正义"在柏拉图那里是四种基本美德中最后的也是最重要的一种美德，这一最完备的美德表征着行为的最大合宜性。[29]

斯密进而分析了希腊语中"正义"的三种涵义：第一，狭义的正义，其意为不侵犯他人的人身、财产和名誉，自愿地做按礼节必须做的一切事情。第二，广义的正义，指对我们自己的感情的合宜的运用，它几乎可以包括一切社会美德。第三，正义在于行为举止的完美的合宜性，它不仅包含狭义和广义的正义所应有的职责，而且包括一切别的美德，如谨慎、坚忍、自我克制等，此即柏拉图的正义观念。[30] 显然，斯密的"正义"属于狭义的正义，我们不妨称这种与法律相联系的正义规则为"低调的正义"，它不同于柏拉图之属于美德理想的"高调的正义"。最高美德与底线伦理，此即古今正义伦理之殊。

三 正义与规则伦理

19 世纪英国法律史家梅因（Henry Sumner Maine）提出了一个著名的法律史命题：人类历史进步是一个从家族到个人的演进过程。"所有进步社会的运动，到此处为止，是一个'从身份到契约'的运动。"[31] 法律史上之"契约"的兴起，其深刻的社会背景在于商业社会和独立"个人"的成长。

正义伦理学是启蒙运动的产物。梅因指出，宗教改革以后伦理学分化为两大思想学派：一是由天主教会的道德神学演变而来的诡辩学派，一是承袭罗马法的格劳秀斯的自然法学派。而后者最终控制了全部伦理学领域，它在很大程度上使伦理学与罗马法融为一体。[32] 梅

---

[29] 斯密：《道德情操论》，第 354-355 页。

[30] 斯密：《道德情操论》，第 355-356 页。

[31] 梅因：《古代法》，北京：商务印书馆，1995 年，第 97 页。

[32] 梅因：《古代法》，第 197-198 页。

因的这一观点来自斯密。显然，休谟和斯密的正义伦理学与格劳秀斯的自然法学派一脉相承，在其学说中伦理亦融入了法律元素，强调私法尤其是财产权对于一个正义的市民社会或商业社会之形成所具有的重要意义。

斯密指出，人们一直到很晚才想到要建立有关天然正义准则的一般体系，并开始单独讨论法律哲学。在古代道德学家中很少有人对正义准则进行详细的论述。亚里士多德和西塞罗在其伦理学中，都像探讨所有其他美德那样探讨正义。柏拉图和西塞罗的法学则是"警察的法学"，而不是"正义的法学"。格劳秀斯似乎是探讨这一体系的第一人。[33] 如果说格劳秀斯开创了"正义的法学"，那么，休谟和斯密的道德正义理论，则表征着"正义的伦理学"的兴起。

休谟和斯密之正义伦理学的兴起，是苏格兰启蒙运动道德哲学的重要成果，它表征着欧洲伦理学从至善论到正义论、从扬善抑恶到正义优先的转变，预示着古今伦理转型的趋势。

18 世纪的英国，处于向商业社会转型的现代早期。经历"光荣革命"后的英国，正处于工业革命兴起的转型时代。市场经济和市民社会的兴起，使英伦三岛成为现代文明的摇篮。卡尔·波兰尼（Karl Polanyi）把这一发轫于英格兰的以市场经济和工业革命为中心的经济政治社会变革，称为"大转型"（The Great Transformation）。[34] 这一走出中世纪的古今社会转型，表现为梅因所谓从"身份"到"契约"的演变，滕尼斯所谓从"共同体"到"社会"的变迁。正义伦理的兴起，以及其所包含的平等、财产、权利等现代性伦理价值，即表征着古今社会转型及伦理变迁的趋势。

如果说法国启蒙哲学是一种"解放哲学"（普列汉诺夫语），那么，苏格兰启蒙哲学则是一种"社会哲学"，即市民社会理论。苏格兰启蒙伦理学以情感为路径，从人性出发，以人的相互依赖性、互主体

---

[33] 斯密：《道德情操论》，第 452 页。

[34] 卡尔·波兰尼：《大转型：我们时代的政治与经济起源》，杭州：浙江人民出版社，2007 年。

性、利己与合群的辩证法而论证道德的普遍性，建构了一套世俗化的市民社会道德哲学。休谟和斯密伦理学的要旨，在于寻求市民社会的伦理原则，"正义"正是市民社会伦理的核心规则。如果说从美德伦理到规则伦理、从共同体道德到社会道德的转化是古今伦理转型的基本趋势，那么，正义伦理的兴起正是这一伦理转型的重要表征。

然而，对于启蒙运动的批判者、共同体主义思想家麦金太尔（A. C. MacIntyre）来说，以规则伦理为中心的现代道德体系代替以德性伦理为中心的古代道德体系，则是启蒙运动道德哲学的失败，它导致了古老的美德传统的沦落。道德的"一部分在于律法的消极的禁止性规则，另一部分涉及德性推动我们去实现的积极的善，这种以律法为中心阐述道德的学说是与以德性为中心的学说相对抗的"[35]。启蒙运动的伦理学正是以律法中心的道德学说取代了德性中心的道德学说。

休谟道德哲学是麦金太尔之启蒙运动道德哲学批判的重点。对于麦氏来说，休谟不仅是"苏格兰启蒙运动最伟大的思想家"[36]，而且是启蒙运动的思想代表，以及现代规则伦理学的始作俑者。在《谁之正义？何种合理性？》一书中，麦氏考察了古希腊以降欧洲伦理史上正义观念的变迁。耐人寻味的是，这位启蒙运动的批判者所选取的现代道德哲学家的代表不是法国启蒙哲人，而是苏格兰启蒙思想家休谟。麦氏全书以引人注目的五章篇幅讨论休谟与苏格兰哲学，可见休谟成了麦氏的头号启蒙运动对手。在麦氏看来，休谟与霍布斯、洛克一脉相承的英格兰化的伦理观，颠覆了以哈奇森为代表的苏格兰哲学的亚里士多德传统，他称之为"休谟的英国化颠覆"。对于休谟的正义伦理，麦氏指出："贪婪终于为自己建造了一个社会世界，使之在其间游刃有余，为自己获得了时代曾经授予的那一尊敬。休谟的价值观以及休谟为之代言的英国和英国化的社会价值观，代表了近至17

---

[35] 麦金太尔：《德性之后》，北京：中国社会科学出版社，1995年，第213页。
[36] 麦金太尔：《谁之正义？何种合理性？》，北京：当代中国出版社，1996年，第377页。

世纪后半叶通过阅读《尼可马克伦理学》和《政治学》而在苏格兰大学里反复灌输的惊人颠覆。没有卡尔·波兰尼称之为'伟大的转变'之社会和经济变化，这种颠覆就不可能发生。但要是没有休谟的激进的新方法，构想理智与情感以及情感的本质关系之详述，就不可能以理智上有说服力的方式描述出来。"[37]麦氏将休谟的道德哲学视为以"大转型"为社会背景，并为之代言的新道德理论。

在霍布斯、洛克之后的 18 世纪，英格兰思想界的辉煌被群星璀璨的苏格兰启蒙运动接替。而休谟和斯密则成为预言工业社会来临的"英国化的社会价值观"的代言人。

古今伦理转型的实质，是特殊主义的共同体伦理向普遍主义的社会伦理的转型。休谟和斯密正义伦理学的意义，在于其表征着以正义为基础的普遍主义规则伦理的兴起。哈耶克将人类道德的古今转型概括为从"小社群道德"到"大社会道德"的变迁，这一道德转型是"人类合作的扩展秩序"演进的组成部分。[38]罗尔斯认为道德进化经历了由"权威的道德"至"社团的道德"，复至"原则的道德"的演进，此三种道德分别以依恋感、信任和正义感为其心理基础。[39]在哈贝马斯看来，人类道德由传统向现代的演变，是道德从习俗性阶段到后习俗阶段的转换，也即从特殊的地方性共同体道德到普遍主义道德的转型。摆脱亚里士多德式的地方习俗性道德的支配而发展现代的普遍主义道德，对人类具有解放的意义。[40]休谟和斯密的正义论深刻地影响了自由主义道德哲学。我们可以从罗尔斯的正义优先于善、制度原则优先于道德原则的思想中听到苏格兰启蒙哲学的悠远回响。

有必要指出的是，麦金太尔对于从德性伦理到规则伦理的道德演变趋势的揭示颇具洞见，但他对启蒙运动的指责并不公允。斯密在阐述德性与规则两种道德时，底线伦理与美德理想、消极道德与积极道

---

[37] 麦金太尔：《谁之正义？何种合理性？》，第 412 页。

[38] 参阅哈耶克：《致命的自负》，北京：中国社会科学出版社，2000 年。

[39] 约翰·罗尔斯：《正义论》，北京：中国社会科学出版社，1988 年，第 449-466 页。

[40] 参阅龚群：《道德乌托邦的重构——哈贝马斯交往伦理思想研究》，北京：商务印书馆，2003 年，第 325 页。

德兼顾，并无厚此薄彼。休谟和斯密只是揭示了古今伦理转型的趋势，预言了商业社会之道德现代性的降临，但他们并未浅薄地摒弃古老的德性传统，而盲目乐观地拥抱现代性社会的规则伦理。

休谟与亚里士多德正义论的分歧，源于二者所身处其间的社会语境的差异，其归根结底是古代城邦的公民正义观与现代社会的市民正义观的冲突。问题在于，如果从"共同体"（城邦、教会、家庭）到"社会"是现代化的历史趋势，那么，麦金太尔的亚里士多德主义的道德复古理想就只能是美丽而虚幻的"希腊乡愁"。有一点可以肯定的是，无论现代人身陷何等深刻的道德困境，解决之道都不可能乞灵于古代逝去的"黄金世界"。甚至麦氏本人亦不无哀婉地承认：古希腊城邦需要同时依据德性与法来完备其道德生活。但"假定这样一种共同体消失了，正如城邦这种政治生活形式首先被马其顿王国，其次被罗马帝国取而代之的这种消失一样，那么德性与法律之间的任何清楚明白的关系都将消失，不再有真正共同享有的善，唯一所有的善就是众多个人的各种善"。[41]既然美德与共同体共兴亡，那么，随着古代共同体让位于现代社会，规则伦理代德性伦理而兴与其说是启蒙运动的罪过，毋宁说是文明进步的趋势，尽管它导致了美德传统衰微的伦理困境。

共同体美德与社会规则，是古今道德的基本特征。苏格兰启蒙哲学家的正义伦理学说揭示了伦理转型之趋势和现代社会规则伦理之特性，亦留下了道德哲学的古今之争。

---

[41] 麦金太尔：《德性之后》，第213页。

论哈奇森道德情感哲学中的"最大多数人最大幸福"原则

李家莲

虽然"最大多数人最大幸福"是广为流传的功利主义口号[1]，可并非由功利主义首创。"最大多数人最大幸福"最早可上溯到斯多亚派的"世界公民"概念，西塞罗的《论义务》已明显暗含了这一思想。18世纪英国道德情感主义者哈奇森（Francis Hutcheson，1694—1746）对斯多亚派情有独钟，正是经他介绍，"最大多数人最大幸福"才第一次进入英语世界。不过，有趣的是，当哈奇森向英语世界介绍这一思想时，他的身份并非功利主义者，而是道德情感主义者。毋宁说，作为一个道德情感主义者，哈奇森在"情感"与"功利"或"效用"之间明确划清了界限，例如，他曾明确表示，我们对道德的知觉也必定不同于对利益的知觉，道德或美德与利益无甚关联[2]，在此意义上，在讨论道德判断原则时，哈奇森也曾旗帜鲜明地主张，道德行为的动机和评判标准均只应以"情感"而非"功利"或"效用"为依据。既然如此，那么，作为道德情感主义者，哈奇森是如何把"最大多数人最大幸福"引入自己的道德情感哲学体系的呢？"最大多数人最大幸福"在该体系中如何运行？该做法给后人尤其是后来的道德情感主义理论构建留下了什么启示？本文致力于回答这些问题。通过分析"最大多数人最大幸福"原则得以进入哈奇森道德情感哲学体系的"契机"，探

---

[1] 周辅成：《西方著名伦理学家评传》，上海：上海人民出版社，1987年，第311页。
[2] Francis Hutcheson, *An Inquiry into the Original of Our Ideas of Beauty and Virtue*, Indianapolis: Liberty Fund, 2004, pp.107-110.

析该体系立足情感视角对其给予的以道德代数为表现形式的独特证明方法，本文试图为道德情感主义理论建构提供些许历史启示。

一　契机

"最大多数人最大幸福"原则之所以能进入哈奇森道德情感哲学体系，并在该体系所提出的以道德感官（moral sense）为表现形式的道德判断原则中占重要地位，归根到底还是与哈奇森道德情感主义思想的内在特质有关。那么，哈奇森道德情感哲学体系究竟具有何种内在特质，以至于他必须要把用以衡量行为之结果或后果的"最大多数人最大幸福"原则采纳为于他而言极重要的情感主义道德判断标准？简言之，作为道德判断标准，哈奇森道德情感哲学何以会或能背离情感立场而容纳具有强烈功利主义色彩的"最大多数人最大幸福"原则？

要回答这个问题，须从"道德情感的构成"以及"道德判断标准"这两个道德情感主义基本理论问题入手阐述哈奇森道德情感哲学的内在特质。就"道德情感的构成"来说，哈奇森道德情感哲学把单一类型的自然情感——普遍而平静的无私仁爱（universal calm disinterested benevolence）——视为唯一的道德情感。其他一切自然情感若要获取道德地位或道德身份，则须使自身展现或显现出仁爱的品质或特点，否则，任何自然情感均不可能成为道德的情感。换句话说，除非使自身仁爱化，否则，一切自然情感均会丧失成为道德情感的道德机会。就"道德判断标准"来说，哈奇森把以仁爱为基础的道德感官视为道德判断原则。于18世纪道德情感主义伦理思想史而言，道德感官概念可谓昙花一现，仅只存在于沙夫茨伯里和哈奇森的道德哲学中，经休谟的《人性论》的批判后，它便永久退出了道德哲学舞台。虽然沙夫茨伯里和哈奇森均把"道德感官"视为道德判断标准，然而，"道德感官"在二者的思想体系中却拥有截然不同的理论秉性。于沙夫茨伯里而言，"道德感官"的本质是理性。沙夫茨伯里认为观念有两个来源，即，源于感官的观念以及源于知识和理性——例如，时尚、法律、风俗和宗教等——的观念。沙夫茨伯里认为后者对感情的影响大于前者。沙夫茨伯里总是严格基于理性讨论道德感官，与哈奇森的"道德感官"概念不同的是，沙夫茨伯里的"道德感官"概念与身体、直觉、灵魂等没有丝毫关联，用他的话说，"灵魂没有感官，对其所知的事物也没有崇敬"[3]。不过，哈奇森的"道德感官"的本质却不是理性，而是源于身体或灵魂的情感，更确切地说，是仁爱。显而易见，相对于沙夫茨伯里把理性视为"道德感官"的本质，哈奇森的"道德感官"无疑更具情感性。二者对"道德感官"的不同理解表明，哈奇森把沙夫茨伯里开创的道德情感主义向着情感的方向往前推进了一步。

然而，通过对上述两个问题的分析，我们发现，哈奇森道德情感哲学中存在着较大理论困境。当哈奇森把仁爱同时视为道德情感和道德感官（道德判断标准）的基础时，这意味着道德情感和道德判断标准的理论基础具有同一性。在这种道德情感哲学看来，以仁爱为基础的道德情感之所以具有道德性，是因为"道德感官"会基于仁爱而把这种情感判断为"道德的"情感。在此意义上，哈奇森的道德情感哲学不得不面对循环论证的理论难题。当《论美与美德观念的根源》（*An Inquiry into the Original of Our Ideas of Beauty and Virtue*）出版后，同时代的思想家很快就捕捉到了这个问题，并以此为基础对哈奇森提出了批评。为了对批评做出回应，哈奇森不得不以仁爱为基础进一步阐述"道德感官"的道德判断原则。哈奇森指出，当"道德感官"以仁爱为基础进行道德判断时，必然会遵循有别于仁爱的判断原则，即，根据仁爱所产生的后果来进行道德判断，更确切地说，"道德感官"会根据情感或行为给主体或他人带来的善的量的大小进行道德判断。不仅如此，哈奇森进一步宣称，由仁爱所产生的道德善的量可以用道德代数法予以计算。在此意义上，能为最大多数人带来最大幸福

---

[3] Anthony Ashley Cooper, Earl of Shaftesbury, *Characteristicks of Men, Manners, Opinions, Times*, Indianapolis: Liberty Fund, 2001, p.25.

的行为或情感就被哈奇森道德情感哲学视为最好的情感或行为。由是观之，基于哈奇森道德情感哲学自身所面临的以循环论证为表现形式的内在理论困境，"最大多数最大幸福"原则得以进入该哲学体系并在其中占据了一席之地。

二　证明

如果说在功利主义者边沁那里，"最大多数人最大幸福"原则经严格理论推理而得到了证明，那么，在哈奇森道德情感哲学中，"最大多数人最大幸福"原则则经道德计算或道德代数法而得到了证明。这种证明看似具有功利主义色彩，但目的却是解决道德情感哲学面临的理论困境。"道德感官"以仁爱为基础进行道德判断，哈奇森认为，只要遵循几个数学公理，我们就能"找到一条普遍准则来计算我们自己或他人所做的、受不同因素影响的一切行为的道德程度"[4]。为了能用数学的方式对以仁爱为基础的情感或行为进行道德评价，首先需要确定影响道德评价的各种不同因素。哈奇森认为，有四个因素可以影响以仁爱为基础的情感或行为的道德程度，即，公共善的量（moment of good，简写为 M）、私人善的量（interest，简写为 I）、仁爱（benevolence，简写为 B）和自爱（self-love，简写为 S）。除此之外，哈奇森还注意到，不管是仁爱还是自爱，均因主体之能力的差异而表现出不同，因此，在衡量以仁爱为基础的情感或行为的道德程度时，我们还需考虑到主体能力的大小，在此意义上，除了上述四个因素外，我们还需纳入第五个因素，即，主体的能力（ability，简写为 A）。以此为基础，哈奇森列出了两个不同的公式来计算以仁爱为基础的行为的道德程度，并在计算过程中把"最大多数人最大幸福"原则证明为最好的行为原则。

---

[4] Francis Hutcheson, *An Inquiry into the Original of Our Ideas of Beauty and Virtue*, p.128.

第一个公式是排除了自爱：$B=\dfrac{M}{A}$。仁爱的大小与道德程度的大小成正比。若要衡量仁爱的大小，既需考虑到仁爱所产生的后果，即，公共善的大小 M，也需考虑到主体的仁爱能力之大小，即，A。该公式表明，仁爱的大小与公共善的量成正比，而与主体的能力成反比。若两个人都做出了仁爱的行为，但一个人的能力很强而另一个人的能力却很弱，那么，弱者所展现的道德程度要高于强者。由此可见，该公式具有歌颂并赞美克难奋进、坚毅等美德之道德价值的意蕴。仁爱的道德程度与公共善的量成正比，当两个人的能力相同时，公共善的量越大，仁爱的程度越高，反之则越小。在论证该公式的过程中，哈奇森注意到，A 永远不会等于 M，也就是说，主体的道德能力再大，也不可能全部用来服务于公共善从而使 A 等于 M。哈奇森认为，唯有神能做到这点，除神之外，任何凡人均不可能做到这点。据此，哈奇森宣称，在能力保持既定的前提下，我们所能期待的最好的道德行为是尽可能地模仿神的行为，使 M 最大限度地接近 A，即，"在对行为的道德品质进行比较的过程中，为了在各种被比较的行为中约束我们的选择，或者说，为了在被比较对象中发现最闪光的道德优点，在与美德有关的道德感官的引导下，我们会做出这种判断：当行为产生的幸福度一样时，美德与该幸福所覆盖的人数的量成正比……因此，为最大多数人获得最大幸福的那种行为是最好的行为，而以同样的方式引起不幸的行为则是最坏的行为"[5]。

第二个公式是容纳了自爱：$B=\dfrac{M\pm I}{A}$。在这个公式中，I 代表由自爱所生的私人利益（interest）。当主体的能力所产生的 I 能与公共善 M 保持一致时，由主体所产生的善的总量可以表述为 M＋I，在此意义上，仁爱的道德程度可以用公式 $B=\dfrac{M+I}{A}$ 予以表达。当主体的能力所产生的 I 与公共善 M 相冲突时，由主体所产生的善的总量便不能表述为 M＋I，只能表述为 M－I，仁爱的道德程

---

[5] Francis Hutcheson, *An Inquiry into the Original of Our Ideas of Beauty and Virtue*, p.125.

度便可用公式 $B = \dfrac{M-I}{A}$ 予以表达。就自爱与仁爱的关系而言，这两个公式表明，哈奇森虽高度重视由仁爱所带来的公共善的道德价值，但绝不意味着他不重视自爱，更不意味着哈奇森在讨论仁爱的过程中，会为了维护以仁爱为代表的行为的道德价值而倡导牺牲自爱。毋宁说，哈奇森总是在仁爱与自爱的关系中讨论自爱，认为唯有当自爱能与仁爱之道德目的——公共善——相一致时，自爱才拥有道德价值。在这两个公式中，"M－I"无疑永远不可能等于"A"，因为由自爱所产生的 I 与作为公共善的 M 始终会有所不同，那么，"M＋I"有可能等于"A"吗？如同 $B = \dfrac{M}{A}$ 所揭示的道理——M 永远不可能等于 A——一样，哈奇森也认为，在任何情况下，"M＋I"均不可能等于"A"，只有神才能做到使"M＋I"等于"A"，从而使该公式的结果为"1"，对于任何凡人来说，均不可能用尽包括自爱在内的全部能力使"M＋I"等于"A"。因此，对于一切凡人来说，该公式的计算结果也与 $B = \dfrac{M}{A}$ 的计算结果一样，永远只会小于"1"。同理，作为有限的存在物，我们凡人所能期待的最好的行为是使自己的行为尽可能地接近神的行为，付出自己最大的努力，从而在道德上达到与诸神等同的地位。在此意义上，哈奇森认为，唯有尽最大努力追求"M－I"或"M＋I"的无限大，使其接近或等同于我们主体的道德能力"A"，我们才能说自己在道德上达到了近乎完满的状态。因此，"观察显示，我们的道德感官极力推荐给我们以供我们选择的最圆满的高尚行为是：于我们的影响力所能企及的一切理性主体而言，该行为拥有增进其最大、最广泛幸福的最普遍和最不受限制的趋势"[6]。

三 启示

上文的分析显示，哈奇森道德情感哲学体系中的"最大多数人

---

[6] *An Inquiry into the Original of Our Ideas of Beauty and Virtue*, p.126.

最大幸福"原则虽被后人发展为功利主义原则，然而，就其在该哲学体系中的本真意蕴而言，当它进入哈奇森道德情感哲学体系时，并非为了对功利主义进行论证，毋宁说，它是以"道德感官"为载体的哈奇森道德情感主义道德判断原则所举荐给世人的最佳行为原则，其理论基础是仁爱，其理论目标是公共善。那么，为什么哈奇森的道德情感哲学体系能容纳后人所说的功利主义原则呢？上文的分析显示，"最大多数人最大幸福"原则因哈奇森道德情感哲学所面临的内在理论困境而进入其哲学体系，其初始动机是解决以仁爱为基础的"道德感官"在进行道德判断时所遭遇的理论困境。更确切地说，就"最大多数人最大幸福"原则进入该哲学体系的契机及该哲学体系对它的证明来说，该原则在该哲学体系中承担的使命不是对功利主义进行论证，而是对哈奇森道德情感哲学思想进行论证，更确切地说，是对哈奇森道德情感哲学所提出的道德判断原则——"道德感官"——进行论证。然而，不可否认的是，当哈奇森把"最大多数人最大幸福"原则融入"道德感官"所提供的道德判断原则时，无疑表明哈奇森在道德判断原则问题上已经偏离或背弃了他始终致力于捍卫的道德情感主义理论立场，并在一定意义上走向了功利主义。就哈奇森道德情感哲学体系来说，这种做法使其理论表现出了强烈的不一致，这意味着哈奇森虽然致力于以"情感"为标准进行道德判断，且主张道德判断和审美判断一样都具有无功利性（disinterestedness），但当哈奇森把"最大多数人最大幸福"原则视为道德判断原则时，则意味着他放弃了道德判断的无功利性特征。在此意义上，哈奇森道德情感哲学就展现出了道德判断原则的无功利性与功利主义评价原则之间的不一致，更确切地说，仁爱之情作为道德情感所展现出的无功利性与情感的功利计算法在理论上呈现出了不可调和的矛盾与冲突。

晚年哈奇森似乎意识到了这个问题，《论激情和感情的本性与表现，以及对道德感官的阐明》（*An Essay on the Nature and Conduct of the Passions and Affections, with Illustrations on the Moral Sense*）第三版以及稍后再版的《论美与美德观念的根源》减少或删除了前面两个版本中出现的数学语言。哈奇森删除的内容不仅包括正文中的数学符号，而且包括道德计算法中的六个"公理"，然后用"箴言"代替了"公理"一词，不过，在页边标题中，"公理"一词仍然存在[7]。这是一个重大变化，这个变化说明，随着对道德情感问题研究的深入，晚年哈奇森注意到了道德情感的不可计算性，似乎想重新论证道德情感的无功利性。晚年哈奇森或许因为注意到了这些问题，所以，第三版《论激情和感情的本性与表现，以及对道德感官的阐明》删除了数学语言。不过，尽管哈奇森有过这种努力，但历史已向我们揭示，在哈奇森全部道德哲学中，这种修订只是相当微弱的变化，并且很快被淹没于时代的大潮中，未能引起评论家们的足够重视。

我们现在关心的问题是，就哈奇森道德情感哲学体系来说，为什么会出现这种理论不一致？或，为什么哈奇森的道德情感主义会容纳功利主义原则？就道德情感主义伦理思想的理论构建而言，把功利主义原则视为情感主义道德判断原则，这意味着对其基本理论立场的背叛。就此而言，容纳了"最大多数人最大幸福"原则的哈奇森道德情感哲学给道德情感主义理论构建提供了一个极具典型性的失败范例。因此，就道德情感主义自身的理论构建来说，出现在哈奇森道德情感哲学中的这种理论不一致表明哈奇森道德情感哲学在构建其理论体系的过程中展现了巨大理论困境，即，像哈奇森那样把仁爱这种情感同时作为道德的基础和道德判断原则（道德感官）的基础的做法，不仅无益于道德情感主义的理论构建，相反会极大地损害道德情感主义理论构建。就此而言，以单一自然情感（仁爱）为基础构建道德情感主义理论的做法，只能把道德情感主义理论推向理论构建的死胡同。在此意义上，由于自身在构建道德情感主义理论的过程中陷入了以循环论证为表现形式的理论困境，因此，在不触及该困境之本质的前提下借用"最大多数人最大幸福"原则来解决该问题，无异于缘木求鱼。

---

[7] Francis Hutcheson, *An Essay on the Nature and Conduct of the Passions and Affections, with Illustrations on the Moral Sense*, edited and with an introduction by Aaron Garrett, Indianapolis: Liberty Fund, 2002, p.189, note.55.

事实上，我们应该注意到，作为基本理论立场与行为动机的情感本身与情感所引起的结果或功效——"最大多数人最大幸福"原则——之间似乎没有道德上的必然关联。因此，就道德情感主义自身的理论构建而言，当哈奇森试图用"道德计算法"解决其道德情感哲学中的理论困境时，他不仅未能解决该问题，反而直接背离了道德情感主义的情感立场。在此意义上，可以认为哈奇森的道德情感哲学是一种具有严重理论缺陷的哲学体系。

事实上，哈奇森身后的 18 世纪英国道德情感主义理论发展思想史显示，以休谟和斯密为代表的道德情感主义者在构建其道德情感主义理论的过程中，试图克服哈奇森道德情感哲学所呈现出的这种理论缺陷，而从道德情感的构成和道德判断原则入手，沿着情感的路径把道德情感主义理论构建推向了一个新的高度。无疑，休谟和斯密的理论进路从伦理思想史的角度也向我们再次证明，哈奇森道德情感哲学在构建意义上是一种需要予以修正和改进的道德情感主义思想。

就道德情感的构成来说，哈奇森身后的道德情感主义者——休谟和斯密——都共同放弃了哈奇森式的、把某种单一类型的自然情感视为道德情感的做法，由他们所构建的道德情感主义理论认为，对于人性中的各种自然情感来说，没有哪一种单一类型的自然情感有资格享有高于其他一切自然情感的道德优先权或道德优越性，因为各种自然情感在道德的王国中可拥有成为或上升为道德情感的均等机会。以《道德情操论》为例，斯密在第七卷中立足合宜性视角旗帜鲜明地批评了其老师哈奇森把单一自然情感视为道德情感的做法，认为"美德并不存在于任何一种感情之中，而是存在于所有感情的合宜程度之中"[8]。

既然一切自然情感均可享有成为道德情感的均等机会，那么，使自然情感成为道德情感的道德基础是什么？道德情感的道德有效性或道德判断的标准从何而来？无疑，对道德情感主义者来说，这是除

---

[8] Adam Smith, *The Theory of Moral Sentiments*, Indianapolis: Liberty Fund, 1982, p.306.

"道德情感的构成"外的另一个重要理论问题。哈奇森的道德情感理论试图诉诸以仁爱为基础的"道德感官"来为道德判断提供基础理论原则。不过，前文的叙述表明，当仁爱同时被视为道德和以"道德感官"为表现形式的道德判断原则的基础时，哈奇森的道德情感哲学体现了严重的理论困境，而哈奇森为该困境提供的解决方案不仅未能解决问题，反而使其哲学体系陷入了更深的困境——道德判断的无功利性与功利主义原则的不一致，最终背离了情感主义理论立场。为了从道德情感主义内部解决这种理论不一致问题，休谟和斯密均对哈奇森的"道德感官"进行了质疑并基于同情机制而提出了一种全新的情感主义道德判断原则。

如果说将以单一自然情感为基础的"道德感官"作为道德判断原则应该受到质疑、否定和抛弃，那么，情感主义道德判断原则应该建立在何种基础、情感或原则之上？这是休谟和斯密的道德情感理论必然要回答的问题。在休谟和斯密看来，用以判断各种自然情感能否具有道德价值的判断标准是"同情（sympathy）"。

不过，休谟道德哲学中的"同情"与斯密道德哲学中的"同情"具有截然不同的内在运行原理。休谟道德哲学中的"同情"用以描述人与人之间的情感与情感的传染、感染。然而，斯密道德哲学中的"同情"则用以描述处于同一道德语境或情景中的当事人与旁观者的情感与情感是否具有一致性或合宜性，同情是合宜性得以产生的基础与前提。斯密的同情以情感的投射为基础，与休谟的同情有本质差异。伊利诺伊大学芝加哥分校道德哲学和政治哲学教授萨缪尔·弗莱沙克尔（Samuel Fleischacker）在谈到斯密的同情和休谟的同情的区别时也认为，斯密所讨论的同情是一种"投射性的"描述，而休谟的同情是一种"感染"或"受纳"[9]。

尽管休谟和斯密的"同情"具有不同运行机理，不过，这两种

---

[9] Samuel Fleischacker, "Sympathy in Hume and Smith", in C. Fricke and D. Føllesdal, *Intersubjectivity and Objectivity in in Adam Smith and Edmund Husserl*, Frankfurt: Ontos Verlag, 2012, pp.273–311.

“同情”的本质却大同小异，因为二者共同隶属于支配人类情感发生并运行的情感机制。无论是人与人之间情感与情感的感染或传染，还是处于同一道德语境中的旁观者与当事人的情感与情感经比较而产生的合宜性，这两种类型的“同情”所描述的都是同一对象，即，自然情感自然发生机制。在此意义上，可以认为，休谟的“同情”和斯密的“同情”均以自然情感自然发生机制为描述对象，二者分别立足不同的视角以“同情”为名对该机制进行了描述并把自己的描述视为衡量自然情感之道德性的道德判断标准。就此而言，以休谟和斯密道德情感哲学中的“同情”为基础的道德判断原则，本质上是以自然情感自然发生机制为基础的道德判断原则。在此意义上，它与哈奇森的“道德感官”形成了鲜明对比。较之哈奇森的“道德感官”，以“同情”为基础的道德判断原则不仅具有经验基础，而且，更重要的是，由它所确立的道德判断原则的理论基础与道德情感之道德性的理论基础截然划清了界限。较之哈奇森道德情感哲学，这种做法展现了两个积极的理论后果。第一，它从根本上消除了哈奇森道德情感哲学所具有的内在理论不一致问题，即，道德情感的无功利性特征与功利主义道德判断原则之间的冲突，使“最大多数人最大幸福”原则失去了进入道德情感哲学的理论契机。第二，就道德情感主义理论构建来说，无论是在“道德情感之构成”问题上，还是在“情感主义道德判断之标准”问题上，位于哈奇森身后的休谟道德情感哲学和斯密道德情感哲学在“情感性”上均远甚哈奇森道德情感哲学。无疑，这是 18 世纪苏格兰启蒙学派的道德情感主义者以前赴后继的方式不断推进道德情感主义理论构建的直接后果，更是 18 世纪道德情感主义理论不断走向成熟的理论表征。

文明社会的哀歌
——亚当·弗格森的道德科学解析

张正萍

1767 年，亚当·弗格森（1723—1816）在首次出版的《文明社会史论》中写道："商业的、谋利的技艺可能会一直繁荣，但它们获得的优势是以其他追求为代价的。对利润的欲望压制了对完美的热爱。利益让想象冷却，让心肠变硬，并按照利润丰厚且收益确定的比例推荐职业，它将才智抱负推向柜台和车间"，紧接着的一段又说："随着商业的发展，专业分工似乎提高了技术，也确实是每项技艺产品变得更完美的原因；但是最终，根本的结果就是以同样的程度打破了社会纽带，以形式取代才智，个人退出最令内心情感和心灵愉悦的共同工作舞台。"[1]类似这种对商业技艺和专业分工的悲观论断在该著中并不少见。一些评论者认为，与同时代的人相比，弗格森更怀疑商业的作用。[2]在这种"怀疑论"的眼光中，商业以及专业化等常常被视为道德败坏与社会堕落的"罪魁祸首"。丽莎·希尔在 2013 年的研究中

---

[1] Adam Ferguson, *An Essay on the History of Civil Society*（缩写为 *ECS*）, edited by Fania Oz-Salzberger, Cambridge: Cambridge University Press, 1995, p.206 (Part 5 Section 3, para.11, 12). 以下如没有特别说明，均使用这一版本。

[2] 持这种观点的评论者有 Donald Winch, Richard B. Sher 等，对此的综述可参见 Craig Smith, *Adam Ferguson and the Idea of Civil Society: Moral Science in the Scottish Enlightenment*, Edinburgh: Edinburgh University Press, 2019, p.31, note 1. 邓肯·福布斯在其 1966 年编辑的《文明社会史论》的编者序中也持相同的观点，但他将休谟排除在斯密、弗格森和米勒之外，认为后面三位对商业社会的批评更多，参见 Duncan Forbes, 'Introduction', in Adam Ferguson, *ECS*, edited by Duncan Forbes, Edinburgh: Edinburgh University Press, 1966, p.xiii。

评论说，"弗格森相信，公民美德是现代性的代价，只要道德衰退的信号没有在还来得及补救之前被发现，专业化的增进、过度扩张和享乐主义所造成的公民美德的丧失将不可避免地导致国家毁灭。帝国主义和劳动分工导致官僚化，它严格地限制了大众对公共事务的参与，而新的商业伦理抹杀了公共情感"，具体表现为"商业文化对个人和社会关系的影响"，以及"传统的价值和关怀被新的商业'精神'或心态所取代"。[3] 希尔并非第一位这样看待弗格森的学者。波考克在1970年代就指出弗格森看到了商业精神与公民美德之间的紧张关系。他写道，"商业范式将历史运动描述为走向商品无限增加的运动，并把物质、文化和道德文明的进步全部归于它名下"，但"矛盾是根本性的"，"不可理喻的'命运'向积极和进步的商业的转化，并没有改变美德与命运相互对立的这个时刻的性质"[4]。波考克在共和主义传统下解释弗格森对商业和德性的看法，这一做法取代了以哈耶克为代表的自由主义的解释，并影响了其他一些学者[5]，而他将弗格森视为马基雅维利式的温和派也激起了更多的讨论。[6]

---

［3］ 丽莎·希尔：《激情社会：亚当·弗格森的社会、政治和道德思想》，张江伟译，上海：华东师范大学出版社，2018年，第226、254、256页。

［4］ J. G. A. 波考克：《马基雅维里时刻：佛罗伦萨政治思想和大西洋共和主义传统》，冯克利、傅乾译，南京：译林出版社，2013年，第526、529页。

［5］ Anderas Kalyvas and Ira Katznelson, *Liberal Beginnings: Making a Republic for the Moderns*, Cambridge: Cambridge University Press, 2008, pp.51-52, p.51 note 2, p.52 note 3. 1995年范妮·奥兹－萨尔茨伯格在《文明社会史论》的编者导论中也强调公民美德在弗格森思想中的位置，见 Fania Oz-Salzberger, "Introduction", in Adam Ferguson, *ECS*, p.xviii. 哈耶克的自由主义解释也影响了国内学者的研究，参见林子赛：《论亚当·弗格森的社会自发秩序思想》，《浙江学刊》2014年第1期；翟宇：《哈耶克与弗格森：政治思想的传承与断裂》，《晋阳学刊》2013年第3期。

［6］ J. G. A. Pocock, *Barbarism and Religion,* Vol.Two, *Narratives of Civil Government*, Cambridge: Cambridge University Press, 1999, p.330. 波考克一直将弗格森置于共和主义思想传统中。对这一阐释的质疑可参见：Craig Smith, *Adam Ferguson and the Idea of Civil Society: Moral Science in the Scottish Enlightenment*, p.204.

这些讨论的重要主题之一是商业与德性（或者说美德）[7]。而这一主题是弗格森文明社会史的核心内容。在《文明社会史论》的最后两段中，弗格森声称，"人类除了德性别无所依，但也打算获得任何好处"，又说，"人类的制度如若不是旨在维持德性，实际上也可能有其目标，正如其有起点一样"，"它们的持续并不固定在有限的时期；没有一个国家的内部衰败不是源于其内部成员。我们偶尔愿意承认我们同胞的恶行；但谁愿意承认自己的恶行呢？"[8]这两段作为结尾，似乎为这本著作定下一种悲观的语调。马尔科姆·杰克指出："可能的逆转或衰退表明弗格森相信人类事务的某种不可预知性。进步不是自然而然的，改良也不是不可避免的。"[9]这一点显见于《文明社会史论》，而弗格森也常被视为"西方近代思想家里面最早从'现代性危机'的角度对现代文明加以批判的经典作家之一"[10]。除了"诊断"现代社会的"弊病"，弗格森实际上也开出了一些药方进行补救。[11]在不同的研究者眼中，补救的药方多种多样[12]，而这些看法与他们对

[7] J. G. A. 波考克：《马基雅维里时刻：佛罗伦萨政治思想和大西洋共和主义传统》，第 526 页。波考克认为弗格森区分了两种不同的德（virtù / virtue）：德性是指与人格的社会基础融为一体的首要价值，美德是对源自社会进步的每一种价值的实践。还可参考波考克在另一本著作《德行、商业和历史：18 世纪政治思想与历史论辑》（冯克利译，北京：生活·读书·新知三联书店，2012 年，第 61-62 页）对 virtù / virtue 的讨论。

[8] Adam Ferguson, ECS, p.264. 此处不同版本的表述有所不同。《文明社会史论》在弗格森有生之年共出版了七个版本，弗格森的修订和增补超过一百多处。最重要的变化是从 1768 年的第三版到 1773 年的第四版。1995 年剑桥大学出版社的版本依据的是 1767 年版。参见 Fania Oz-Salzberger, "A note on the text", in Adam Ferguson, ECS, p.xxxv. 笔者这里采用的文本结合了 1767 年和 1768 年的版本，见剑桥版第 264 页的注释。

[9] Malcolm Jack, *Corruption & Progress: The Eighteenth-Century Debate*, New York: AMS Press, 1989, p.115.

[10] 亚当·弗格森：《文明社会史论》，林本椿、王绍祥译，杭州：浙江大学出版社，2010 年，"中译本序"，第 1 页。关于弗格森历史著作和历史观的探讨，中文研究有刘悦：《亚当·弗格森历史观研究》，河北大学 2017 年硕士论文；姚正平：《论弗格森的史学》，淮北师范大学 2011 年硕士论文；刘华：《文明的批判——亚当·弗格森及其〈文明社会史论〉》，《历史教学问题》2004 年第 5 期。

[11] Malcolm Jack, *Corruption & Progress: The Eighteenth-Century Debate*, p.116.

[12] See Lisa Hill, *The Passionate Society: The Social, Political and Moral Thought of Adam Ferguson*, Dordrecht: Springer, 2006, pp.216-222.

弗格森的文明社会史观及其思想体系的认识密切相关。

与同时代的大卫·休谟和亚当·斯密不同，弗格森在思想史上的声名沉寂了很长一段时间，尽管他在世时也获得了广泛的传播，尤其是在德国得到了很好的译介和接受[13]。弗格森对劳动分工和异化的讨论也在一定程度上影响了马克思[14]，这些观点在20世纪下半叶的研究中被进一步探讨。[15]而在20世纪上半叶，弗格森被威廉·莱曼定位为现代社会学的开拓者之一，其依据源于德国学者对弗格森的理解，也受到19世纪法国学者解读弗格森的影响[16]。当然，弗格森对人性和社会的理解的确蕴含了现代社会学的因素，而"社会学鼻祖"这种形象的塑造可能是1930年代社会学兴盛的结果之一。[17]随后的1940年代，在洛夫乔伊"观念史"方法的影响下，格拉迪斯·拜尔森在其出版的《人与社会》第二篇中便讨论了弗格森的人性论和道德哲学。[18]"二战"后，研究者们继续开拓这一领域。[19]1960年代，邓肯·福布斯、大卫·凯特勒开始从弗格森创作的其他重要著作来考察其社会和政治思想。这样，除了1767年的《文明社会史论》，弗格森一生创作的小册子、历史著作和道德哲学讲义等被纳入到整体考察

[13] Fania Oz-Salzberger, *Translating the Enlightenment: Scottish Civic Discourse in Eighteenth-Century Germany*, Oxford: Oxford University Press, 1995, pp.131-133.

[14] 马克思：《资本论》，北京：人民出版社，2004年，第420页。弗格森谈到人的"异化"，这一思想对马克思影响很大，以致马克思甚至将弗格森误认为斯密的老师，参见《资本论》，第410页。如果马克思生前看到了斯密的《法学讲义》，可能就不会有这样的误会了。

[15] See Lisa Hill, *The Passionate Society: The Social, Political and Moral Thought of Adam Ferguson*, pp.4-5.

[16] W. C. Lehmann, *Adam Ferguson and the Beginning of Modern Sociology: An Analysis of the Sociological Elements in His Writings with some Suggestions as to His Place in the History of Social Theory*, New York: Columbia University Press, 1930, pp.24-25.

[17] See Lisa Hill, *The Passionate Society: The Social, Political and Moral Thought of Adam Ferguson*, pp.4-9.

[18] Gladys Bryson, *Man and Society: The Scottish Inquiry of the Eighteenth Century*, Princeton: Princeton University Press, 1945, p.36.

[19] 参见张正萍、克雷格·史密斯：《也谈苏格兰启蒙运动》，《读书》2017年第5期，第129-138页。该文勾勒了苏格兰启蒙运动研究在英国兴起的大致脉络。

之中。弗格森的思想是否前后一致、有没有一个体系，在研究者们那里就成为一个仁者见仁、智者见智的问题。这也是克雷格·史密斯最近的著作试图回答的问题之一。[20]史密斯详细地解析了《道德与政治科学原理》（1792），认为"弗格森远非一个商业现代性的怀疑论者，他力求诊断其潜在的弊病，并着手构建一个捍卫文明社会的道德科学体系"[21]。这一结论没有抛开《文明社会史论》中的论断，而是将其著作作为一个连贯系统的整体。简言之，史密斯并不认为弗格森早年和晚期的思想存在断裂，他的文明社会史观也不像某些研究者认为的那样是悲观的。史密斯分析弗格森思想的方法是近十年来丽莎·希尔、伊恩·麦克丹尼尔、杰克·希尔等学者常常采用的，即不再孤立地看待弗格森的某部著作，并尽量将其置于弗格森生活的历史语境和思想语境中考察。如杰克·希尔所言，"草率地阅读《文明社会史论》，可能会认为弗格森不公正地贬低了商业社会相关的文化影响，而草率地阅读《道德与政治科学原理》，则会认为他肯定痴迷于与这些技艺相关的开明社会（enlightened societies）"[22]。这一提醒是相当中肯的。只读其中一部著作，的确有可能得出截然不同的观点。笔者赞同史密斯的大多数论断，但弗格森的道德科学在多大程度上能够以及如何捍卫"文明社会"，还有待进一步探讨。

"文明社会（civil society）"是苏格兰启蒙运动研究中反复讨论的一个概念，它曾出现在休谟、斯密的文本中，而弗格森是第一个在著作标题中使用了该术语的人。英语学界对弗格森这一思想的讨论已经

---

[20] Craig Smith, *Adam Ferguson and the Idea of Civil Society: Moral Science in the Scottish Enlightenment*, p.1, p.31, note1.

[21] Craig Smith, *Adam Ferguson and the Idea of Civil Society: Moral Science in the Scottish Enlightenment*, p.226.

[22] Jack A. Hill, *Adam Ferguson and Ethical Integrity: The Man and His Prescriptions for the Moral Life*, Lanham: Lexington Books, 2017, p.136.

非常兴盛[23]。2000年后，中国国内的研究也紧随其后[24]，将其译介为"市民社会""公民社会""文明社会"等。中文语境中的不同译文也反映了接受者和阐释者采取的不同立场。本文将在历史的维度下理解弗格森的文明社会史观，并试图在丽莎·希尔和克雷格·史密斯等学者的研究基础上进一步讨论他给"商业现代性"开出的处方，讨论他的道德教育思想，即弗格森对人的本质的解析和对培养公民品质的见解，以期揭示弗格森用道德科学捍卫"文明社会"的方法和作用。

一 商业技艺的本质

在某些场合，弗格森并没有直接使用"商业（commerce）"一词，而更多使用"商业技艺（commercial arts）"。因为，在弗格森的道德科学中，"技艺"与人有着特殊的关联。在《道德与政治科学

---

[23] 关于 civil society 概念的讨论，可参见 Craig Smith, *Adam Ferguson and the Idea of Civil Society: Moral Science in the Scottish Enlightenment*, p.186, note 2. 除了该处提到9位学者的研究外，诺伯特·瓦齐和伊恩·迈克丹尼尔等学者也有讨论，参见 Norbert Waszek, *The Scottish Enlightenment and Hegel's Account of 'Civil Society'*, Dordrecht: Springer, 1988; Iain McDaniel, *Adam Ferguson in the Scottish Enlightenment: The Roman Past and Europe's Future*, Harvard: Harvard University Press, 2013, Chapter 3. 2000 年以后，随着中国国内苏格兰启蒙运动研究的兴起，civil society 也成为重要的讨论主题。

[24] 中国学者多将 civil society 理解为"市民社会"。可参见项松林：《市民社会的德性之维：以苏格兰启蒙运动为中心的考察》，《伦理学研究》2010 年第 5 期；项松林：《苏格兰启蒙运动的思想主题：市民社会的启蒙》，《同济大学学报（社会科学版）》2011 年第 2 期；项松林：《市民社会的思想先驱：弗格森的启蒙思想探究》，《湖南师范大学社会科学学报》，2013 年第 4 期；臧峰宇：《苏格兰启蒙运动与青年马克思的市民社会理论》，《天津社会科学》2014 年第 2 期；林子赛：《市民社会的进步与腐化之悖论探析——弗格森的市民社会思想及启示》，《兰州教育学院学报》2017 年第 9 期。也有一些学者将其理解为"文明社会""公民社会"，参见梅艳玲：《从弗格森的文明社会概念到马克思的市民社会概念——基于〈文明社会史论〉的弗格森与马克思比较研究》，《南京政治学院学报》2012 年第 5 期；张正萍：《苏格兰启蒙视野下的"公民社会"理论——兼论其在英德两国的理论变迁》，载曹卫东主编：《危机时刻：德国保守主义革命》，上海：上海人民出版社，2014 年。从政治思想史的研究角度上说，这三种理解都有其合理性。本文从历史的角度、从"野蛮"与"文明"的关系来理解"文明社会"。

原理》第一卷中，弗格森在整个自然世界中解释人的"技艺"：自
然界有两种性质的技艺，一种是静止的（stationary），一种是进步的
（progressive）。静止和进步的区别为：前者"就其本质而言没有改变
的秉性"，后者则在于"对象本身发展的秉性从一种状态过渡到另一
种状态"，"进步性有前进或衰退之变迁，但可能在其存在的任何阶
段都不是静止的"[25]。因此，在弗格森的语境中，自然界的"进步性
（progressive nature）"只是一种变化，这种变化没有好坏之分。换言
之，这里的"进程（progress）"仅仅描述了一种变化的过程，而这一
过程并不必然会朝着更好的方向发展。

人本身的"进步性"也和自然界一样。弗格森指出，"就手工技
艺和商业技艺（mechanic and commercial arts）而言，即便是在那些
最艰苦的居所中，只要还有改进的空间，就会有忙碌的创造，仿佛人
们对提供生活的必需品或满足便利还什么都没做一样。但是，即便在
这里，在其进程的每一步，这种积极的本性，源于其他方面的好处，
无论是知识还是技艺的好处，如果没有某种进步的努力，仍然会倒退
衰落。不想了解更多知识，或者不想比前人做得更好，这样的一代人
可能不会有多少知识，也不会做得更好。在这种智识能力影响下的下
一代人的衰落，其程度确定无疑不比积极向前的人取得进步小"[26]。
这段话一方面表明人有提升自己的能力，另一方面也表明，如果一代
人失去提升自己的欲望，那么这代人以及下一代人可能具有的智识水
平很可能就会下降。弗格森以此表明人类的进步并非必然，倒退衰落
是完全有可能的。

人类和自然界都处于"进程（progress）"之中。不同的是，人
天生是匠人（artist），心灵手巧、善于观察，被赋予意志。尽管弗格
森强调人类的"进步秉性（principle of progression）"与其他有生命
的存在一样常见，但在人类的进步秉性中，雄心（ambition）与习惯

---

[25] Adam Ferguson, *Principles of Moral and Political Science*（缩写为 *PMPS*），New York: AMS Press, 1973, Vol. I, p.190.
[26] Adam Ferguson, *PMPS*, Vol. I, pp.194-195.

（habit），尤其是后者，"确切地说，是第一位的；因为在每一个追求和成就的考虑中，它们或是成果或是激励，人类的积极参与由雄心促成，事实上很大程度是由他们谙熟已久的习惯驱使而成"[27]。弗格森随后用了四节内容来讨论习惯对人类思维、偏好、获取力量和权力方面以及在人类普遍历史中的深远影响。尽管在 18 世纪苏格兰的思想家中，休谟和斯密的道德哲学也谈到习惯对于道德评判的作用，但弗格森可能是最强调"习惯"的一位。

弗格森强调技艺的实践对于习惯的养成有着重要的意义。他曾提到人类发展出了一系列的技艺，如寻求安全的技艺、战争技艺、维持生存的技艺等等[28]，并指出，"后天倾向也有与天赋或后天能力相伴的优势。某些情况下，这两者被称为技艺（an art）或天职（a calling）"[29]。在这里，将技艺与天职相提并论，解释了弗格森道德科学中的神学语境。他在该节的最后写道："人被赋予在自己实际的偏好或才能状态中洞察何为错或何为残缺的能力，并不是徒劳无益的。他能够理解超越其真实成就的完美也不是徒劳无益的。对他而言，这不是遗憾的无用功，那也不是白费力气的激励。它们引导他作出的最小努力，成为习惯的基础，指向他注定要推进到的进步的目标，尽管这个过程很慢"[30]。在这里，技艺的每一步实践都成为习惯的基础，而习惯又会反过来继续影响技艺的实践，最终引导人类走向"完美"；

---

[27] Adam Ferguson, *PMPS*, Vol. I, p.208. 下文将会看到，弗格森在谈到儿童教育时也非常注重习惯的作用。

[28] Adam Ferguson, *Institutes of Moral Philosophy*（缩写为 *IMP*），Routledge / Thoemmes Press, 1994, pp.27-28.

[29] Adam Ferguson, *PMPS*, Vol. I, p.225. "calling" 本身也有"职业"的意思，但考虑到弗格森对"完美（perfection）"和"目的（end）"的追求，以及他的神学思想，这里理解为"天职"是较为恰当的。弗格森关于"天启（providence）"和"完美（perfection）"的思想非常明显，体现在其多部著作中，本文宜开一笔论述这一思想不太合适，只能另文论述。

[30] Adam Ferguson, *PMPS*, Vol. I, pp.225-226.

而这种"完美"只属于上帝。[31]

和 18 世纪的其他思想家一样，弗格森也强调雄心，尤其是其在改善人类自身状况方面的作用。他认为："智慧存在者的生活和行动在于意识到或觉察到一种可改进的状况，在于努力获得更好的状况。这就构成了一条人性中关于的雄心持续的原则。人类有着不同的目标，不断追求这些目标；但无论从哪种意义上说，每个人最渴望的就是改善自己的状况。"[32] 在基督教语境中，雄心曾经是被压制的激情，但经过曼德维尔、休谟的重新阐释，它已获得了积极意义。作为温和派的弗格森，同样也接受了这种积极意义，并认为雄心这种"行动中最强有力的动机"推动着"技艺"。雄心渗透在人类生活的各个层面，从"对单纯的动物式生活的关切"到"对完美的每一个目标"[33]：获得知识或荣誉、成为一个有荣耀的人；但雄心的真正目标在于获得某些人格品质，比如智慧、善、刚毅等等。在雄心的推动下，技艺被人们用来满足不同的需求，进而呈现出各种形式，商业、政治、科学、审美、道德都是特殊的技艺。

商业技艺是人们进行交换的技艺。在弗格森那里，"商业技艺源于动物生活的需要和必需。它们持续不断、层层叠加、延伸扩张以提供一种连续不断或不断增加的消费，以满足大量累积的需求：在获得财富、便利和装饰时才会终止"[34]。这种技艺得以运用有两大原因：一方面，"人被造出来从事各种职业，不仅是因为各种倾向和才能，还因为他们必须运用它们的场合"；另一方面，适于居住地区的地理环境各不相同[35]，居民面临的资源也不尽相同。在实践中形成的不同

---

[31]　See Lisa Hill, *The Passionate Society: The Social, Political and Moral Thought of Adam Ferguson*, pp.205-209. 笔者赞同丽莎·希尔对弗格森在"作为进步的完美"中的分析。弗格森这里虽然谈的是技艺，但也在为"道德"做铺垫，因为人的行为就是对技艺的实践，道德行为也是技艺的实践。

[32]　Adam Ferguson, *PMPS*, 1973, Vol. I, p.200. 这种描述与斯密 1759 年的《道德情操论》中"改善自己的状况（better one's own conditions）"的提法并没太多的差异。

[33]　Adam Ferguson, *PMPS*, Vol. I, p.235.

[34]　Adam Ferguson, *PMPS*, Vol. I, p.242.

[35]　Adam Ferguson, *PMPS*, Vol. I, p.246.

技艺使得人们开始有了初步的分工，而交换（或者说商业）正是在这种情况下用以满足个体不同需要的手段。[36]商业正是产生于"商品交换"，"因为人们不同的追求和优势，通过处理相互的多余品，彼此的需求得到满足"[37]。从商业技艺的产生看来，交换的最初目的只是满足彼此的需求，但让商业技艺一直繁荣的原因在于对"利益"的追求。弗格森承认："商业技艺是每个人独特的追求或关切，最好由各自利益和私人发展的动机推动。富人在财富占有上享有优势，穷人为了逃离他们身陷的恶劣境况，绷紧每根神经以成为有钱人。在这种动机下，交易者继续劳动，即使他得到了必需品，即使他的需求可能迫使他停歇下来。"[38]"利益"仿佛人类行为的"永动机"；在人类的历史中，"商业的目标（object）就是财富（wealth）"，"商业技艺的目的（end）是财富可以实现的便利和快乐"[39]。那么，商业技艺的发展会危及文明社会的美德吗？对于这个重要的问题，我们还是要回到弗格森对商业技艺本身的论断上来。除了财富，商业技艺还会给人类带来些什么？

首先，从个人权利来看，对于从事谋利技艺的人而言，确保其劳动果实的安全让他期待独立或自由，在获取财富时找到忠实的执行者，在囤积他的所得之物时找到一个忠实的管家。简言之，"商业技艺的成功，分散在不同部门，需要那些从事商业的人维持某种秩序，有必要使个人和财产得到某种安全，我们将此命名为文明，这种特征，从事物的性质和世界的起源来说，更多是法律和政治制度对社会形式的影响，而非仅仅谋利职业或财富的情形"。[40]商业技艺的发展带来的人身安全和财产安全，是"文明"的特征。一个商业技艺不发达的社会，可能算不上是"文明社会"。

其次，从历史上看，在商业技艺不发达的时代，作为交易者的个

---

[36] Adam Ferguson, *IMP*, p.32.

[37] Adam Ferguson, *PMPS*, Vol. I, p.245.

[38] Adam Ferguson, *PMPS*, Vol. I, pp.244-245.

[39] Adam Ferguson, *PMPS*, Vol. I, p.254.

[40] Adam Ferguson, *PMPS*, Vol. I, p.252.

人同样德性败坏。弗格森指出："在野蛮时代（rude ages），交易者目光短浅、欺骗奸诈、唯利是图；但在他的技艺发展之后，他的视野开阔了，树立了自己的原则：他变得守时、开明、守信、富有进取精神；在普遍腐败的时期，他拥有一切德性，除了保护他的所得的力量。"[41] 这说明，商业技艺的发展培养了一种德性，用弗格森的话说，这种德性是"贸易理性（reason of trade）"。而且，弗格森认为这种贸易理性在商业技艺越娴熟的人身上更能体现。他以"偷窃、欺诈、腐败盛行"的中国为例说明大商人对他人的信任难能可贵。[42]

最后，从商业交换的信任来看，贸易和商业还与人的另一个本性即"社会性"相关。因为，"贸易和商业是社会性的行动"，弗格森对劳动分工的分析，常常被视为个人化或异化。但是，"劳动分工取决于他们可以交换的信任，我们依赖别人来满足我们的需求"[43]。而弗格森所谓的"贸易理性"正是人与人之间的一种信任。除此之外，商业"社会性"还非常鲜明地体现在人类联盟和竞争的天性中。弗格森评论商业国家时说："实际上正是在这种国家里（如果有的话），男人偶尔会被认为是冷漠孤立的存在：他在与其同胞的竞争中找到了目标，他对他们的态度就像对待自己的牲畜和土地一样，因为它们为他带来了利润。我们认为的形成社会的强大引擎仅仅倾向于让它的成员陷入冲突，或者在情感纽带被打破后让他们继续交往。"[44] 弗格森希望通过这一比较说明，无论社会能否给人类带来便利，那种联盟的天性一直存在，即使人与人相互竞争，也会为了利

---

［41］ Adam Ferguson, *ECS*, p.138.

［42］ Adam Ferguson, *ECS*, p.138. 很难追溯这里弗格森对中国以及中国大商人的印象源自何处。

［43］ Craig Smith, *Adam Ferguson and the Idea of Civil Society: Moral Science in the Scottish Enlightenment*, p.171.

［44］ Adam Ferguson, *ECS*, p.24. 这段话的两个中译本（林本椿、王绍祥译，浙江大学出版社 2010 年版；张亚楠、杜国宏等译，中国政法大学出版社 2015 年版）似乎都没有表达出商业国家的人为何对待其同胞像对待他自己的牲畜和土地一样，实际上是因为后者会带来利润，而其同胞也会给他带来好处。这两个中译本也没有突出联盟和竞争的天性。

益而联盟，这是商业国家的精神。它不同于希腊、罗马的爱国热忱，但仍然将人类联结在一起。

商业技艺的发展不仅带来"文明"的特征，也产生了新的商业德性。如弗格森所言，"财富（riches）是技艺和勤勉的结果"[45]。人们在不断追求财富的过程中，不仅各种技艺得以提高，同时在雄心的刺激之下变得勤勉。如上所述，技艺的每一次推进都是人们走向"完美"的一步。至少在这个意义上，弗格森看到并肯定商业技艺的积极意义。这并不意味着他对商业技艺盲目乐观，如本文开头所引段落，弗格森当然意识到了商业对其他技艺的破坏性作用。杰克·希尔指出，"他看到商业技艺的确切好处，但也认为它们带来了坏的环境和动机，从而让其他非商业技艺的实践至少被部分削弱了。商业技艺对人类的繁荣本身既有消极影响，也有积极的意义，对道德生活也一样"[46]。这一评论当然是中肯的。弗格森最担心受到商业技艺负面影响的其他非商业技艺恰是政治技艺，而政治技艺的腐败是"文明社会"走向衰败的前兆，是"文明社会"的病症。

二　诊断"文明社会"

何谓"文明（civilization）"，何谓"文明社会"？弗格森有自己的定义。他在《道德和政治科学原理》中说，文明"更多是法律和政治制度对社会形式的影响"，"文明在商业或从事的技艺没有多少进步的国家中也是显而易见的"[47]，他所举的例子是罗马和斯巴达，认为罗马人建成了一个卓越的共和国，但其生产者几乎都是农夫和粗人，而斯巴达还直接反对贸易的原则，这个国家的公民关心的只有"他的

---

[45] Adam Ferguson, *IMP*, p.31.

[46] Jack A. Hill, *Adam Ferguson and Ethical Integrity: The Man and His Prescriptions for the Moral Life*, p.136.

[47] Adam Ferguson, *PMPS*, Vol.I, p.252.

个人品质和为祖国的服务"，而不是财富[48]，他接着说道，"财产要求法律保护；谨慎要求商人在交易中公平行事"，但喜爱经商的迦太基人也和其他民族一样残忍，"倾向和平""温和对待其他民族"这样的期望并没有体现在迦太基人身上。弗格森区分了商业和商人的品质，并将"文明"赋予了罗马人。

伊恩·麦克丹尼尔认为，弗格森"对'文明'一词的重新定义"维持了他对"经济和政治的明确区分"，并进而认为"纵观《文明社会史论》，弗格森都明确拒绝将'国家幸福'归功于像财富、商业、人口这样的外部因素。《文明社会史论》中'国家的一般目标'和'人口与财富'这两节，其主要目的是强调民风民俗和军事储备优先于狭隘的经济效用"[49]。强调风俗和军事力量对国家的意义，确实是弗格森的意图，但否认财富对国家幸福的意义，则不是弗格森的初衷。克雷格·史密斯认为麦克丹尼尔"忽视了一个事实，即弗格森表示，作为政治的原因和作为结果的经济之间存在明确的关联"，他还指出，"财富、贸易、增长的人口、艺术和科学的进步、改良的风俗是一个繁荣文明的要素。所有这些最好被认为是文明的结果"[50]。笔者以为，史密斯的这一评论更符合弗格森的本意。在讨论"国家的幸福"时，弗格森指出"财富、商业、疆域、技艺知识，被恰当运用时是自我保存的手段，是力量的基础"，如果没有这些，国家就会变弱，甚至灭亡。不过，弗格森对"幸福"的理解也带有很强的斯多亚色彩，"强大的国家能够征服弱国；文雅的商业民族比野蛮民族拥有更多财富，践行更多样的技艺。但人们的幸福在于坦诚、积极、坚韧的心灵的福祉，这在任何情况下都一样"[51]。他强调德性、强调心灵的完满，但并不否定通往幸福的手段。如果仅仅只要心灵的福祉，那人类无需开

---

[48] Adam Ferguson, *PMPS*, Vol. I, p.252.

[49] Iain Mcdaniel, *Adam Ferguson in the Scottish Enlightenment: The Roman Past and Europe's Future*, p.97.

[50] Craig Smith, *Adam Ferguson and the Idea of Civil Society: Moral Science in the Scottish Enlightenment*, pp.153-154.

[51] Adam Ferguson, *ECS*, p.60.

疆拓土、也无需改进各种技艺，如果这样，弗格森为何要区别"未开化""野蛮"民族与"文明""文雅"民族？如果"人只是被视为一个商业艺术家（commercial artist），被安置在堆积物和欢快之中，没有出路。如果 18 世纪的人像古人一样对商业所得或喜或忧，那么问题是：'真正获得的是什么？'"[52]如果野蛮社会的德性足以让个人和国家幸福，文雅民族的意义何在？

弗格森在"阶段论"中给出了这些答案。在《文明社会史论》中，弗格森讲述了一部人类社会演进的自然史。他以两个高频词来概述这部历史的特征：一个是"野蛮民族（rude nations）"，一个是"文雅民族（polished nations）"，或者"文雅的商业民族（polished and commercial nations）"等。弗格森将人类历史进程简化为三个阶段——野蛮（rude）、未开化（barbarous）、文雅（polished），但实际上前两者都被他称为"野蛮民族（rude nations）"。而"野蛮（rude 或 savage）"与"未开化（barbarous）"的区别不过是一个没有财产权，一个被打上了财产权和利益的印记。弗格森并没有像斯密《法学讲义》那样将财产权或生存方式作为人类历史不同阶段的特征，而是追溯到一般的法律概念。在野蛮社会（savage society）中，没有政府，没有财产权的概念，也不存在是否平等之说；在未开化社会中，出现了某种政府和不太稳定的法律，存在明确的不平等；而在文雅社会中，有着常规政府和稳定的法律，同样存在等级制度和不平等。他对社会的分类非常随意，对野蛮、未开化和文雅社会的描述分散在人口、财富、风俗等内容之中。最明显的是他在风俗论中对野蛮与文雅民族特征的描述。这两段描述虽然很长，但有必要放在这里进行对比。

弗格森说，"就风俗的状态而言，蛮族（barbarian）一词不可能被希腊罗马人以我们所说的意义来形容一个毫不关心商业技艺的民族的特征，他们毫不吝惜自己和别人的生命，忠诚于一个社会时慷慨激

---

[52] Jack A. Hill, *Adam Ferguson and Ethical Integrity: The Man and His Prescriptions for the Moral Life*, pp.142-143.

昂，仇视另一个社会时不共戴天。在他们伟大光辉的历史中，这是他们自己的特征，也是其他一些民族的特征，正是在这一点上，我们才以未开化或野蛮（*barbarous，rude*）这一称呼以示区别"[53]。而对于另一类民族，弗格森说，"这或许是在现代民族里我们以'文明'或'文雅'的绰号（epithets of *civilized or of polished*）来描述的主要特征。但我们已经看到，文明没有与希腊人技艺的发展相伴而行，也没有与政策、文学和哲学的进步保持一致。文明没等到现代人学识和礼貌的回归；它存在于我们历史的早期阶段，或许比现在更能区别于野蛮而缺乏教化的年代的风俗"[54]。脱离18世纪语境的现代读者必定会好奇，这里的"蛮族"和"文雅民族"究竟指的是谁？从弗格森的描述来看，这里的"蛮族"指的是好斗的，并创造了辉煌历史的民族，这样的民族让人不得不想起他常说的罗马和斯巴达。而弗格森说"文雅"在四百年前就已经存在，那么，14世纪处于封建制度下的欧洲，在何种意义上是"文雅的"？按照弗格森的说法，骑士的礼节（civility）是文雅的，然而他又说，"如果我们衡量礼貌和文明的准则"在于"商业技艺的进步"，"我们已大大超越了任何古代的闻名民族"[55]。这里的"我们"应该是指当时的英国人和欧洲大陆人。"我们历史的早期阶段"指的是骑士制度下的欧洲，而18世纪的欧洲正是由此发展而来，并取得了"商业技艺"的明显进步。由此看来，弗格森所说的"文明"既包含非正式的习惯和风俗等，也体现在正式的政治和法律上。"文明"是财富、人口、商业、风俗、法律和政治制度等的综合体。

根据这些要素，希腊和罗马是否称得上"文明社会"？实际上，弗格森区分了"文明"与"文明社会"这两个概念，罗马人有自己的政府和法律，也形成了自己的文明，但"文明社会"却需要满足更多的要素。弗格森肯定古典时代的政治德性，但他也不否现代欧洲的商

［53］ Adam Ferguson, *ECS*, pp.184-185.

［54］ Adam Ferguson, *ECS*, p.190.

［55］ Adam Ferguson, *ECS*, p.193.

业德性,"文明社会"的历史并不是在"古今之争"的背景中展开的,而是在一个广泛的阶段性图景中。古代虽然有着光辉的"文明",但古代并没有发展出有资格被称为现代意义上的"文明"的法律和政治制度。现代欧洲的确存在一些问题,但"法治""公民自由"是古人未曾享有的权利。

值得注意的是,弗格森在"阶段论"中很少使用"时代(ages)""阶段(stages)"这些术语,而更多使用"民族(nations)"这个词。这就说明,弗格森不是在描述一种线性发展的历史,不同的民族必然会经历这些阶段;而是在描述历史上存在的世界和当时的世界。在他的描述中,中国、印度、美洲等民族的历史交错在一起,不同类型的社会获得了不同程度的文明。苏格兰低地是文明的,高地则是欠缺的,但高地和美洲印第安人的情况又是不同的,所以应该被视为一种单独的社会类型。在他看来,"文明"和"文明社会"都不是经济决定论的。对文明社会政治因素的强调弱化了马克思主义者对弗格森的解读,也让我们重新审视弗格森与斯密"阶段论"的区别。需要注意的是,弗格森并没有将经济和政治分开,而是在这两者之间建立了一种联系:"如果弗格森的思想中有一个基础/上层建筑的话,那么,政治和法律是基础,而经济是上层建筑的。"[56]这一点在弗格森对"文雅"的定义中非常明显。他说,"文雅(polished)""最初指的是法律和政府方面的国家状态",后来被用来指"博雅艺术、制造技艺、文学和商业的精进";他1768年的版本中补充说,"文明的人(men civilized)是履行公民职务的人","是学者、上流人物和商人"[57]。显然,制度是弗格森对野蛮与文雅的划分标准,但这并不是说经济不重要。

恰是因为弗格森如此理解政治与经济的联系,他才会对"文雅民族"的腐败更加焦虑。因为,随着商业技艺的发展,道德标准和人

---

[56] Craig Smith, *Adam Ferguson and the Idea of Civil Society: Moral Science in the Scottish Enlightenment*, p.154.

[57] Adam Ferguson, *ECS*, p.195.

们追求的目标开始发生变化。虽然"单纯的财富和功劳（merit）没有天然的联系"，财富原本的价值在于用来维持或改善人的生计、提供便利，但财富、出身总是和人的地位高低关联起来，而"财富被设想为一个评判的主题，容易激起一种危险的、荒诞的——如果不是令人憎恶的——推论，即形成那些据说充满铜臭味的人的品质"[58]，这是商业民族中常常发生的事情。而且，在虚荣心的竞争下，财富的价值往往不是使用而是夸耀。"守财奴即使家财万贯还是害怕缺钱，不断积累财富却限制使用它们。"[59]财富的本质被商业民族曲解，结果，"商业技艺高度发达的各民族被曝于腐败之下，因他们容许不靠个人高贵品质和德性去获得作为地位差序重要基础的财富，他们关注利益，将其视为通往尊荣和荣耀的道路"[60]。一旦如此，德性便会被弃而不顾。

弗格森承认，腐败并不完全因财富而起。他采纳了休谟1752年《论奢侈》[61]的观点，认识到奢侈正反两面的意义，也指出腐败并不一定与财富多少成正比。他所说的腐败在于人类品格的堕落，而最终的结果是人类沦为奴隶，国家走向专制。弗格森以浓烈的情感描述了这种境地，"在风俗如此变革的前夕，混合政府或君主政府中的上层人士需要小心行事"，"上层人士如果放弃国家，不再拥有勇气和高贵的心灵品质，不再践行他们在保卫国家、管理政府方面的那些才能，那么，他们看似享有他们地位带来的好处，但实际上成为那个社会的弃儿，虽然他们曾经一度是社会的荣耀；从最受尊敬的人、最幸福的人沦为最可鄙、最腐败的人"[62]。随后，弗格森用了一长串排比句描述"他们"的悲惨境地。然而，"他们"又是谁呢？弗格森的现代读者可能很难弄清楚他在讨论"文明社会史"、民兵制度、道德科学时

---

[58] Adam Ferguson, *PMPS*, Vol. I, p.245.

[59] Adam Ferguson, *PMPS*, Vol. II, p.51.

[60] Adam Ferguson, *ECS*, p.240.

[61] 大卫·休谟：《论政治与经济：休谟论说文集卷一》，张正萍译，杭州：浙江大学出版社，2011年，第143页。

[62] Adam Ferguson, *ECS*, p.246.

"我们""他们"这些指称究竟是谁。

马修•B.阿布分析这里的"他们"时说，"'有钱人'明确被当作那些为了繁荣的温顺而积极放弃政治（尤其是军事）参与的公民"，弗格森心中所想的或许是"那些愿意公开炫耀他们真正的私人闲暇的文雅士绅"[63]。这样的推测有一定道理。回顾一下弗格森描述"蛮族""文雅"特征时那种暗含的反讽，那些"放弃政治参与""炫耀闲暇"的文人雅士或许是他的指代。然而，再联系一下弗格森的文本和他所处的时代背景，我们可能会得出不同的论断。在这里，弗格森担忧的不是下层辛勤从事各种职业的人，而是曾经在政府、国防等领域担任过公职的人，"他们"参与政治的动机是财产、地位、享乐，是晋升和利润，为此，他们压制雄心、打压派系对立和社会猜忌等，但这样的行为并不是为了政治改革，而是衰败的先兆，是肮脏下流的追逐和毁灭性的娱乐。这样的描述不得不让人联想到1760年代以来的英国政治。1760年，乔治三世继位，他希望开拓一个不同于乔治二世的君主立宪制。"乔治三世设想的实际上是另一种政府，它是受到一个真正忠诚的立法机构的支持，由一位起作用的国王和由他挑选的非党派大臣们领导的。"[64]这一设想付诸实践的表现就是乔治三世任用他的宠臣，比如他的家庭教师布特勋爵，朝廷充斥着一些政治能力平庸、唯利是图、蝇营狗苟的人。弗格森口中的"他们"或许正是这样一群人。

1763年，英国结束"七年战争"，从法国手中拿到了大片殖民地。北美、印度和不列颠本土，形成了一个新"帝国"。然而，统治这一帝国的是什么样的人呢？弗格森担忧地写道，"将造就公民和政治家的技艺分开，将制定政策和进行战争的技艺分开，是试图肢解人的品质，摧毁那些我们想要改进的技艺。有了这种分工，我们实际上

---

[63] Matthew B. Arbo, *Political Vannity: Adam Ferguson on the Moral Tensions of Early Capitalism,* Minneapolis: Fortress Press, 2014, p.1.

[64] J.O. 林赛编：《新编剑桥世界近代史（第七卷）：旧制度（1713—1763）》，中国社会科学院世界历史研究所组译，北京：中国社会科学出版社，1999年，第325页。

就剥夺了一个自由民族守护其安全所必需的手段；换言之，我们准备好抵御外部的入侵，但这却可能导致篡权，并预示着国内有建立军政府的威胁"[65]。某些部门如制造业的分工，会使得制造技艺的提高，商业技艺的提高也有利于国力强盛。但政治领域的分离，却可能导致人类政治技艺的衰落，这才是弗格森对文雅民族命运的焦虑所在，确切地说，是对英帝国命运的焦虑。当他面对"七年战争"之后的庞大帝国时，弗格森可能立即想到了罗马共和国由盛而衰的历史，而事实上13年后的1776年，英国失去了美洲。无论罗马还是英国，"民族的财富、扩张和权力往往是德性的结果，而这些优势的丧失，往往是恶行的后果。人类德性的光彩出现在他们斗争的过程中，而不是到达目的之后"[66]。追求财富并不是恶，被视为恰当运用财富的俭省也是一种德性[67]，但如果只增加财富是有道德的，那么我们就不会鄙视守财奴。一个文雅民族的公民，如果想获得公民自由，就更需要注重提升其政治技艺。弗格森希望英帝国的公职人员能够对德性败坏的恶果提高警惕，而不是放任自己沉溺于追逐利益和感官享受，让政治技艺失去活力、陷入沉寂。

因此，问题不在于财富，也不在于对财富的追求。问题是，当人们的商业技艺影响甚至削弱政治技艺、主宰人们的全部生活时，所谓文雅民族的民族精神就坍塌了。政府的作用不是提升商业生活的德性，而在于保证其臣民的财产权，促进交流[68]，并提供国防。因而，弗格森关心的可能并不是经济增长和道德败坏的必然因果联系，而是政治技艺和民族精神的萎缩。尽管在其著作中多次提到古代美德，但弗格森本质上并不是一个尚古主义者。他在给苏格兰一位掌权者的信中写道："我不偏爱以前的时代，也不打算将人们的德性归因于无知和贫穷，反而认为运用得当的阶层有助于德性和心灵的高贵。没有一

---

[65] Adam Ferguson, *ECS*, p.218.
[66] Adam Ferguson, *ECS*, p.196.
[67] Adam Ferguson, *PMPS*, Vol. II, p.341.
[68] Adam Ferguson, *PMPS*, Vol. II, p.426.

个民族展现出比英国已经获得的影响力更优秀的精神，但也没理由说那种精神为何该被忽视，或者说它们是评价和荣誉的唯一标准的重要来源。"[69]因而，弗格森并不主张回到遥远的古代，而是试图寻找解决新问题的办法。

三　绅士的道德教育

在分析文明社会的弊病时，弗格森也看到野蛮民族存在的问题：在那样的社会中，政府与法律都不健全，人们连根除弊病的药方都无处可寻。而在文雅民族中，"文明的进程中会出现新的弊病，也会运用新的补救措施，但那种补救并不总是在出现弊病时就用起来；法律虽然因致力于犯罪而出现，但它们不是新近腐败的征兆，而是人们渴望寻找一种或许能够根除长期毒害国家的罪恶的补救措施"。[70]除了法律，道德教育是另一种补救措施。弗格森呼吁一种人类品格，他对"谨小慎微"的绅士品质很感兴趣[71]，但他更希望将政治家与战士这两种品格统一在绅士的身上，因而他在苏格兰社会鼓吹民兵制度。1759—1762年、1775—1783年这两个时期，苏格兰温和派的一些文人狂热鼓吹民兵制度。在"七年战争"中，英国社会流传着法国入侵的谣言，在军营中生活多年的弗格森对国家防御格外关注。他认为，自卫是所有公民的事务，而不是雇佣军或职业军人的事情。事实上，英国在18世纪曾有一段时间可以买卖海军官职，年长有经验的军官在这一市场中根本得不到晋升。这样腐败的军事制度，完全不利于英国的海外征战。因此，弗格森才与休·布莱尔等温和派牧师筹建了"扑克俱乐部（Poker Club）"，让爱丁堡的文人就民兵制度发表自己的

---

[69] *The Correspondence of Adam Ferguson*, Vol.2, 1781—1816, edited by Vincenzo Merolle, London: William Pickering, 1995, p.481.

[70] Adam Ferguson, *ECS*, pp.230-231.

[71] Adam Ferguson, *PMPS*, Vol. II, p.464.

意见。

在"扑克俱乐部"中，弗格森与斯密关于民兵制度与常备军的讨论常常被后来的研究者误解为弗格森不主张设置常备军，但实际上，弗格森非常清楚常备军在战争期间的作用，他主张的是将常备军与民兵制度结合在一起。同时，他也清楚在 18 世纪英国的选举制度下，很多人并没有选举权，根本没有参与政治和锻炼政治技艺的机会，而民兵制度对所有人来说是一个平等的机会，人人（男性）都有机会发挥自己的才干。这是弗格森主张民兵制度的主要原因之一。不仅如此，弗格森还希望将"勇武精神与民事政策和商业政策"混合在一起，培养公民的道德品质。"强调政治参与和民兵服役——这些形成了弗格森共和主义阐释的基础——并不会抛弃商业生活。"[72]这样的品质体现在弗格森理想的"绅士"身上。

从弗格森的教学经历来说，他对绅士品质的培养渗透在他的教学之中。在爱丁堡大学任教时，弗格森很清楚他的学生中有很多人会成为未来的公职人员。他的班级规模在最高峰时超过 100 个学生[73]，而且他在爱丁堡的教龄长达 26 年，因而，与休谟、斯密相比，他对学生的影响要可能要大得多。而他自己也承认，他将大量的著作融入自己的讲义中，创造出一种生动的教学方式，在一个普遍的主题之下阐释，并在其职业生涯中不断修订[74]。这些讲义，有很多内容糅合了休谟、斯密、孟德斯鸠、卢梭等同时代哲学家的观点。无论是在他的《文明社会史论》中，还是在他晚年出版的《道德与政治科学原理》中，都能找到他同时代人的一些思想痕迹。从苏格兰道德哲学的普及性目标来说，弗格森显然非常成功，"他参与了将来

---

[72] Craig Smith, *Adam Ferguson and the Idea of Civil Society: Moral Science in the Scottish Enlightenment*, p.167.

[73] Richard B. Sher, *Church and University in the Scottish Enlightenment: The Moderate Literati of Edinburgh*, N.J.: Princeton University Press, 1985, p.35.

[74] Adam Ferguson, *PMPS*, Vol. I, p.v.

几代绅士品格的塑造，同时也带给他们思考道德的那种语言"[75]。那是一种怎样的道德语言呢？

在弗格森的道德教育中，习惯是一个非常重要的因素。弗格森相信人类深受习惯的影响，在很大程度上，习惯会成为品格的一部分。习惯在早年会非常容易获得并保持下来，但它们也在生活中逐渐变化，因为人们会通过"习性的变化"来经历和适应不同的环境。[76]如果有"正确的"习惯，孩子就能够适应他一生中经历的不同境况，朝着"良好的"秉性顺利地追求他们的预设目标。"弗格森对人类生活中习惯作用的兴趣让他意识到要塑造孩子的各种习惯，为他们顺利参与并融入成人世界做准备。"[77]从实践的意义上说，灌输好习惯的成效最好。

除了教育孩子形成良好的习惯，绅士品质的养成还需要发挥冲突的天性。在弗格森的人性论中，对冲突的明确强调使得他与休谟、斯密区分开来。他指出，"人们不仅在自己的处境中找到分歧和争斗的根源，而且，似乎他们心中也有敌意的种子，欣然地接受相互对立的机会"[78]。强调对立冲突，似乎与托马斯·霍布斯的"丛林状态"相近，但和 18 世纪苏格兰的其他道德哲学家一样，弗格森并不认同霍布斯单一的人性观。他肯定人的"好斗性"，但斗争也是人类了解彼此的手段。人类和动物一样都喜欢同类间的"对抗"，而且希望在对抗中证实自己的价值。人与人之间、民族与民族之间，对抗与冲突是一种常态。"没有民族间的竞争，没有战争，文明社会本身几乎找不到一个目标，或一种形式。人类或许可以没有任何正式协议就可以交易，但没有民族的协调一致就不可能安全。必要的公共防御产生了很多政府部门，仁人志士在指挥政府军队时找到了自己的用武之地……

---

[75] Craig Smith, *Adam Ferguson and the Idea of Civil Society: Moral Science in the Scottish Enlightenment*, p.129.

[76] Adam Ferguson, *PMPS*, Vol.I, p.224.

[77] Craig Smith, *Adam Ferguson and the Idea of Civil Society: Moral Science in the Scottish Enlightenment*, p.129.

[78] Adam Ferguson, *ECS*, Part 1 Section 4, p.25.

一个从未与其同胞战斗过的人，对人类的一半情感都一无所知。"[79]
弗格森对"冲突"的社会功能的强调可能也是他被视为"现代社会
学"开创者的原因之一。[80]

对于弗格森来说，人们可以在社会冲突中学到很多宝贵的经验。
"社会本身就是学校，它在现实事物的实践中传递教训。"[81]人们在冲
突和分歧的协调中获得了个人自由。"在由能力、习惯和想法不同的
人们组成的大会上，要使人们在某个重要问题上达成一致只能是人类
之外的东西……我们的一致性赞同恰恰危害了自由。我们渴望自由，
却冒险让那些对公众冷漠无情的人们的玩忽职守取而代之，让那些出
卖国家权利的人们的唯利是图取而代之，让另外一些对领导唯命是从
的人们的奴颜婢膝取而代之。对公众的热爱、对法律的尊重，人类在
这些方面往往是一致的；但在那些有争议的问题上，人们也追求个人
或派别的一致意见，那么，人们就已然背叛了自由的事业。"[82]一个
国家的一致赞同是自由的枷锁，只有在争议和分歧中才能听到不同的
声音，才能协调不同的利益。弗格森甚至将竞争视为德性的导火索，
他借用普鲁塔克的话说"竞争是点燃美德的火炬"，不经过深思熟虑
就轻易顺从他人的意见，只会让自己沦为他者的奴隶。而文明社会正
是冲突和分歧的孕育者。人们在公共生活领域中形成不同的利益和见
解，每个人或每个阶层都有各自的要求和意图。秩序，就在这种冲突
与协调中自发地建立起来。

真正的自由需要每个公民德性的践行。"在任何自由体制存在的
时期，在每个人都有自己的地位和权利，或有对个人权利的意识时，
每个共同体成员都是彼此重视和尊重的对象；文明社会要求的每项权

---

[79] Adam Ferguson, *ECS*, p.28.

[80] W. C. Lehmann, *Adam Ferguson and the Beginning of Modern Sociology: An Analysis of the Sociological Elements in His Writings with some Suggestions as to His Place in the History of Social Theory*, pp.98-106.

[81] Adam Ferguson, *ECS*, p.169.

[82] Adam Ferguson, *ECS*, p.252.

利，都需要运用才能、智慧、劝服、魄力和权力。"[83]不仅如此，在处理文明社会的事务时，人们心灵中的各项能力得到发挥，并尽可能地完善，人类的天性在情感、爱心而非利益的主宰中趋于完美。在弗格森的著作中，情感（sentiments）与利益的相互对立以及后者对前者的压倒性优势导致德性的败坏和心灵的残缺。文明社会弥补了这种残缺。"正是在对文明社会事务的处理中，人类发挥出了最优秀的才能，找到了他们最善心向（best affections）的目标。正是由于嫁接在文明社会的优势之上，战争技艺才能臻于完美，军事战争的根源、刺激人们行为的复杂动机，才能被彻底了解。"[84]

弗格森如此强调冲突与战争，或许与他早年在"黑卫士军团（The Black Watch Regiment）"的经历以及他个人的性格[85]有关。弗格森因懂高地盖尔语而被阿索尔公爵夫人引荐到这个军团担任军中牧师一职，这一职位并不需要冲锋陷阵，但弗格森有时候也会举剑冲向前线。这种勇武、刚毅的品质，是弗格森在道德科学讲义中时常强调的，也是他对绅士品质的要求。然而，弗格森对"战争"的过于倚重似乎有些过于理想化了。尤其是在商业民族中，政治家和战士的品质如何集中在一个人身上，是一个大难题。对于18世纪的英帝国来说，民兵制度或许是一条可以尝试的途径；但随着职业分工的发展，政治家与战士这两种职业会越来越分离，那些在议会中言辞激昂的议员可能是一个只为自己或某个集团谋利的政客，他也不太可能在议会中坚持那种勇武、刚毅的品质。如此看来，养成绅士公民的品质还有很长的路要走。

结语

在弗格森一生的著作中，交错着他对上帝天意的希望以及他所接

---

[83] Adam Ferguson, *ECS*, p.260.

[84] Adam Ferguson, *ECS*, p.149.

[85] Jane B. Fagg, 'Biographical Introduction', in *The Correspondence of Adam Ferguson*, Vol.1, 1745—1780, pp.xxiii-xxx.

受的沙夫茨伯里、哈奇森转变后的斯多亚主义和孟德斯鸠色彩的"共和主义"。然而，对于"文明社会的历史"，一方面，他认为，"民众迈出的每一步，都是对未来盲目无知的"[86]，"我们准确地知道明天的太阳几点升起，但随意的思想和激情会导致人类在什么时候做出什么行为，人类的预见能够达到的不过是单纯的猜测而已"[87]；另一方面，他又指出，"真正坚毅、诚实、有能力的人在每一个舞台上都能适得其所；他们在每一种环境中都能获得自己天性中最大的快乐；他们是上天（providence）为人类谋福利的合适工具；或者，如果我们必须换一种说法的话，他们表明，他们注定生存下去的同时，他们创造的国家同样也注定会生存下去、繁荣下去"[88]。最终，弗格森还是将国家的希望寄托在"人（men）"的道德品质上，对人和国家的命运还有一丝丝乐观。因而，尽管他哀叹，"商业技艺在人的心灵中似乎除了对利益的关注之外无需任何基础，除了对收益和安全占有财产的希望之外无需任何激励；当人们陷入朝不保夕的被奴役境地、意识到源于财富名声的危险时，这些技艺必将消亡"[89]，在批判人类那些利欲熏心的恶行，痛惜人类不再追求自由时，他同样也看到文明社会还有重新兴起的希望。

弗格森于 1723 年出生在苏格兰伯斯郡洛赫里（Logierait）乡村的一个长老派牧师家庭，在圣安德鲁斯和爱丁堡接受教育之后进入高地军团，此后作为贵族家庭教师在欧洲各地逗留。从 1759 年到 1785年，弗格森一直在爱丁堡大学授课。尽管中途曾作为家庭教师短暂离开，但在这一漫长的教学生涯中他势必影响了很多青年子弟。1816年，93 岁高龄的弗格森在圣安德鲁斯离世。他的一生见证了詹姆斯党人两次叛乱、七年战争、美洲革命、法国大革命，一直到拿破仑的落幕，亲身经历了各种战争，但直到他去世，英国并没有正式建制民

---

[86] Adam Ferguson, *ECS*, p.119.

[87] Adam Ferguson, *PMPS*, Vol. II, p.347.

[88] Adam Ferguson, *ECS*, p.264.

[89] Adam Ferguson, *ECS*, p.263.

兵。商业财富带来的道德腐败仍在继续，英国政治舞台上的派系斗争仍在继续，而这些斗争并不是弗格森想要的"冲突"。他焦虑的道德腐败没有消逝，而他倡导的"道德教育"却很快消逝在纷杂的人类事务中。事实上，弗格森在道德科学中开出的"药方"要求颇高，但也正因为此，这一"药方"在当代更有其必要。

价值理想的认识与实践
——马克斯·韦伯的伦理教育*

王楠

　　我相信，我们必须放弃通过社会立法去创造一种实际的幸福感的想法。我们想要的是另外的东西，我们也只能想要另外的东西。我们希望培育并保持在我们看来使人具有价值的东西：他的个人责任，他对崇高事物、对人类的思想与道德价值的基本追求。

　　——马克斯·韦伯：《第五次福音派社会代表大会报告》（1894）[1]

一　引言

　　1911年秋的德国，在新弗赖堡大学揭幕仪式的晚宴上，一位以能言善辩著称的普鲁士将军，嘲弄和侮辱了反对军国主义的和平主义者。事发之后，《法兰克福报》发表了批判性的评论，却招致弗赖堡的一众知名教授的反对。他们发表了一份联合声明，声称大学教师有义务全力支持在庆典上"表达"爱国主义的理想。《法兰克福报》的编辑向马克斯·韦伯征询他对这一事件的看法。韦伯毫不掩饰地表达了自己的观点。韦伯本人是和平主义毫不留情的批评者，但在他看

* 本文曾发表于《社会》2018年第6期，此次重刊略有编辑。文中引用相关译著时，对译文偶有改动，以下不再一一注明。
[1]　玛丽安妮·韦伯：《马克斯·韦伯传》，阎克文等译，南京：江苏人民出版社，2002年，第159页。

来，面对当时德国在国际上声誉扫地的外交局面，教授们不顾威廉二世虚荣自大的过分膨胀，却将批评的矛头指向《法兰克福报》，这样做极为不合时宜。但这还不是最要紧的。回顾自己 16 年前在弗赖堡大学发表的就职演讲，韦伯斩钉截铁地指出，自己完全支持民族理想和爱国精神，但绝非此等冒牌低劣的货色。在大批学生联合会和社团成员出席的宴会庆典上，宣扬一种"绝对空洞、空虚、纯粹动物性的民族主义"，令"大部分学生的所谓民族情感越来越空洞"，这样做才极端危险。实际上，毫无实质文化理想的政治煽动且反对一切批评，才真正削弱了社会的道德力量。[2]

回顾 1895 年韦伯的弗赖堡大学就职演讲，我们就能看到，韦伯支持的民族主义，绝非空洞的国家至上论，亦非彼时庸俗政治经济学崇尚的幸福主义。在他看来，学问应当关注的，"不是未来的人类将如何丰衣足食，而是他们将成为什么样的人"。民族理想的实质，是"构成了我们人性之伟大与高贵的那些品质"，是继承德国人血脉中的"我们自己祖先的品质"，并将这样的"我们的劳作与本性"，传给未来的子孙后代。[3] 所以，保持某种文化与道德的品质，而非为爱国而爱国的狂热民族主义，才是学问的根本。如果我们将关注的时点推进到 1918 年，我们同样会看到，面对一战失败与革命后的满目疮痍，韦伯最为关心的根本问题，并不是一时一地的权宜之计，而依然是"群众的教育问题"，是如何"重建最基本的道德'准则'"，培育和延续人和民族的优秀品质。[4] 甚至在去世前一年发表"以政治为天职"的演讲之时，韦伯与青年学生定下十年之约，关心的仍然不是德国的"美好愿景"能实现多少，而是要看看他们，未来成了什么样的人，"内在生命变成了何等样貌"。[5] 实际上，从演讲、书信与传记中

---

［2］玛丽安妮·韦伯：《马克斯·韦伯传》，第 462—467 页。

［3］马克斯·韦伯：《韦伯政治著作选》，阎克文译，北京：东方出版社，2009 年，第 12—13 页。

［4］玛丽安妮·韦伯：《马克斯·韦伯传》，第 728—730 页。

［5］马克斯·韦伯：《学术与政治》，钱永祥等译，桂林：广西师范大学出版社，2004 年，第 272—273 页。

浮现的韦伯形象，足以向我们确证，从青年时代到去世之前，甚至在那被死亡中断的未来，韦伯终生不倦的一份天职，正是对伦理人格与品质的塑造与培养。

但实际上，这并不是一个容易证实的命题。威廉·亨尼斯正是看到了在弗赖堡就职演讲与早期东普鲁士乡村调查中，韦伯对人的品质与现代人之面貌的关注，因此主张韦伯著作的根本主题是"人格与生活秩序"。他试图将韦伯的思想与德国的教养、历史学派以及人类学传统结合起来，认为其体现了那个时代正在消逝的道德科学传统，所以韦伯的学术，根本上是"人的学问"。[6]但亨尼斯研究的缺陷在于，太过依赖韦伯早期论述和书信传记中的只言片语，既缺乏整体的文本分析，更轻视韦伯中晚期的社会学著作。这导致了施路赫特的严厉批评，认为这是一种通过蛛丝马迹来推断的"侦探式思路"。[7]但是，更重要的问题在于，这样的理解似乎与韦伯本人的许多明确论述存在矛盾。韦伯不是明确反对德国大学的教养传统，认为应当与完美人性的时代告别吗？韦伯不是多次申明，科学并不能教人一套明确的世界观，并反对在课堂上将道德要求灌输给学生吗？韦伯不是坚决认为，一件事情"正因其不美、不神圣、不善，所以才为真"，视多神论以及"诸神斗争"才是今日的现实吗？[8]如果再考虑到韦伯在授课与学术著作中，始终表现出某种"纯粹科学"式的姿态，那么我们恰恰似乎应当认为，韦伯完全反对学问能服务于人的道德教育。

---

[6] Wilhelm Hennis, "Personality and Life Orders: Max Weber's Theme", in *Max Weber, Rationality and Modernity*, edited by Scott Lash & Sam Whimster. London: Routledge, 1987, pp.52-74.

[7] 参见 Wolfgang Schluchter, *Rationalism, Religion, and Domination*, translated by Neil Solomon. Berkeley and Los Angeles: University of California Press, 1989, p.413；李猛：《除魔的世界与禁欲者的守护神：韦伯社会理论中的"英国法"问题》，载于李猛编：《韦伯：法律与价值》，上海：上海人民出版社，2001年，第120页。亨尼斯在后来的韦伯研究中，将视野逐渐扩展到了韦伯的中晚期著作，一定程度上补充了他的早期观点。但限于文本解读方式的根本缺陷，依然进展有限。参见 Wilhelm Hennis, *Max Weber's Science of Man*, translated by Keith Tribe. Newbury: Threshold Press, 2000。

[8] 马克斯·韦伯：《社会科学方法论》，李秋零、田薇译，北京：中国人民大学出版社，1999年，第93-95、101-104页；马克斯·韦伯：《学术与政治》，第176-180页。

正是基于这样的判断，许多人主张，韦伯的学问及其基本态度，非但不能培养人的伦理品质，反倒消灭了这种可能性。列奥·施特劳斯就称韦伯的立场为"高贵的虚无主义"。在他看来，韦伯要超越事实与价值的虚假对立，令社会科学达到对事实的真正描述，就必须有研究者自身价值的介入，但这一点，如果与价值领域分化和"诸神斗争"的立场结合起来，就必然导致社会科学根本上的相对主义，并将根本的价值选择，交付给人"任意而盲目的决断"，从而既牺牲了理智，也达不到信仰。[9] 许多人认为韦伯在政治立场上，最终走向拥护卡里斯玛领袖来领导官僚机器，也正是出于同样的看法。既然韦伯最终陷于理性和非理性、官僚制与自由之间的矛盾，要超越这一困境，他就只能选择纵身一跃，服从元首。卢卡奇、马尔库塞、阿隆以及研究韦伯政治思想的蒙森，本质上都和施特劳斯抱有同样的见解。[10]

不过，如果我们不满足于许多人带有明确立场或诉求的简单解读，而是深入了解韦伯本人更为细致全面的论述，情况恐怕没有那么简单。同样并非韦伯专家的洛维特，虽也承认韦伯揭示了现代社会的理性-非理性/自由的矛盾，但却敏锐地指出，在韦伯的思想中，仍然存在着某种伦理人格的内核。那绝非行尸走肉般地服从于理性计算，亦非让自己彻底服从于非理性。个人恰恰要对自我的灵魂与自由，负起某种理性的责任，超越无心无魂的境地。[11] 施路赫特更是用了多篇长文，不遗余力地探究韦伯的伦理立场。在他看来，韦伯虽清楚地意识到了现代社会的二元对立与紧张，但却始终坚持"在种种紧张关系中维持生活"。以韦伯在"以政治为天职"中提出的信念伦

[9] 列奥·施特劳斯：《自然权利与历史》，彭刚译，北京：生活·读书·新知三联书店，2003年，第50-78页。

[10] 格奥尔格·卢卡奇：《理性的毁灭》，王玖兴等译，南京：江苏教育出版社，2005年，第391-402页；赫伯特·马尔库塞：《现代文明与人的困境》，李小兵等译，上海：上海三联书店，1989年，第80-108页；雷蒙·阿隆：《社会学主要思潮》，葛智强等译，北京：华夏出版社，2000年，第334页；沃尔夫冈·蒙森：《马克斯·韦伯与德国政治：1890—1920》，阎克文译，北京：中信出版社，2016年，第402页。

[11] Karl Löwith, *Max Weber and Karl Marx*, translated by Hans Fantel. London: George Allen & Unwin Publishers, 1982, pp.52-60.

理（Gesinnungsethik）和责任伦理（Verantwortungsethik）的概念为核心，施路赫特尝试说明，后者如何在韦伯那里具有现实主义的批判意涵，并由此促成一种理性的责任感。他后来甚至尝试借这两个概念来贯通韦伯的主要著述，并借康德伦理学的视角，来建构韦伯的伦理类型学。[12]

在笔者看来，施路赫特的研究对于理解韦伯的伦理观有着重要意义。他对于韦伯思想中宗教与科学关系的观点，以及责任伦理具有的现实批判意义，都有着敏锐的洞察。不过，施路赫特分析的不足之处在于，一方面，对学术如何能够同时促进价值追求和理智清明这两方面的认识不够；另一方面，在构建韦伯整体伦理立场时，又太过倚重康德伦理学的视角，导致对韦伯的理解过于刻板范畴化，对韦伯伦理立场的现实针对性讨论也不够充分。本篇论文，正是尝试从与施路赫特不同的角度出发，来探讨韦伯的伦理教育问题。

与施特劳斯等人的理解不同，在笔者看来，韦伯对于学术的理解以及他所坚持的立场，恰恰具有伦理教育的含义。身处世纪末的韦伯清楚地看到，随着"祛除巫魅（Entzauberung）"的理性化与官僚制的发展，德国陷入了严重的精神危机。表面理性的"无灵魂的专家"与官僚治理着大众，虚荣的暴发户与"无心的享乐人"则汲汲于一己私利，炫耀着自己虚假的"身份地位"。文人墨客用德意志帝国的幻象，诱导着自命不凡的君主和军国主义的自大狂。大学里的教授，陶醉于在讲台上扮演先知和预言家的角色。失去方向的知识分子，拿形形色色的"神秘体验"和崇拜，做宗教的代用品来自欺欺人。不负责任的乌托邦革命分子，却在底层煽动起大众的反抗情绪。

韦伯正是要在这样的时代，做一名教导学生的教师和学者。韦伯的"人的学问"，不是对自然科学模式的技术效仿，而是旨在追寻文

[12] 沃尔夫冈·施路赫特：《信念与责任——马克斯·韦伯论伦理》，载于李猛编：《韦伯：法律与价值》，第 242-332 页；沃尔夫冈·施路赫特：《理性化与官僚化》，顾忠华译，桂林：广西师范大学出版社，2004 年，第 47-54 页；沃尔夫冈·施路赫特：《价值中立与责任伦理》，载于《韦伯作品集 I: 学术与政治》，钱永祥等译，桂林：广西师范大学出版社，2004 年，第 114-131 页。

明传统中具有恒久价值的成分、理解不同伦理人格与生活之道的文化科学与历史科学。这样的学问，为的正是令人能够看到精神的更高维度与多样的价值追求，促成人的生命向其敞开，在实践中塑造自身的伦理人格，从而超越现代社会过于世俗与技术化的局限。但韦伯也同样看到，现代社会中的人，有着宗教狂热与理想无限化的危险。因此，社会科学的"客观化"，恰恰能帮助人们认识到自己价值理想的主观性，看到它的现实意义与实践后果。同时，也帮助人去理解与面对现实中其他人的理想和追求。这正是韦伯所说的，教师能发挥的"启人清明并唤醒其责任感"的道德意义。[13] 而在"以政治为天职"的演讲中，韦伯更从对现代人理想之主观无限性的批判，进展到对权力无限渴求的批判。在韦伯看来，现代人的价值理想，无论诉诸"传统"还是"乌托邦"，在借行动以实现的层面，都带有否定和改造现实的特点。因此，为某种理想而献身，恰恰易于掩饰现代人的自大狂妄，令他们更加无视他人，不顾行动后果，造就种种现实的悲剧。所以，只有那些清醒面对现实与自己理想的背离，却不无视或厌弃这个世界的人，才能破除观念的幻象暴力，也才有资格和可能，去守护传统与价值，成就真正的伦理人格与生活之道。

二　威廉二世时代德国的精神危机

在一次讨论德国乡村社会的演讲中，韦伯指出了一个有趣的现象：德国西部和南部的农村居民，大多是自有土地的小自耕农，而在德国东部的普鲁士地区，无地农民依附于地主的庄园制占据主导地位。在他看来，造成这种现象的原因要从历史中寻找。西南部的农村社会，在古代就有着农民自由耕作的传统，并且有着共同体的习俗和法律制度保障。东部地区则完全不同。普鲁士的骑士侵入斯拉夫人的

---

[13]　马克斯·韦伯：《学术与政治》，第184页。

土地,令整个村庄的居民依附于他们,建立起具封建色彩的世袭制小庄园,这就是容克地主阶层的起源。不过,也正是这样的传统,造成了他们完全不同于英国乡绅(gentry)阶层和欧陆拉丁贵族的性格。[14]

在韦伯看来,即使与英国乡绅的土地相比,容克地主的庄园也更小,更不要说和法国、意大利真正的大土地贵族相比了。英国的乡绅,将土地转租给专业的租地农场主,让后者去从事土地的资本主义经营。再加上有限嗣继承权做保障,自己和后代可以专心投入政治和精英文化的领域。容克地主就没有这样幸运,他们不得不亲身经营自己的小庄园,精打细算地过日子,但普鲁士崛起、德国统一后,这一阶层又被贴上了"贵族"的标签。有着真正政治和精英文化传统的英国乡绅,投身于地方治理与议会政治,或进大学修习古典文化与学术,或凭借社会上层的文化与人脉资源,参与社会改革的事业。容克地主阶层的后代,却只能在大学生兄弟会中磨炼饮酒和决斗的技术,一方面显示"封建贵族"的派头,另一方面学会讨上级的欢心,并指望由此在军队或官僚系统中谋个一官半职。[15]

许多人以为,韦伯是大众民主凯撒制的无条件支持者。但其实韦伯看得很清楚,"贵族阶层的优势在于它是一个受稳定的传统之惠的'少数',加之具有广阔的社会视野,因而能够在领导国家方面获得巨大的政治成功"。对有稳定贵族传统的社会来说,贵族的出身,使其在教育方式、生活趣味、社会交往及事业等方面,天然占据优势。"由于对生活品行的自觉塑造和那种旨在保持仪表(contenance)的教育,一个贵族通常有着更冷静的头脑。贵族一般都有默默行动的禀赋,其程度远远高于民主的大众和非议会制的现代君主。"[16]贵族整体生活处境和未来前景的稳定,令他们将某些事情视为"自然而然",而不会举止失措或刻意显示些什么。

---

[14] 马克斯·韦伯:《民族国家与经济政策》,甘阳等译,北京:生活·读书·新知三联书店,1997年,第123-130页。

[15] 马克斯·韦伯:《韦伯政治著作选》,第94-96页。

[16] 马克斯·韦伯:《韦伯政治著作选》,第89页。

　　所以，与英国和拉丁贵族的风貌经长期的发展，在整个社会范围内"被民主化"不同，原本平民和中产阶级出身的容克地主，却要刻意装出贵族的姿态，借以与平民拉开距离。在韦伯看来，用某种虚假的"贵族教育"，来为这一阶层"打上带有封建仪态和权利的'贵族'标记，那么必然的结果无非就是设计了一副暴发户的面貌"。内里的平庸不自信，和外在的做作炫耀结合在一起，又缺乏具崇高审美的高贵与优雅，构成了容克地主阶层粗俗自利却又虚荣自负的人格。[17]正因为有着这样的人格，他们才会在真正触及切身利益时，暴露出内在的自私自利。在弗赖堡就职演讲中，韦伯明确指出，容克地主阶层主张开放东部边境，容许波兰劳工进入，并主张对农产品实施贸易保护政策，这些全都是基于自身利益的考虑，缺乏对国民文化素质及国家整体利益的长远眼光。面对国际资本主义的冲击，他们将民族的政治利益等同于自身的经济利益，并试图操纵国家的经济政策为自身服务。[18]

　　"德意志人是个平民民族，或者，如果你愿意说的话，它是一个中产阶级民族。"这是韦伯冷静的判断。但是，这并不意味着德国历史上就没有辉煌的时刻。抛开韦伯自己继承的歌德以及新教的市民传统不说，即使成就统一德国大业的"真正的'普鲁士精神'"，"乃是德国民族性最优秀的表现之一"。[19]在韦伯看来，当年众多的普鲁士将领、改革派的官员，当然还包括俾斯麦本人，虽然出身并非真正的贵族，却能恪守朴实坚忍的品质、实事求是的作风，怀着真正德意志的理想，由此得以成就大业。但遗憾的是，历史并不会停下脚步。资本主义与外部世界的冲击，令德国"正在逐渐但却不可抗拒地改变着经济结构，甚至他（俾斯麦）还在位时就正在变得不同以往。人民必定会要求变革"。虽然民族的外在统一实现了，但真正的人格和品质

---

[17]　马克斯·韦伯：《韦伯政治著作选》，第94-99页。
[18]　马克斯·韦伯：《韦伯政治著作选》，第11-19页。
[19]　马克斯·韦伯：《韦伯政治著作选》，第97-99页。

培养，"民族的内在统一，正如我们每个人都知道的，尚未完成"。[20]
面对迅速变化的现实处境，在经济利益和政治自负的夹击之下，德国
人丧失了原有的品质，平民的弱点却被加倍放大。在短暂的辉煌时代
之后，危机迅速降临。

正是基于这样的时代判断，韦伯才反对在课堂上以直接灌输的方
式，向学生"教授"某种政治或伦理信念。和他对德国统一时代的判
断一样，韦伯坦率承认，像施穆勒那样主张在课堂上向学生传达"世
界观"，完全可以理解，因为那是来自"他和他的朋友们共同促成的
一个伟大时代的回响"。在那个时代，40 年前，"在实践和政治的评
价领域，任何可能的立场，最终必然会诉诸伦理上唯一正确的立场"。
正是因为，那时还有着和所有人生活相统一的"世界观"与伦理，所
以课堂上的"灌输"并不是问题。但就 40 年后的现在而言，允许
"灌输"最大的危险，主要在于讲台上的教师，向学生"灌输"的，
多半不是什么"超个人的伦理要求与正义的公设"，而是打着"'文化
价值'之名的杂拌拼凑"，是教师自己"对文化的主观期待"，并将这
种私人的立场视为"个人权利"。[21]韦伯敏锐地洞察到，正如容克地
主丧失了其原有的朴实，陷入虚荣、自大和享乐，许多学者和教师，
也在精神上陷入了迷失错乱。他们受困于种种主观的幻象，"以游戏
方式，用从世界各地搜集来的小圣像，装点起一座私人小教堂，以代
替宗教，光鲜自己，或者用各种各样的体验，创造出代用品，说这代
用品具有神秘的神圣性，然后将它夹在腋下到书市上去叫卖"[22]。实
际上，韦伯并不反对真诚严肃的宗教皈依，在后面我们还会看到，韦
伯在其伦理立场中，恰恰给宗教留出了极大的空间。他厌恶的只是那
些打着个人神圣体验之名，自我陶醉与沉溺，并在讲台上扮演先知的
表演者。这样做只能败坏伦理与人格。缺乏判断力的学生，极易被这
种煽动性的"讲授"吸引，并将这样的表演视为学问的正途，进而也

---

[20] 马克斯·韦伯：《韦伯政治著作选》，第 19 页。
[21] 马克斯·韦伯：《韦伯政治著作选》，第 93-94 页。
[22] 马克斯·韦伯：《学术与政治》，第 189 页。

寻求"体验"和"感动"。[23]

韦伯清楚地意识到，在自己身处的时代，不论是东普鲁士庄园的地主和农民，还是海德堡的教师和学生，都面临着个体化的危机。"对远方含混模糊的渴望"和对"个人体验（Erleben）"的追求，都意味着，人们不再安于既定的社会规范，不再满足于祖辈相传的生活。[24]因此，必须引导个人基于自身的主观能动性，来重新建立伦理人格。但是，个体化的倾向越强，社会越有解体的危险，国家全面控制的冲动就越强烈。德国高效率的国家官僚体系，以及极具义务感的官僚阶层，为全面治理和控制创造了条件。韦伯从未怀疑过，官僚有其自身的伦理人格与品质。一种抛弃自身主观偏好、严格切事的"无恨无爱"，与对上级的高度服从结合在一起，这样的"伦理纪律与自我否定"塑造出的人格，绝不是单纯被动的螺丝钉，而是能够驾驭技术，在行政活动中有着自由的"创造性"。[25]但这绝不意味着，官僚支配应当全面扩张，将整个社会置于自身的管理控制之下，让所有人都听命于它。

一方面，韦伯强烈反对将所有企业都纳入国家官僚体系进行治理的做法。从表面上看，这样不再需要社会自发的组织和志愿团体，更有利于劳动者的福利和社会稳定。可这也同样意味着，官僚机器治理下的民众，不再需要积极主动的思考、行动、联合以及由此培养出的伦理品质，只需要一切听命于国家，只考虑自己的收入和福利即可。治理者越是有"伦理"，被治理的对象就越不需要"伦理"，只需要将自己当成"对象"。在韦伯看来，这样的官僚治理如果再与彻底功利主义的政策目标相结合，就意味着以理性机器的方式，在现代重建了埃及农奴制的"铁屋（Gehäuse）"。末人的时代就彻底到来了。[26]

---

[23] 马克斯·韦伯：《学术与政治》，第164-165页。

[24] 马克斯·韦伯：《韦伯政治著作选》，第7页；马克斯·韦伯：《学术与政治》，第164-165页。

[25] 马克斯·韦伯：《学术与政治》，第224页；马克斯·韦伯：《支配社会学》，康乐、简惠美译，桂林：广西师范大学出版社，2004年，第53页。

[26] 马克斯·韦伯：《韦伯政治著作选》，第118、128-131页。

另一方面，官僚机器高效的表现，只在于执行上级的命令、找到实现目标的手段。设定目标不是它的事，它也不能为命令负责。但和真正的机器不同，官僚阶层也是人，如果没有真正的领导，它就只能基于自身在政治决策上的浅薄见识，设定最有利于自身的目标，并设法找到一个傀儡来发号施令。这就是君主立宪制下德国的现实。韦伯愤然指出，德国在外交领域糟糕透顶的表现，应主要"归功"于官僚们实际执掌政治，却不断将那位虚荣愚蠢的威廉二世推上前台去"表演"，这造成了对君主制和国家的极大损害。"官员的既得利益就在于把持公职而又不承担责任。"保守派的官僚们，受肤浅的意识形态和自身利益的左右做出决策，却借君主公开的言行，让他对这些决策负责，从而"利用君主个人的责任压力掩护它自身表现所招来的憎恨。由于它缺少任何政治方向感，由此帮忙促成了一种与我们针锋相对的世界性格局"[27]。

所以，德国根本的困局就在于，虽然在俾斯麦和普鲁士的主导下，实现了某种外部的统一，但其内部的伦理与社会建设远未完成，政治上又过于依赖保守意识形态加官僚的君主政体。到了世纪末，面对资本主义与官僚行政的联手冲击，再加上理性化发展带来的"祛除巫魅"效果，原本统一的"世界观"濒于崩溃。强大的国家成了唯一的稳定力量，但缺乏组织的平民社会的弱点暴露了出来，变得日益原子化。韦伯思想的根本关注，正是借作为文化科学与历史科学的社会学，探索德国面对这场危机的可能性何在。虽然不同于涂尔干将社会学视为道德科学的态度，韦伯也同样将"伦理"作为自己思想的核心线索。在其著名的新教伦理研究中，韦伯的发现正是，现代资本主义的真正支柱和精神动力，乃是来自超越技术计算的伦理人格与品质。而在其晚期的比较文明研究与社会学"体系"的构建中，韦伯尝试将此一"伦理"主题，扩展到世界诸文明及其历史的视野，力图在比较中，借助社会学的分析框架与抽象类型的

---

[27] 马克斯·韦伯：《韦伯政治著作选》，第159-167页。

工具，深化对西方理性化根源及其历史命运的认识，进而重新定位现代德国的位置及其伦理可能性。[28]

韦伯突然的去世，令这一庞大的研究计划未能最终完成。当然，韦伯的社会学"体系"，只是一个提供定位的坐标系以及一系列的抽象类型工具，并不是封闭的"系统"，笔者也认同雅斯贝尔斯的看法，韦伯不同于黑格尔这样的思想家，他"从来不求找出一整套完整的系统或圆满的结论"。面对无穷尽的具体历史与现实，以及人生问题的无限可能性，他的体系始终敞开着，只是提供生命跃然其上、显露自身的舞台。[29] 但是，韦伯对于他自己时代和社会的伦理出路，以及学术和教育可能提供的帮助，同样有着明确的立场。在后面的分析中我们能够看到，既认识到理性科学的局限，又清楚地认识到其价值，并在现代伦理人格中，分别给予理性和信仰各自合理的位置，是韦伯的深刻洞察力所在。

三　马克斯·韦伯是相对主义者？

一种对韦伯的通常批评认为，韦伯的伦理立场本质上是相对主义。在施特劳斯看来，韦伯对社会科学客观性的坚持，与其主张在不同价值之间存在无法解决冲突的立场结合在一起，必然导致价值的相对主义。[30] 既然韦伯认为，"一入纯粹经验之域，必入多神论境地"，并且在真、善、美与神圣之间，存在着绝对的差异，那么这种"诸神之争"，就自然意味着任何立场都有其合理性，从而无法抵御随心所欲的道德相对主义。[31] 不过，事实是否真的如此呢？

---

[28]　关于韦伯从新教研究向晚期社会学研究的转变及其核心的"伦理"线索，笔者另有专文撰述。

[29]　卡尔·雅思培：《论韦伯》，鲁燕萍译，台北：桂冠出版社，1992年，第4-9页。

[30]　列奥·施特劳斯：《自然权利与历史》，第50-69页。

[31]　马克斯·韦伯：《社会科学方法论》，第103页；马克斯·韦伯：《学术与政治》，第179页。

让我们先来看看韦伯传记中的一个故事。弗洛伊德的一位蹩脚的"信徒",向韦伯参与主编的《社会科学文献》投稿以寻求发表。读过论文之后,韦伯拒绝发表并在信件中阐述了自己的理由。他认为这篇打着某种"伦理学"旗号的文章,其实不过是主张,只有消除现有道德和规范对性欲的"压抑",给人以充分的性自由,才能保障神经的健康。韦伯轻蔑地称这位作者的"伦理学"为"尿布"。因为在他看来,这不过是以一种懦弱的方式,主张保障人的某种生理欲望的满足而已。这种卫生学庸俗主义的实质,当然不够格被称为"伦理"。另外,韦伯明确指出,打着"理想主义"旗号的相对主义伦理学,正是"期待着一个具体的人去渴望一种只适用于他、只对他有效的价值"。换句话说,韦伯早就看出,这位作者根本不理解,那些他轻蔑取消的"对绝对价值的信仰"是什么,而是简单地将它们等同于"个人取向",才会觉得单纯寻求自我满足的立场也算是"伦理学"。结合以上两个方面就能看出,韦伯实际认为,只有真正超越单纯自我利益和满足、基于某种崇高内容的理想追求,才能算是"伦理"。所以他才说,"人们不能站在自身理想之外的任何其他基础上来批判一种伦理,否则就会滑入鄙俗的'计算代价'之中"。那位格罗斯博士的立场,早已不能算是"理想"了,又谈何能批判别的伦理呢?[32]

结合韦伯在这封信中的立场,就容易理解韦伯在《经济学与社会学的"价值自由"的意义》这篇文章中对伦理学的讨论。韦伯用这样一句话来说明"伦理":"最初我们两人的关系只是一种激情,而现在它却是一种价值。"他指出,如果用康德伦理学的讲法,前半句可以表述为:"最初我们两个人相互之间都仅仅是手段。"但更重要的是认识到,在这样的表述中,实际上已经包含着伦理学的某种扩展。只要人的行动,不只是寻求自我满足的手段,不是将自己当成绝对目的,那么就不是"非伦理的"。实际上,这样就必然承认,存在着更广阔的"价值"领域,即"伦理学之外的独立的价值

---

[32] 玛丽安妮·韦伯:《马克斯·韦伯传》,第 424—429 页。

领域"。这些领域，可能与传统的伦理学的范围不同，要求"划清伦理学领域与这个领域的界限"。但是，即使超出了传统的"伦理"范围，人们仍然可以按照"伦理"的方式来行动，就像原本的日常经营计算并不是"伦理"，但清教徒只要基于特定的心态，按某种"生活之道"来从事，这种行为也同样可以具有"伦理"的性质。所以还要"确认为伦理之外的价值服务的行为能够以及在什么意义上能够被赋予伦理地位的区别"。[33]

但是，事情还没有结束。韦伯更进一步质疑，激情是否"只是一种激情"？在他看来，如果激情恰恰意味着某种"生活的内在地最真实、最本真的东西"，恰恰意味着对某种僵死或庸常的日常生活的超越，那么即使它恰恰要与传统意义上的"伦理"或"神圣"作对，它也同样"具有自己的、最极端意义上的'内在'地位"。换句话说，人基于激情的行动，如果意识到了其内在本真性或超越性，并基于后者而自主地开展，它就不再是庸俗的行为，而具有了"价值"的意涵，这就是韦伯所说的"属世事物的升华"。[34]在此，传统的"伦理"领域更大大拓宽至甚至表面上"反伦理"的范围，但实际上，仍然意味着对超越性理想的自主坚持，所以依然具有"伦理"的尊严，这正是韦伯最根本的"价值伦理"。

现在我们可以回答"相对主义"的质疑了。与认为韦伯走向"去伦理化"的看法相反，"诸神斗争"恰恰意味着诸价值领域彻底伦理化的要求。之所以韦伯在《宗教社会学论文集》中，一方面可以走向"世界诸宗教之经济伦理"，一方面又走向"诸价值领域之分化与升华"，一方面去包容历史中的诸文明的生活之道，一方面又向未来多样的伦理人格敞开，正是因为韦伯有着上面"价值伦理"的基准点：无论宗教还是世俗领域，无论存在于历史中还是当下或未来，只要是对某种价值理想的自主追求，并能够通过实践，塑成某种伦理人格与

[33] 马克斯•韦伯：《社会科学方法论》，第102页。
[34] 马克斯•韦伯：《社会科学方法论》，第102-103页；马克斯•韦伯：《中国的宗教•宗教与世界》，康乐、简惠美译，桂林：广西师范大学出版社，2004年，第512页。

生活之道，就都有其"伦理"的正当性。在支配社会学领域，此种伦理与作为社会组织支配基础的正当秩序相对应，在宗教社会学方向，则与内在的世界观信仰和精神体验相关联。[35]

正是因为此种"价值伦理"具有极大的开放性与可能性，韦伯才很少在文章中直接讨论它。与喜欢在抽象道德要素的层面讨论普遍社会秩序的涂尔干不同，韦伯很少将自己的抽象要素单独拿出来讨论，而是更喜欢结合具体的历史与经验，结合不同的类型来灵活运用它们，甚至在不同的分析层面上，赋予其不同面向的含义。"理性"、"伦理"和"卡里斯玛"这样的概念都是如此。以至于我们常常忽略了，韦伯既然对儒教与清教的"人格"与生活之道都冠以"伦理"之名，那么在它们的差异之外，也必定存在着某种一致性。

韦伯这样处理，更重要的原因在于在他看来，诸价值的实质内容是彼此不同的，这就必然导致其伦理的形式要求以及具体实践方式的差别，这部分内容只能由诸"价值伦理"自身决定。这正是韦伯在《宗教社会学论文集》序言以及"诸世界宗教之经济伦理"中强调的，"从最为不同的终极观点，循着相当歧异的方向来'理性化'生活"，从而塑成"生活样式之伦理'理性化'的诸多不同形式"。[36]在韦伯思想的最根本处，面对现代社会的去伦理倾向，韦伯恰恰要指出，"伦理"乃是人性之根本，在人类社会中普遍存在，并且在现代社会中恰恰有着多样化扩展的极大潜力。在这种意义上，韦伯的"伦理社会学"与涂尔干的"道德社会学"可谓相映成趣。[37]

但是，我们还只是回应了对韦伯伦理立场的"庸俗相对主义"论

---

[35] 马克斯·韦伯：《中国的宗教·宗教与世界》，第461-550页。

[36] 马克斯·韦伯：《中国的宗教·宗教与世界》，第466-467、479、492-493页；马克斯·韦伯：《新教伦理与资本主义精神》，康乐、简惠美译，桂林：广西师范大学出版社，2007年，第12页。

[37] 正是在这里，我们可以看出韦伯的真正立场与施特劳斯观点的差别所在。施特劳斯批判的基础，仍然是基督教上帝消逝后留下的"虚空的深渊"。这就是为什么韦伯会认为，相对主义本身包含着一种特殊的形而上学立场。而韦伯反倒可以说是继承了歌德的"异教"传统，承认不同于西方的更广阔的伦理可能性。

断。更根本的问题在于，即使承认"诸神"的本质是"诸伦理"，是否在不同伦理之间只能是彻底的"斗争"？在不同的价值之间，我们只能诉诸任意的"决断"？另外，科学对于人们获得其追求的价值实质以及伦理形式，到底有着什么样的意义？既然韦伯的社会学明确表示，许多价值理想都来自宗教和非理性体验，并且他一再强调，科学本身不能向人灌输世界观和伦理要求。在这种情况下，科学对于人的伦理，又有着什么样的意义？[38]只有回答了这两方面的问题，我们才能真正理解韦伯的伦理教诲。

四 学术的伦理意义：价值理想的经验批判

让我们先从对后一方面问题的解答开始。韦伯理解的自己从事的社会科学，或者说文化科学和历史科学，其本质是一种经验科学，或者用他自己的话来说，是一种"现实的科学（Wirklichkeitswissenschaft）"。但是，这种现实的科学，既不是纯粹经验或观察的材料堆砌，也不是提出某种抽象普遍的客观规律来涵盖现实的全体，而是要通过对于现实中纷繁复杂的各种因素的分解辨析，寻找出那些对人们来说，具有最重要文化意义的因素，也就是某种现象或事情。并且要在历史的因果链条上，追溯这些现象或事情的原因，以及说明它们可能产生的后果。用韦伯自己的话说，要理解"现实的特性，一方面是在其现今表现形式中的个别现象的联系和文化意义，另一方面是它在历史上成其为这样而不是那样的原因"[39]。

所以，韦伯眼中的社会科学不是用某种整体的图景来涵盖现实，相反，他首先承认"每一种具体感知的现实都总是表现出无限多的个别成分"，现实就像许多条水脉汇集而成的江河，或多股丝线缠绕而

---

[38] 马克斯·韦伯：《社会科学方法论》，第 4-6、93-94、103-104 页；马克斯·韦伯：《学术与政治》，第 182-186 页。
[39] 马克斯·韦伯：《社会科学方法论》，第 15 页。

成的绳索。学者只是基于自己的兴趣，从中挑出"具有普遍的文化意义"的一条水脉或一根丝线来讨论。[40] 就像在《宗教社会学论文集》序言"中，韦伯先挑出"理性化"作为西方世界的重要特征，进而再从诸多理性现象中挑出"资本主义"来集中论述。在界定现代理性资本主义的概念之后，他再从促成它的诸多因素中，选出从精神方面促成其实践－理性的生活之道的因素来考察。[41] 所以，是社会科学家的选择及其抽象构建，才能令我们"看出"现实的秩序。

社会科学家达到这一目标的手段是"历史个体（Historisches Individuum）"与"理想类型（Idealtypus）"。正如王楠所指出的，韦伯将现实分解成无数具有其独特个体特性的因素，就像将一根绳索分解成许多股丝线，或一根丝线分成许多不同颜色的小段。借以把握"每一股丝线"或"每一小段丝线"的，是研究者主观构建出的抽象观念，由经验材料中的许多具体要素结合而成。这一"相互关联、内在一贯的想象整体"，"具有乌托邦的性质"。[42] 通过将现实的经验和历史，分解成借观念来把握的无数抽象个体，社会科学家也就可以建立起对经验现象的因果说明。只要将某种经验现象分解成由多种因素和成分构成的部分，并说明某一"关键"成分与其他历史个体之间的因果关联就可以了。这就像将一根绳索拆成若干股丝线，再牵动一股丝线带动绳索。只要研究者以符合一般经验规则的方式，能向我们充分地说明，"资本主义精神"在"现代理性资本主义"中的关键地位，以及"新教伦理"与"资本主义精神"的因果关联，那么在"新教伦理"与"现代理性资本主义"之间的"充分的因果关系"也就建立起来了。[43]

在韦伯的社会科学中，那些现实中具有"最重要的文化意义"的因素，根本是由社会中的行动者来承担的。结合我们前面的分析，某

[40] 马克斯·韦伯：《社会科学方法论》，第 19 页。
[41] 马克斯·韦伯：《新教伦理与资本主义精神》，第 1-13 页。
[42] 马克斯·韦伯：《社会科学方法论》，第 27-35 页；王楠：《价值的科学——韦伯社会科学方法论再探》，《社会》2014 年第 6 期，第 147-148 页。
[43] 马克斯·韦伯：《社会科学方法论》，第 72-78 页。

个时代和社会中的人，基于对主导其社会的某种宗教或文化的"理想"与"价值"的信仰而展开的伦理实践，正是韦伯所说的"伦理"行动，这些人正是韦伯笔下"诸伦理"的"担纲者（Träger）"。社会科学并非"如实"地把握那些宗教信仰或文化信念，但却能够借助理想类型，以抽象观念的方式来让我们"看到"那些"价值"与"理想"："我们只能以理想类型的形式，借助概念的清晰去把握那些观念自身。"[44]所以在韦伯这里，社会科学虽然是对经验现实的某种"客观化"的整理，但其最重要的目标，却是确立影响各个时代和文明的"主观价值"的地位，说明其起作用的方式，从而建立起客观的"价值伦理"。

但这就要求研究者，不能只停留在对某种材料的纯粹"客观整理"，或按照一己的主观立场来随意支配经验材料。韦伯恰恰要求，社会科学的研究者，必须把对历史文化现象的"价值阐释（Wertinterpretation）"，作为自己构建理想类型的起点。正如王楠所指出的，韦伯其实认为社会中人的思想与行动，其自身都包含着某种文化意义，蕴含着"永恒的价值"，这需要研究者通过"移情"式的同情和感觉，以"经验再现"的方式来"理解"行动者的行动及其后果，进而加以阐释与分析。当研究者基于对经验材料的"价值阐释与理解"，建立了自己的"价值兴趣"与研究对象之间的"价值关联"，其理想类型的构建，也就有了根本的价值出发点，进而"也就创造了因果追溯的出发点"。[45]韦伯后期建立的理解社会学的基本定义，"对社会行动进行诠释性的理解，并从而对社会行动的过程及结果予以因果性的解释"，同样反映了他的这一思路。只有基于对社会行动之理性与非理性意涵的内在理解和阐释，才能建立起客观的社会分析，确立现象之间的因果关联。[46]在这个意义上，韦伯的社会学或文化与

---

[44] 马克斯·韦伯：《社会科学方法论》，第 31 页。

[45] 马克斯·韦伯：《社会科学方法论》，第 60-63、105-106 页；王楠：《价值的科学——韦伯社会科学方法论再探》，第 152-154 页。

[46] 马克斯·韦伯：《社会学的基本概念》，顾忠华译，桂林：广西师范大学出版社，2005 年，第 3 页。

历史科学，也就成了探究人类历史与文明的永恒"价值理想"与相应的伦理人格，并将其置于客观现实的历史因果脉络之中的"价值的科学"。[47]

但是，也正因为社会科学的本质是通过理想类型的"客观化"，对历史与经验之流的人为整理，所以，它本身并非"整全的世界观"，其真正用处在于"显示出某个历史现象和一个或多个社会学概念间的近似程度究竟如何，再据以安置这一现象"[48]。理想类型不过是帮助人们把握现实的一些抽象的"尺度"："为了廓清现实的经验内容的某些重要的成分，人们借助这一概念对现实作出衡量，将它与现实作出对比。"[49]也正因为其抽象的"人为"性质，工具的运用者也就拥有了更大的自由："社会学的决疑论（Kasuistik），唯有在纯粹类型或理想类型的基础上方有可能做到。"[50]研究者和读者不会误将理论构建当成现实本身，相反，他们会清楚意识到现实的复杂多样，以及自身关注问题和线索的主观性与有限性。在经验材料与概念的不断比照中，他们会对某种理论解释的有效性做出判断。同时，价值理想的明晰化及其具体实践的展现，令人能够明确各种"终极的、内在'一贯的'价值公理"，并由之演绎出相应的具体实践立场，看到由此"必然带来的实践后果"以及那些"令人尴尬的事实"。[51]韦伯式社会科学的意义在于，既能够令人明确自身的价值理想，认识到其主观性和有限性，也要让人看到由这些理想引发的实践后果，甚至现实与理想的背离之处。达到了这样的"理智清明"，还能"选择"理想并付诸实践的人，才是通过"决疑"作出理智判断的人，而非主观任意的"决断"。

现在我们能够理解，为何韦伯一再强调，学者不能在课堂上向学生灌输种种价值信念与立场，科学也给不了人一个完善的"世界观"。

---

[47] 王楠：《价值的科学——韦伯社会科学方法论再探》，第152-155页。

[48] 马克斯·韦伯：《社会学的基本概念》，第26页。

[49] 马克斯·韦伯：《社会科学方法论》，第29页。

[50] 马克斯·韦伯：《社会学的基本概念》，第26-27页。

[51] 马克斯·韦伯：《社会科学方法论》，第95、104-105页；马克斯·韦伯：《学术与政治》，第178、183-184页。

不过他同样明确指出，在课堂之外有着政治宣传和宗教布道的讲坛。韦伯绝非否认，宗教与理想政治，仍然能够给人直接的价值指引，向人们展示整全的"世界图景"，他在给滕尼斯的信中明言：

> 任何以"形而上学的"自然主义为本的反教会立场……我本人在主观上便无法坦然接受。不错，我完全缺乏宗教共鸣，同时也没有需要和能耐在心中建立任何宗教性的灵魂"堡垒"——这条路对我行不通，我对它也完全排斥。但经过仔细反省，我发现自己既非反宗教，也不是无宗教。在这方面，我觉得自己有所残缺，是个发育不全的人，其命运便是诚实地承认这个事实，承认自己必须在这个条件下自处（以免堕入某种浪漫骗局的蛊惑）。[52]

这就是为什么韦伯一而再再而三地指出，教会和教派可以给人以伦理训诫，并且对于有真正宗教感的人，"牺牲理智"而回到教会怀抱或组成宗教团契，同样值得尊重。[53]科学的意义在于，向人指出生命的方向，告诉人们"在这个或那个领域里，具有神的地位的是什么。就教授在课堂上所能做的讨论而言，问题到此绝对告终"。但这绝不是要用科学编织一套观念的罗网来囚禁生命："这并不是说，其中蕴含的重要生命问题也告结束。但是，对这个问题，大学讲坛之外的力量，才有说话的权利。"[54]在韦伯看来，那些有着真正宗教感的神学家，远比信奉虚假自然主义的二流学者，有着更多的生命力。[55]真正的科学恰恰是谦逊的，向更丰富的人性、更广阔的世界敞开，而不是自诩为绝对真理的化身。

---

[52] 玛丽安妮·韦伯：《马克斯·韦伯传》，第347页；马克斯·韦伯：《学术与政治》，第121页注释47。

[53] 马克斯·韦伯：《社会科学方法论》，第5、104页；马克斯·韦伯：《学术与政治》，第186-190页。

[54] 马克斯·韦伯：《学术与政治》，第180页。

[55] 马克斯·韦伯：《学术与政治》，第121页注释47。

韦伯清楚地知道，在自己身处的传统宗教和世界观破碎的世界，这个"不知有神，也不见先知的时代"，人们越发狂热地想要获得真理，而现代学术又给了人们强大的观念武器，令人可以用知性和想象的力量，编织出种种的规律和法则。这两方面的结合，造就出"万千教授，以领国家薪水并享有特殊地位的小先知身份，在课堂努力扮演先知或救世主的角色"，以求自欺欺人。[56]这些讲坛先知们，创造出种种观念的幻象，既不能像古人的宗教生活那样，令人真正与天空、大地和神灵相通共生；也不能带给人真正的现实经验感和日常的智慧，而只能让人目迷五色，不辨真假。早在1887年23岁时，面对受困于理论思想而痛苦万分的弟弟阿尔弗雷德，韦伯就严厉批评了他"对于理论在这个世界上的意义及其对个体的意义的过分高估"。在韦伯看来，有志向学之人，要避免自欺及"对悲观主义的迷恋"，极其重要的是"能鉴别出我们思想工具的最低限度的价值和弱点，正视理论在那些决不能成为我们经验基础的事情上犯错误的可能性，从而牢记这些局限性，放弃追求知识本身的努力"。[57]

所以，学术的意义不是奉自己的理想为绝对，并拿它对他人和世界展开批判，而是恰恰要通过客观化与具体化的方式，先对理想进行自我批判。对于那些信奉宗教的人，学术虽然不能动摇他的内在体验、信念和世界观，但至少从经验和客观性的角度，同样能令他看到某种现实的真相，从而承认，如果不诉诸超自然的力量，而是从经验性的角度出发，事情正如社会科学描述的那般。信徒能够得到学术"客观性"的提醒，但也"没有不忠于他的信仰"。[58]韦伯的社会科学，即使对宗教信徒也同样具有价值。

但是，如果不接受背后有超越性支持的宗教性世界观，那么在韦伯看来，科学基于经验所展现的世界，就必然是个诸价值领域分化共存的多神的世界。基于价值阐释建构出的理想类型，仍然能够

[56] 马克斯·韦伯：《学术与政治》，第186页。
[57] 玛丽安妮·韦伯：《马克斯·韦伯传》，2002年，第122-123页。
[58] 马克斯·韦伯：《学术与政治》，第178页。

向人指出价值理想。不过与教徒不同，他要更清醒地看到自己理想的主观性和有限性，承认在这个世界上，还存在着许多不一样的理想："世界的各种价值领域，互相处在无可解消的冲突之中。"[59]韦伯的"诸神斗争"，其实不是说价值理想必定是彼此极端矛盾对立的。他十分清楚，"在更高的综合下将冲突解决掉的立场"未必不存在，而像有机体论这样的社会伦理，本身正是调和妥协的产物。[60]他也非常清楚地看到，在将理想付诸实践时，面对其他理想与现实的条件，在现实中常常需要妥协和让步，在政治领域正是如此。[61]但是，如果人要真正明确自己的价值立场和追求，自觉地"选择自己的命运，即它的行为和存在的意义"，不能一上来就折中与和稀泥，否则就不能做到真正的自主与明确的责任担当："一旦你们认定了这个实践立场，你们就是取这个神来服侍，同时也得罪了其他的神。"在上帝与魔鬼之间做出选择，或"不美、不神圣、不善方为真"这样的说法，只是提醒人们，要始终保持"自我清明（Selbstbesinnung）"，明确自己的选择为何，这样才能"对自己的行为的终极意义，提供一套交代"。[62]

现在我们可以理解韦伯眼中学术的"道德教育意义"了。从某种意义上说，社会科学处于两头够不着的尴尬地位。它上不能直抵超越之境界，下不能穷尽无限之现实。韦伯其实完全理解当时德国对理智主义的厌恶。但是，与那种纵身直入非理性之境的选择不同，韦伯恰恰认为："我们便不能如今天人们喜为的，在它面前取逃避之途；我们必须通观其行径至终点，方可透见它的力量及它的限制。"[63]在韦伯看来，社会科学处于两端之间的短处，对于易于走向极端的现代

［59］马克斯·韦伯：《社会科学方法论》，第103页；马克斯·韦伯：《学术与政治》，第179页。

［60］马克斯·韦伯：《中国的宗教·宗教与世界》，第506、521-524页。

［61］马克斯·韦伯：《社会科学方法论》，第6、98页。

［62］马克斯·韦伯：《社会科学方法论》，第103页；马克斯·韦伯：《学术与政治》，第179-180、184-185页。

［63］马克斯·韦伯：《学术与政治》，第185页。

社会，恰恰有其独特的意义。它既能够是"价值的科学"，令人能够看到存在于各大文明与宗教的历史与当下的种种价值理想，也可以是"经验的科学"，令人能够看到各种价值理想的相对有限性，其具体实践的方式以及相应的现实后果。面对纷繁复杂的现实，凭借人为构建的理想类型，人们可以明确自己的实践立场及其背后的终极价值，并多少预料其实践后果。通过与他人进行价值讨论，人们可以了解与自己不同的立场和价值，认识到价值理想之间的冲突何在。既明确理想又对之加以批判，并仍然为人保留自主选择与"决疑"的自由空间，正是学术"启人清明并唤醒其责任感的职责"所在。[64]

五　热情与投入：伦理人格的日常塑造

但是，韦伯的伦理教导，绝非只从学术的角度展开针对理想的理智批判一面。实际上，他还对如何身体力行地实践价值理想，以及如何面对实践理想时遭遇的困难，有着深刻的教诲。让我们先来讨论前者。

从前面的讨论中，我们似乎会得出一个看法，价值理想是基于理智思考而确定的"选择的对象"，借助科学，人可以像拥有某种东西那样拥有"理想"。这似乎只是一个主观上"相信"的问题。但是，我们切不要忘记，韦伯在"以学术为天职"的最后提醒人们，要"成全神之召命的天职（Beruf）"，关键在于"要去做我们的工作，承担应付'当下的要求'"。[65]换句话说，价值的信仰和守持，并不只是"知"的问题，关键在于如何"行"。在韦伯看来，正是在理想所要求的"工作"中，伦理人格才能得到真正的塑造，品质才得以培养。

在"以学术为天职"的演讲中，韦伯强调了"热情（Leidenschaft）"

---

[64]　马克斯·韦伯：《社会科学方法论》，第 100-105 页；马克斯·韦伯：《学术与政治》，第 183-185 页。
[65]　马克斯·韦伯：《学术与政治》，第 191 页。

对学问的重要性。在他看来，人要能够在长期艰苦的学术生涯中坚持下来，不是靠外在的名利，而需要在内心中体会到从事这项事业的快乐，体会到由它本身带来的"陶醉感"。但是，这并不是说有热情就够了，另一个重要因素是工作，是坚持不懈的日常努力。当然，这里的日常工作，并不是行尸走肉一般地做个学术的机器零件，而是与热情结合在一起的积极主动的工作。最重要的是，只有热情与工作两者结合在一起，"两者要结合起来"，才能够"激发灵感（Eingebung）"。真正支配学术思考与创作的，不是机械计算或刻板论证，而是支配着推理和论述、真正给予文章灵魂的"想法"与"意念"。在韦伯看来，无论学术还是艺术，甚至工商业，只有基于真正的灵感和创意，才能产生好的作品或占得商机。灵感正是学术工作所需要的品质，而"'灵感'唯有经过辛勤工作之后，才会涌现"。[66]因此，只有积极投入热情并辛勤工作，才能培养出相应的品质。

在"以政治为天职"中，韦伯同样有一段对热情的讨论。有趣的是，政治工作也包含着三个方面：热情、责任感（Verantwortungsgefühl）和判断力（Augenmaß）。正如在学术领域，只有将热情投入工作才能产生灵感；在政治领域，也只有将热情与"切事的责任意识"相结合，才能克服"没有生育力的亢奋"和"理智兴趣主导的浪漫主义"，塑造出"心沉气静去如实面对现实的能力"，也就是政治家的判断力。在学术领域，辛勤工作令人忘掉自己，忘我的热情融入了日常的具体实践，久而久之，就培养出了灵感的品质。在政治领域也是同样如此。若热情只是服务于自我编织出的浪漫幻想或一时的心血来潮，就不会有任何真正的结果。相反，如果人切实投入政治活动，就事论事地考量与决断，并在对后果的承担中勇于舍弃自己，就会逐渐磨炼出精神的强韧自制，在危急的形势中，依然能保持距离地冷静思考与决策。只有将忘我的热情与切事的责任感结合起来，才能培养出真正的判断力。[67]

---

［66］ 马克斯·韦伯：《学术与政治》，第 162-164 页。

［67］ 马克斯·韦伯：《学术与政治》，第 252-253 页。

在讨论了热情、对事情本身的投入和由此形成的品质这三个要素之后，"以学术为天职"和"以政治为天职"还都谈到了虚荣的问题。在学术领域中，虚荣体现为沉溺于"感动（Sensation）"或"个人体验"者，将讲台当成舞台，将学术当成演艺事业，竭力用浮夸的惊世骇俗之论，显示自己的"人格"。而虚荣的政治家，则陶醉于自己手中的权力，他"追求权力的闪亮表象，而非真实的作用"。他"只为了权力本身，而不是为了某种实质的目的，去拥有权力"，将权力崇拜与自我崇拜结合在一起："像一个暴发户似的炫耀自己的权力，虚荣地陶醉在权力感里。"[68]在韦伯看来，这样"非常偏好于自大狂的一代人"，这种自我的幻想与陶醉，对权力和声誉的饥渴，正是现代社会人性的虚浮之病。与我们在文章开头所说的生来"无我"、与其身份习律融为一体的传统贵族相反，现代人"在任何场合"都要显示'人格'"，要"探究一种仅仅为它自己特有的完全是'个人色彩的'特性"。所以他们才不再自然而然地默默行动，而是始终惦记着自己，将自己摆在事情的前面来表演。但这恰恰错了，在任何时代对任何人来说，都只有忘我地投入和磨炼，才能塑造出真正的人格和品质。韦伯对这一点看得清清楚楚："（或许！）只有一种使人格得以实现的途径，即毫无保留地献身于一项'事业'，无论它以及由它出发的'日常要求'在具体场合会是什么样的"。在过去的时代，与身份地位相称的教养和举止的要求，社会更高等级从事的"高贵"事务，塑造出了担纲者的伦理人格和品质。而对于分工主导的现代社会，正是"职业"作为这个时代的"传统"，"要求着这种特殊方式的自我约束"，并且"在今日仍现实地起着重要作用"。所以，大学生应当先从教师那里学会"朴实地完成一项给定的任务"，并"将自己的性情置于事情后面"。因为只有"专心致志，排除一切不严格地属于事业的东西，大多数情况下也就是自己的爱和恨"，才有可能真正克服虚浮的自我，重新获得超越私己的人格。[69]在他看来，不是主观的认定

---

[68] 马克斯·韦伯：《学术与政治》，第164-165、253-254页。
[69] 马克斯·韦伯：《社会科学方法论》，第95页。

与想象，而是真诚地服从理想的要求，在日常中去朴实地践行其生活之道，才是对价值理想的真正守持，也才能够拥有真正的伦理人格与品质。

六　信念与责任：价值理想的实践伦理

但是，在将价值理想付诸实践方面，现代人面临的巨大考验，还不只是在日常实践中身体力行，塑成自身的伦理人格与品质，而是在于，如何借助手中的力量，将它变成更普遍的现实。正是在这里，存在着极大的危险。

在"以政治为天职"中，韦伯有一个著名的讲法：如果有人服膺于耶稣"山上宝训"的伦理教诲，将这种福音伦理作为自己的理想，想要在世间实现它，那就必须绝对服从："要就全有，不然全无。"既然耶稣教诲人，"若有人打你的右脸，把左脸也转给他打"，那么就应当不打折扣地遵循。如果你信奉"不要用武力抵抗恶行"，那么就绝对不该拿起武器。[70] 许多人读到这里，总会觉得奇怪，为什么韦伯要在这里将伦理立场绝对化。在现实中，任何绝对的伦理，难道不总是视具体情况而有着折扣与妥协么？韦伯难道在宣扬一种伦理教条主义？

韦伯这样做的真正意图，到他讨论革命社会主义者那里才显露出来。革命者只是为了微不足道的一点"进展"，不惜将战争延续几年，完全不考虑现实的巨大代价。并且"刚刚还在宣扬'以爱抵抗暴力'的人，突然敦促他们的追随者使用武力：最后一次使用暴力，以求能消除一切暴力"[71]。在极端革命分子看来，要实现理想就必然得有牺牲，手段固然卑下，但理想是崇高的，纯粹的理想主义不能成事，这一切乃是情非得已。但韦伯正是在这一点上看出了这种"理想主义

---

[70]　马克斯·韦伯：《学术与政治》，第257-258页。
[71]　马克斯·韦伯：《学术与政治》，第263页。

革命"的自欺欺人。如果有人自诩内心良善美好或理想崇高伟大，行事却与卑鄙龌龊之人毫无差别，为达目的不择手段，那么除了他自己的主观想象，什么能将他与旨在"打倒"的恶人区别开？[72] "最后一次"在现实中绝不可能是最后一次。如果不幸真的是最后一次，那必然是运用了无上的暴力，付出了毁灭无数生命的代价，改变了千万人的生活，方让这个世界完全符合一人一派的想象来运转。无论那美梦的幻景有多好，现实中必然是令亿万人痛苦的噩梦！

正如我们在上面的分析中看到的，对易于变成"末人"的现代人，价值理想固然美好而值得追求，但若不经批判地审视与自省，也多半不过是打着伟大崇高之名而自欺欺人的幻象。但是，更大的危险在于这些理想有可能变成现实之时。在千千万万人山呼海啸般的欢呼声中，在如利维坦般庞然大物的国家机器支持下，聚集起了以往任何时代和社会都从未有过的无边权力。凭借它，美好的理想似乎终于能于瞬间实现。但是，这种凭借权力，不，是暴力实现的梦想，即使表面涂抹着艳丽的色彩，也不过是强撑起来的虚假门面。打着理想与实践之名，却用幻象与暴力来相互兑换，这是现代社会的巨大危机。

因此，在对价值理想进行理智批判，以避免其主观层面的无限化之后，韦伯还要对它进行实践批判，以克服打着理想旗号的权力在现实层面的无限化。"信仰信念伦理的人，无法接受这个世界在伦理上的非理性，他们乃是宇宙－伦理观上的理性主义者。"理想的价值在于超越了这个充满了恶与平庸的现世，但它的危险也正在于此。"若一个纯洁的信念所引发的行动，竟会有罪恶的后果，那么，对他来说，责任不在行动者，而在整个世界，在于其他人的愚昧甚至在于创造出了这班愚人的上帝的意志。"[73] 在激进的革命者眼中，理想在超越此世的同时，也意味着将它彻底碾碎。与理想的完美彼岸相比，这个世界毫无价值，因此它也应当被无情摧毁和重造。而自己，只需惦念那美好的理想世界就好，无论做了什么事，也只是在完成自己的使

---

[72] 马克斯·韦伯：《学术与政治》，第257页。
[73] 马克斯·韦伯：《学术与政治》，第261、263页。

命，无需为这个愚蠢世界的毁灭承担任何责任："愚蠢而庸俗的是这个世界，而不是我；对后果应负什么责任，与我无关；这个责任，是那些受我辛劳服务并有待我来扫除其愚蠢和庸俗的其他人的事。"但无比清醒的韦伯，早已看透了他们："他们并没有真正认识到，他们想承担的事是怎么样一回事，而只是陶醉在浪漫的感动之中。"[74]

在韦伯看来，当生活在今天的人，借助学术或宗教，被或古老久远或耳目一新的理想打动，决心将它们引为自己为之奋斗的价值时，其实什么也没有做。那些价值理想，无论在过去多么伟大，或在未来可能多么美好，都不过是他头脑中的幻象，根本不是现实。在实现那理想的道路上，他一步都还没有走。真正的困难和挑战，不在他如何"看到"那理想，这是理智和想象极为发达的现代人的"天赋"，而是在于他如何将这理想变成现实。但是，"人类的一切行动，特别是政治行动，永远都带有悲剧的成分"。因为行动就意味着需要运用手段来达到目的，可是"'善'的目的，往往必须借助于在道德上成问题的或至少是有道德上可虞之险的手段，冒着产生罪恶的副效果的可能性甚至概率，才能达成"。这个世界并不是单凭美好想象和天真意愿就能够变好的。对普通人如此，对政治家来说更是如此，因为"对政治来说，决定性的手段是暴力"。政治家拥有比普通人更大的力量，换句话说，也就是可能为了善的目的做更大的恶，所以韦伯才说，"在这暴力之中，盘踞着魔鬼的力量"。[75]

现在我们能够明白，韦伯为何会认为，"在逻辑上言之，信念伦理实际只有一个选择，就是凡是行动会用到在道德上言之有可虞之险的手段者，皆在排斥之列"[76]。韦伯不是伦理教条主义者，他是在警告我们，如果严格按信念的伦理要求去践行，至少能做到一以贯之，以身体力行的方式实践了理想，塑造了自己的伦理人格和品质，而不至于受权力魔鬼的诱惑肆意妄为。当然，韦伯的意思也绝不是说，将

[74] 马克斯·韦伯：《学术与政治》，第 271-272 页。

[75] 马克斯·韦伯：《学术与政治》，第 254、262、269-270 页。

[76] 马克斯·韦伯：《学术与政治》，第 263 页。

理想付诸实践时，唯一的做法是将伦理要求不折不扣地贯彻到底。关键在于你做出行动时，是无视现世，还是充分考虑"平常人身上平常的缺陷"，以及自己行为的可能后果，并为其承担责任。这就是责任伦理的态度。真正有责任感的行动者，不会只生活在自己的梦幻彼岸，或视此世是愚蠢与罪恶的渊薮，他谦逊且勇敢地面对这个世界和自己，"不以为自己有任何权利去假定人类是善的或完美的，也不觉得自己可以把自己行动可以预见的后果，转移到他人的肩上"。[77]这样的人，不会冷酷地将这个世界视为可被自己手中权力摧毁的对象或改造的材料，而是充分了解现实中人性的高贵与卑劣，清醒面对现实与理想的背离，勇于承认自己行动可能背负的罪恶或不良后果。在韦伯看来，只有这样的人，才有资格以己身为舟为桥，将超越现世的价值与理想引渡于现世之中。他十分清楚，任何理性自主的行动，在其根本处，若没有信念或理想的支撑，必将归于空幻、沦为自利或在技术手段中迷失。所以，"成熟的人，真诚而全心地对后果感到责任，按照责任伦理行事，然后在某一情况来临时说：'我再无旁顾；这就是我的立场'"。他的决策会充分尊重现实，在现有的各种条件和可能后果之间权衡利弊，也会适当妥协和让步，但到了为价值理想不可让步、退无可退之时，他也会义无反顾。"在这个意义上，信念伦理与责任伦理不是两极相对立，而是互补相成。这两种伦理合起来，构成了真正的人。"[78]

七　结语

在韦伯的传记中，韦伯夫人记载了这样一件轶事。有人问韦伯，学问对于他到底有什么样的意义，韦伯给出了一个耐人寻味的回答：

---

[77]　马克斯·韦伯：《学术与政治》，第 261-262 页。
[78]　马克斯·韦伯：《学术与政治》，第 272 页。

"我希望弄清楚自己能坚持多久。"[79]结合前面的分析,我们就能够理解,这种坚持,既不是某种存在主义式的于虚空深渊之上的"挺住",也非以先知的姿态,面对这不完美的世界,给出悲观而坚定的预言。韦伯既非虚无主义者,亦非绝望之人。他不虚无,是因为他看得到,那在人类文明的历史长河中不灭的永恒价值之光。他也不绝望,是因为他虽然从不天真幼稚,也未将命运寄托于神明和上帝的力量,却始终相信,即使人性再堕落,局面再不堪,也总会有"平常意义下的英雄","能够面对这个愚蠢、庸俗到了不值得自己献身的地步的世界,而仍屹立不溃",坚定平实地去做那"出劲而缓慢地穿透硬木板的工作"。[80]

所以,面对当时德国学政两界的种种乱象,面对虚荣与沉溺、自大与庸常、狂热与麻木、鄙俗与幻想等种种人心的危机,面对理性学术自身的种种局限,韦伯仍然不懈地在找寻出路。他试图借助植根文化和历史经验的社会科学,来找寻超越经验的永恒价值理想,为精神指引方向。他又用冷静客观的态度去不断警醒人们,留意自身理想的局限以及现实的复杂与矛盾。他更希望人们能将热情与理性、思考与实干、信念与责任感结合在一起,使理想真正付诸现实之中,造就真实的伦理人格和品质,以有实质内容的生活之道,去面对这个越来越缺乏生活、流于空洞的形式和表象的世界。

---

[79] 玛丽安妮·韦伯:《马克斯·韦伯传》,第777页。

[80] 马克斯·韦伯:《学术与政治》,第274页。

其 他

作为"世界公民"的商人与"民族政治的经济制约"
——一种思想史的考察

周保巍

引子:"塔瓦尼尔之愿"

> 真正的商人是世界公民,哪里生活得最舒适,哪里最安全,哪里便是他的家园。
>
> ——约翰·特伦查德

在《加图来信》(*Cato's Letters*)第二卷第 62 期[1],18 世纪著名的共和主义思想家兼报人约翰·特伦查德(John Trenchard)以简洁而不失幽默的笔触讲述了这样一则掌故:

> 法国的大商人和大旅行家塔瓦尼尔(Tavernier)长期在世界各地游历,并由此聚敛了大量的财富。但他却准备将这些财货全部投入到瑞士的穷乡僻壤之中。这遂招来了当时在位的路易十四万分不解的诘问:他为何要离开物华天宝的法国,而将其财富投资到这个世界上最为贫苦之地?面对这位狂傲之君

---

[1] 这一期的主题是"贸易和海军力量只能是公民自由的产物,没有公民自由,就难以有贸易和海军力量"(Trade And Naval Power The Offspring Of Civil Liberty Only, And Cannot Subsist Without It)。John Trenchard and Thomas Gordon, *Cato's letters*, Indianapolis: Liberty Fund, 2004, Vol.2, p.139.

（haughty Majesty）的诘问，塔瓦尼尔简洁而有力地答道：他愿意拥有一些可以称之为属于他自己的一些东西。[2]

从某种意义上讲，这则意味隽永、极富诠释价值的历史掌故，已超越了具体时空的限制，从而获得了某种"政治寓言"的普遍品格。因为我们可以相信，只要像路易十四这样颟顸倨傲的君主依然大权在握，只要路易十四所寄生其间的那种专制制度依然在地球上的某个角落里滥施淫威，这样的黑色幽默故事便会一再地在人类社会中上演。

如果说每个故事背后都有一套自己的伦理，约翰·特伦查德自然也不例外。借助于这则历史掌故，约翰·特伦查德意在表明：

真正的商人是世界公民，哪里生活得最舒适，哪里最安全，哪里便是他的家园。无论他们在专制国家（tyrannical governments）聚敛了多少财富，他们都会移居到自由国家（free governments）……显而易见，贸易不可能在专制政府中长存，更不可能在专制国家中长期繁盛。[3]

约翰·特伦查德的警示虽有黄钟大吕之音，振聋发聩，但可以肯定，在西方的现代思想史上，有关商人作为"世界公民"的特性，以及由此所衍生出来的关于"民族政治的经济限制"（economic limits to national politics）[4] 的论述，却一直不绝于耳。比如，在《国富论》中，斯密就曾不厌其烦地一再强调商人的"世界公民"特性，以及由此所衍生的意味深长的"政治经济学"意蕴：

---

[2] John Trenchard and Thomas Gordon, *Cato's letters*, Vol.2, p.142.

[3] John Trenchard and Thomas Gordon, *Cato's letters*, Vol.2, p.142.

[4] 参见 John Dunn（ed.）, *The Economic Limits to Modern Politics*, Cambridge: Cambridge University Press, 1990.

无论哪一个国家，通过工商业而获得的资本，除非其某一部分已在土地耕作与改良事业上得到保证和实现，总是极不确定的财产。说商人不一定是某一特定国家的公民，这句话真是不错。究竟在何处营业的问题，在他似乎没有多大意义；如果他们对甲国感到一种厌恶，哪怕顶微小，亦可使他把资本从甲国迁到乙国。跟着资本的迁移，资本所维持的产业亦必移动。[5]

不仅如此，除了重申了商人以及商业资本所具有的"世界品性"（cosmopolitan character），斯密还着重强调了国家所征收的"重税"（a burdensome tax）——尤其是对于"生活必需品和生活便利品"所征收的"重税"，以及苛酷的税务人员对于公民私产的"令人苦恼的、不堪其扰的查访"（the mortifying and vexatious visits）所必然产生的驱逐资本、阻滞经济发展的恶果。

土地是不能移动的，而资本则容易移动。土地所有者，必然是其地产所在国的公民。资本所有者则不然，他很可以说是一个世界公民，他不一定要附着于哪一个特定国家。一国如果要课以重税，而多方调查其财产，他就要舍此他适了。他并且会把资本移往任何其他国家，只要那里比较能随意经营事业，或者比较能安逸地享有财富。他移动资本，这资本此前在该国所经营的一切产业，就会随之停止。耕作土地的是资本，使用劳动的是资本。一国税收如有驱逐国内资本的倾向，那么，资本被驱逐出去多少，君主及社会两方面的收入源泉，就要涸竭多少。资本向外移动，不但资本利润，就是土地地租和劳动工资，也必因而缩减。[6]

---

[5] 亚当·斯密：《国富论》，北京：商务印书馆，2015年，第397页；Adam Smith, *The Wealth of Nations*, London: Methuen, 1904, Vol.1, p.343.

[6] 亚当·斯密：《国富论》，第815-816页；Adam Smith, *The Wealth of Nations*, Vol.2, p.275.

如果各种生活必需品和生活便利品的税的征收，使资本所有者及使用者，觉得他们资本所得的收入，在某特定国家，不能购得同额收入在其他国家所能购得的那么多的必需品和便利品，他们便会打算把他们的资本，移往其他国家。如果此类赋税的征收，使大部分或全部商人及制造业者，换言之，大部分或全部资本使用者，不断受税务人员令人苦恼的、不堪其扰的查访，那移居的打算，不久就要见诸实行了。资本一经移动，靠此资本支持的产业，将随着没落，而该国商业制造业，又将继农业归于荒废。[7]

一 "康小姐"的出场及其对"现代国家"所提出的挑战

> 商业是命运之女，就像其母亲一样，她反复无常、欺诈成性。
>
> ——萨缪尔·约翰逊

在现代早期，随着"火药"的发明和传播，"常备军"的建立，以及由此所产生的"军事革命"，战争的耗费变得空前"浩大"（great expence）[8]。于是，在这样的背景之下，作为战争之"跟腱"和"命脉"的商业，在西方的历史上首次上升为"国家事务"（affairs of state），并成为"国务大臣和思想家们"思考的中心。[9]而"商业科学"（或"政治经济学"）也取代亚里士多德意义上的"政治学"，一跃而成为现代意义上的"王者科学"（princely science）[10]。正是在这

---

[7] 亚当·斯密：《国富论》，第 900 页；Adam Smith, *The Wealth of Nations*, Vol. 2, p.339.

[8] Adam Smith, *The Wealth of Nations*, Vol.2, p.165.

[9] 休谟：《休谟政治论文选》，北京：商务印书馆，1984 年，第 54 页。

[10] David Armitage, *The Ideological Origin of the British Empire*, Cambridge: Cambridge University Press, 2004, p.146.

样的背景之下，安德鲁·弗莱彻（Andrew Fletcher of Saltoun）才惊呼
"贸易已成为各国竞相追逐的金球"[11]，而如下的说法——"一种商业
精神，以及保护商业的海上力量，是帝国伟大最确定不移的标志……
谁掌握了世界贸易，谁就掌握了世界财富；谁掌握世界财富，谁就掌
握了世界本身"[12]——也成为各国的一种普遍共识，并催生了"重商
主义"和"新马基雅维利主义"的政治学。[13]

　　虽然各国的统治者都会认识到，国家的"伟大"和"荣耀"取
决于商业以及商业所带来的巨大财富，但是，要想赢得并维持"商
业"的繁盛却并非易事，因为历史的经验和现实的教训似乎已向人
们表明：作为"命运之女"，"康小姐"（"Lady Commerce"或"Lady
Trade"）是一个极其骄纵任性、喜怒无常、多疑善妒，并很容易移情
别恋的女子。在写于 1756 年的短文《农业再思》（"Further Thoughts
on Agriculture"）中，大文豪塞缪尔·约翰逊（Samuel Johnson）就曾
如是写道：

> 商业是命运之女，就像其母亲一样，她反复无常、欺诈成
> 性。她所选择的住所常常最出人意表，而每当人们认定她必然会
> 终老于此时，她又迁居他地。[14]

　　为了佐证自己有关商业之"无常性"（fickle）和"流动性"（fluid）
的论说，约翰逊进而援引现代早期曾彪炳欧洲史册，并以贸易起家的
热那亚共和国和汉萨同盟诸城的盛衰无常为例，雄辩地指出：

---

[11]　伊斯特凡·洪特：《贸易的猜忌》，南京：译林出版社，2016 年，第 174 页。

[12]　John Evelyn, Navigation and Commerce (1674), 15, 转自 David Scot, *Leviathan: The Rise of Britain as a World Power*, New York: Harper Press, 2013, p.333.

[13]　参见洪特的文章《自由贸易与国家政治（民族政治）的经济限制：重新思考新马基雅维里主义的政治经济学》，载于伊斯特凡·洪特：《贸易的猜忌》，第 174—253 页。

[14]　Kevin Hart, *Samuel Johnson and the Culture of Property*, Cambridge: Cambridge University Press, 2009, p.116.

对于热那亚人当下的困厄，谁人不知呢？摆在他们面前的唯一选择，是到底该向哪位君主输诚并祈求恩庇！谁人不知现在的汉萨诸城早已满目疮痍，它现在的居民数尚不及当时的户数！但想当初，这些城市繁盛的贸易，曾让它们有能力向全世界发号施令。因为正是这些城市的商人供养了君主的军队，为此，这些君主们不惜将自己的财宝全部典当。[15]

作为对约翰逊"康小姐"之形象的某种呼应，1803 年重刊于《波士顿周刊》（*Boston Weekly Magazine*，25 June 1803）的一篇论贸易的短文，也再度强调了"商业"作为"变动不居之物"（a fluctuating thing）的难以捉摸的无常特性：

贸易是变动不居之物；她先是从提尔迁居到亚历山大城，然后又从亚历山大城迁居到威尼斯，之后又从威尼斯迁居到安特卫普，最后又从安特卫普迁居到阿姆斯特丹和伦敦。在贸易上，就像英国人曾是荷兰人的竞争对手一样，现在，法国人又成为荷兰人和英国人的竞争对手。[16]

正是"康小姐"这些 "mobile""uncertain""capricious""wanton""elusive" 的特质[17]，让笛福不由得惊呼道：

贸易是个谜，绝难得到完全的揭示或理解；它有自己的节点和天时。在不可见原因的作用下，它会产生巨大的痉挛、歇斯底里的混乱和最莫可名状的情绪——有时，在普遍时尚的邪恶精神

---

［15］ Kevin Hart, *Samuel Johnson and the Culture of Property*, p.116.

［16］ Philip Gould, *Barbaric Traffic: Commerce and Antislavery in the Eighteenth Century Atlantic World*, Harvard: Harvard University Press, 2003, p.5.

［17］ Sophus A. Reinert, *Translating Empire: Emulation and The Origins of Political Economy*, Harvard: Harvard University Press, 2011, p68; Philip Gould, *Barbaric Traffic: Commerce and Antislavery in the Eighteenth Century Atlantic World*, p.6。

的作用下，它简直像是一笔完全逾越常理的横财；今天，它遵循事物常规，服从因果关系；明天，它又遭到人类虚无缥缈的狂想和怪诞不经的计划的蹂躏，然后再来个一百八十度的大转弯，其变化无迹可循，既有悖于自然，亦无法解释——贸易中的错乱狂悖之处无处不在，无人能对它做出合理的解释。[18]

不仅如此，作为"商业之轮"的润滑剂，甚至"赋予贸易以生命"的"Lady Credit"也被赋予了任性、多疑而善妒的特征：

这位女士是多么的固执；她的全部行为又是多么的任性！你若向她求爱献殷勤，你要么失去她，要么就必须用高价去购买她；如果你赢得了她的芳心，她又总是对你心生醋意，存猜疑；你若是在自己的合同里没有给她一个名分，她就会拂袖而去，而且在你有生之年大概绝不会再回来。就算她能回心转意，你也得付出长期的哀求和大量的麻烦。[19]

这样，在现代早期，尤其是在现代"商业社会"已隐然成形的 18 世纪，虽然人们对于"商业"以及"商业资本"的"流动性"和"无常性"有着共同的认知，并以"Lady Commerce"和"Lady Credit"的形象将其固化下来。但是，对于如何评价和应对"康小姐"的这种"流动性"和"无常性"，从属于不同意识形态阵营的思想家们却给出了截然不同的回答。其中，最为常见也最为保守的反应，就是拒斥新兴的商业以及商业资本，并借此退回到自己所熟悉的那个貌似安全的农耕世界，并将土地以及乡绅阶层作为国家富强的不朽之基。例如，在阐明了"贸易"的迁变无常之后，作为托利党人的塞缪尔·约翰逊曾不失时机地反问道："面对此情此景，人们难道不

---

[18]　Daniel Defoe, *Review of the State of the British Nation (1706—1713)*, edited by Arthur Wellesley Secord, New York: Columbia University Press, 1938, Vol.3, pp.502-503.

[19]　Daniel Defoe, *Review of the State of the British Nation (1706—1713)*, Vol.3, p.18.

会情不自禁地认为贸易是（国家）权力的一个微弱而不确定的基础，并希望他们自己国家的伟大更为坚实，他们自己国家的福祉更为恒久？"[20] 显然，在约翰逊眼中，与"贸易"（商业）这个"微弱而不确定的"权力基础相比，土地和农业才是每个国家之"伟大"和"福祉"的一个更为坚实也更为恒久的基础。同样，出身于托利党的乔纳森·斯威夫特（Jonathan Swift）也指出，除地产以外的其他所有财产，都只是"转瞬即逝的或想象性的"（transient or imaginary）[21]。尽管那些新近发迹的商人们聚敛了无量的财富，但唯有"有地的乡绅、自耕农和农民才应被尊为一国最经久不迁的居民和国之栋梁，因为唯有他们的财富才会固着在地球上的某个地方"[22]。也正是基于同一种考虑，出身于乡村党的博林布鲁克（Bolingbroke）指出，如果将国家比喻为一艘政治航船，那么，唯有"土地阶层才是我们这艘政治航船的真正主人，而金钱阶层只不过是其间的匆匆过客"[23]。这种鄙弃商业和商业阶层，并以"农业社会"为理想社会之蓝本的意识形态，也在法国的"重农学派"那里得到回响。在"重农学派"看来，"商人"并不算是一国"真正的公民"，鉴于其财富的"流动性"（也即所谓的"mobile property"），他们并不与其所寄居的国家形成一种稳定的利害关系，故而也不会有固定的民族属性和公民忠诚，因为一如魁奈所说的那样，"就与本国的关系而言，商人无异于一个外国人"[24]。不仅如此，"重农学派"甚至认为，一个兼营农业和商业的国家，无疑是由两个相互对立的民族（two opposed nations）构成的，"一个固守在国土之内并增益其财富，因而构成了国家之根本；而另一个则只是一国外在的附丽，它属于一个由农业民族所雇佣和酬付的大商贸共

［20］ Kevin Hart, *Samuel Johnson and the Culture of Property*, p.116.

［21］ J.G.A.Pocock, *The Machiavellian Moment: Florentine Political Thought and the Atlantic Republican Tradition*, Princeton: Princeton University Press, 1975, p.452.

［22］ P.G.M.Dickson, *The Financial Revolution in England*, Abingdon: Routledge, 1993, p.27.

［23］ P.G.M.Dickson, *The Financial Revolution in England*, p.28.

［24］ Paul Cheney, *Revolutionary Commerce*, Harvard: Harvard University Press, 2010, p.165.

和国"[25]。因为,"商人的营业范围并没有固定的界限,也不会固守在某个特定的国家。我们的商人也同样是别国的商人"[26]。故而,与农业帝国的稳定性相比,建基于可流动的商业和信用财富之上的商业帝国,无异于建基于流沙之上,是转瞬即逝的、不经久的。

但是,面对任性善妒、迁变无常的"康小姐",难道人们只能像斯威夫特、约翰逊和重农学派那样返身回顾,诉诸传统的农业主义的意识形态?如果说古人曾以"美德"克服了"命运女神",那么,身处现代世界的人们难道就不能征服"康小姐"吗?因为这毕竟是一项报酬丰厚的诱人事业,一如休谟所指出的那样,"两个海上强国(指荷兰和英国)的富裕、豪华和军事上的伟大成就看来已初次向人类指明了扩展商业的极大重要性"[27]。故而,对于现代早期的许多立法者(政治家)和思想家而言,现代国家所面临的挑战毋宁是:"商业"的成功与繁盛果真只能归诸于偶然和机运吗?"商业"难道真像约翰逊所说的那样是变幻无常的"命运之女",其盛衰沉浮都毫无任何规律可言吗?还是说,在迁变无常的表象之下,"商业"的盛衰荣枯还是有一定的规律可循,并最终可以"化约为一门科学"?在这个意义上,正是现代"商业社会"的浮现和确立,向现代国家及其统治者提出一个全新的、前所未有的时代难题:在财富日益"动产化",并可以轻易地、不着痕迹地实现跨国流动的时代状况下,如何赢得"康小姐"的芳心,并让其永驻本国而不移情别恋?因为正像一位评论家所说的那样,虽然"现在所有的国家都明智地投身于贸易,而那些已据有贸易的国家也都在谨防失去它",但"贸易毕竟是一株柔嫩的植物,需要阳光、土壤以及良好的天时,方得以滋长并臻至繁茂"[28]。那么,到底什么才是护佑贸易这株"柔嫩的植物",并让其苗壮成长的"阳光、土壤以及良好天时"呢?

---

[25] Paul Cheney, *Revolutionary Commerce*, p.166.

[26] Paul Cheney, *Revolutionary Commerce*, p.166.

[27] 休谟:《休谟政治论文选》,第 54 页。

[28] Philip Gould, *Barbaric Traffic: Commerce and Antislavery in the Eighteenth Century Atlantic World*, p.5.

二　解释"荷兰奇迹"

> 哪里有自由，哪里就有人口和财富。
>
> ——德拉考特

在现代国家迎接"康小姐"挑战的过程中，荷兰以及所谓的"荷兰奇迹"（Batavian Myth）无疑扮演着极为重要的角色。在整个17世纪的欧洲，无论是政界、商界，抑或是学界，人们无不带着几许嫉妒，甚至敬畏的眼光，惊羡于荷兰在摆脱掉西班牙人的奴役之后所取得的史无前例的辉煌："在不到一个世纪的时间里，荷兰，从满眼都是泥塘和沼泽的寥寥几个渔镇，摇身一变成为一个足可与最大的海陆强权相抗衡、最令人望而生畏的国家；它不仅以其舰队征服了远地的伟大君主；而且也成为其所反叛的那个强大国家的保护人。"[29]也正是在这个意义上，约书亚·柴尔德（Josiah Child）才宣称，17世纪的荷兰不仅"引发了时人的嫉妒，甚或将成为后人们所啧啧称奇的对象"[30]。托马斯·孟（Thomas Mun）更是将荷兰在现代早期的迅速崛起称为"世界上的一大奇迹"，因为，"这样小的一个国家，虽然其国土面积尚不及我们最大的两个郡，虽然其一切的自然财富、食料、木材或其他在战争或和平时期所需的军火都极度匮乏，但却绰有余裕地拥有这一切，除了在满足自身所需（其数量是很大的）之外，还能以船舶、大炮、绳索、谷物、火药、子弹以及其他种种物资供给他国君主"[31]。严格地讲，所谓的"荷兰奇迹"本质上是一种"商业奇迹"。在分析荷兰的富强之路时，法国的红衣大主教黎塞留就曾一针见血地指出，"荷兰人的富庶是商业功用的一个绝佳证明。严格地讲，荷兰

---

[29] John Trenchard and Thomas Gordon, *Cato's letters*, Vol. 2, p.144.

[30] Henry C. Clark (ed.), *Commerce, Culture, and Liberty: Readings on Capitalism before Adam Smith*, Indianapolis: Liberty Fund, 2003, p.38.

[31] John Ramsay McCulloch (ed.), *A Select Collection of Early English Tracts on Commerce from the Originals of Mun, Roberts, North, and Others*, London, 1856, pp.130-131.

人口寡少，且地处偏狭，那里除了水和牧场一无所有。尽管他们的土地除了黄油和奶酪一无所出，但近乎所有欧洲国家的大部分日常之需，都是由他们供应的"[32]。尼古拉斯·巴贲（Nicholas Barbon）也指出，"联合省的伟大和富庶"，"充分证明了贸易给一个国家所带来的巨大好处和利益"[33]。而理查德·斯梯尔（Richard Steel）也惊叹于荷兰人的生活水准之高——"荷兰人的生活费用是法国人的两倍"，并将其归功于荷兰人的"贸易和制造业"。[34]

但问题在于：像荷兰这样自然资源贫乏的"弹丸之地"，何以能"管理如此庞大的贸易"，并由此成为"大部分基督教世界的弹药库和货栈"[35]，并进而成为"全世界的大商场"(the emporiums of the world)"和"全世界共有的承运人"(the common carriers of the world)[36]？也就是说，到底是什么造就了荷兰的商业繁荣？诚如尼古拉斯·巴贲所说，尽管人们都认识到了贸易对于各国"福祉"所具有的"重大影响"，但是对于"贸易增长的真正原因"，"人们依然见仁见智、莫衷一是"。[37] 而当时人们对于 17 世纪荷兰商业繁荣的分析也印证了这一点。有人认为它源于荷兰的"低利率"。如柴尔德（Josiah Child）就指出："当今一切国家的贫富完全取决于其货币利率的高低。"荷兰的利率很少超过 3%，即使是在战争期间也很少超过 4%，而这便是荷兰人强大富庶的"一个直接原因"。如果英国的利率能降低到与荷兰同一水准，那么，英国的贸易也将在短期内像荷兰一样繁荣昌盛。基于这种判断，柴尔德曾建议英国通过立法将最高的法

---

[32] Hans-Jurgen Wagener, "Free Seas, Free Trade, Free People: Early Dutch Institutionalism", *History of Political Economy* 26: 3 (1994), p.414。

[33] Henry C. Clark (ed.), *Commerce, Culture, and Liberty,* p.67.

[34] Steve Pincus, "Rethinking Mercantilism: Political Economy, the British Empire, and the Atlantic World in the Seventeenth and Eighteenth Centuries", *The William and Mary Quarterly*, Vol. 69, No.1 (January 2012), pp.3-34, p.26。

[35] John Ramsay McCulloch (ed.), *A Select Collection of Early English Tracts on Commerce from the Originals of Mun, Roberts, North, and Others* , p.130.

[36] Sir William Temple, *Observations upon the United Provinces of Netherlands*, p.187.

[37] Henry C. Clark (ed.), *Commerce, Culture, and Liberty,* p.67.

定利率由百分之八降至百分之六。[38] 有人将荷兰的商业繁荣归功于荷兰恶劣的自然环境，以及由此形成的荷兰人"勤勉"和"节俭"的品性。[39] 如托马斯·孟就指出："因为富强使一个民族沾染恶习和没有远虑，所以贫困和不足就使一个国家的人民开动脑筋和勤劳努力。关于后者，我可以举出许多基督教国家做例子，虽然它们在自己的领土里边几乎可以说是一无所有，可是它们竭力想法与外国进行贸易，因而获得了极大的财富和力量，现在其中最引人注目和最负盛誉的就是低地国的联合省了。"[40] 而关于荷兰人的"节俭品性"，威廉·坦普尔爵士（Sir William Temple）更是写道，除了荷兰，"从未有任何国家交易的如此之多，但却消费的如此之少……他们虽装备了无数的奢侈品，却从未品尝；他们虽运送了无数的享乐品，却从未消享"[41]。还有人将荷兰的商业繁荣归功于其发达的渔业（尤其是其发达的鲱鱼捕捞和腌制业）。因为正是发达的渔业，催生并带动了荷兰造船业及运送贸易的扩张和繁荣，并由此雇佣了大量的人口。正基于此，荷兰人才将渔业称为"唯一的富源"[42]。正如1624年的一份荷兰"声明"所言，"规模庞大的鲱鱼捕捞业，是联合省最主要的营生和最重要的金矿"[43]。还有人将荷兰的商业繁荣归因于其发达的制造业。如约翰·凯梅尔（John Keymer）就指出："虽然富有大量葡萄园和盐的是法国和西班牙，但唯有在低地才存在大规模的酿酒业和制盐业……虽然拥有大量原木的是东方诸国，但生产大量壁板、桶板、桅杆和木料的却

［38］ William Letwin, *The Origin of Scientific Economics: English Economic Thought, 1660—1776*, Abington: Routledge, 1963, p.11, p.88.

［39］ Erik S. Reinert, "Emulating Success: Contemporary Views of the Dutch Economy before 1800", in Oscar Gelderblom (ed.), *The Political Economy of the Dutch Republic*, Farnham: Ashgate, p.33.

［40］ John Ramsay McCulloch (ed.), *A Select Collection of Early English Tracts on Commerce from the Originals of Mun, Roberts, North, and Others*, p.130.

［41］ Sir William Temple, *Observations upon the United Provinces of Netherlands*, p.208.

［42］ Jocyce Oldham Appleby, *Economic Thought and Ideology in Seventeenth-Century England*, Princeton: Princeton University Press, pp.74-75.

［43］ Charles Wilson, *Profit and Power: A Study of England and the Dutch Wars*, Dordrecht: Springer, 1978, p.22.

是低地。"[44]而威廉·高夫（William Goffe）也指出，虽然大麻出产于里加，但将其加工为帆布并出售给英国的，却是荷兰。[45]还有人将荷兰的商业繁荣归功于荷兰人先进的船舶建造和管理技术，以及由此形成的低廉的运费。[46]此外，庞大的资本，银行、当铺等公共信用机构的建立，严格的产品质量管理，低廉的关税以及简便的支付方法，发达的商科教育，以及各城市之间的分工协作和错位竞争等，也都曾被视为荷兰商业霸权的不二法门。[47]

　　但值得注意的是，在17世纪下半叶有关"荷兰奇迹"的各种讨论中，除了上面所提到的这些"技术性的"（technical）解释进路之外，还兴起了一种与之相竞争的"制度主义的"（constitutional）解释进路，并蔚为大观。与以往认为商业的繁盛取决于一系列技术性的指标和良好的行政管理不同，由德拉考特（Pieter de la Court）、坦普尔爵士（Sir William Temple）等人所发展出来的这种制度主义的解释进路，主要聚焦于政治与经济、商业与政府、自由和繁荣之间的互动关系，聚焦于荷兰商业繁荣背后的政制性因素。在他们看来，包括荷兰在内的任何国家，要想成功应对多变善妒的"康小姐"所提出的挑战，并最终赢得商业繁盛和经济增长，其中至关重要的因素便是"自由"，诚如德拉考特所说：

　　　　贸易是雇佣和喂养人口的最强有力的手段……但是，贸易并不会只固守在一个地方。任何地方，只要商人的负担较小，只要他们拥有较大的赚取和保有利润的自由，贸易就会驻留在那里。相反，在任何一个地方，只要赚钱的自由受到限制，只要富裕的

［44］ Jocyce Oldham Appleby, *Economic Thought and Ideology in Seventeenth-Century England*, pp.75-76.

［45］ Jocyce Oldham Appleby, *Economic Thought and Ideology in Seventeenth-Century England*, p.76.

［46］ William Letwin, *The Origin of Scientific Economics*, pp.16-17。

［47］ Jocyce Oldham Appleby, *Economic Thought and Ideology in Seventeenth-Century England*, pp.77-78.

商人总是受到恶劣的对待，那么，贸易不是远走他乡，就是枯萎凋零。[48]

当德拉考特这样说的时候，他实际上是在重申并发展马基雅维里的一个核心命题：任何国家，唯有当它是自由的时候方能变得强大，也唯有在它是自由的时候方能成就其商业繁荣，一如德拉考特以其特有的警句式语言所表达的那样，"哪里有自由，哪里就有人口和财富"（where there is liberty there will be people and riches）[49]。职是之故，对于德拉考特而言，"荷兰奇迹"背后真正的秘密，在于荷兰人所享有的"那种黄金般的自由"（that golden liberty）[50]，那种遍及"宗教、学术、贸易、制造业、艺术、市民权和政府的自由"[51]："荷兰居民的福祉仰赖于渔业、制造业、商业和航运业的持存和改良，而要做到这一点唯有依靠自由。"[52]

首先，荷兰人的商业繁荣建基于"宗教自由"，建基于荷兰人在践行宗教信仰方面所享有的"更大的自由"。实际上，在德拉考特为良心自由和宗教宽容所提出的辩护中，有很大一部分是出于一种实用主义的经济考量：对于宗教异见者的宽容，足可诱使富有资本和技术的外国人来此定居，从而大大地提升荷兰的商业竞争力。正如《荷兰的真正利益和政治信条》第十四章的标题所标明的："在服侍和崇拜上帝方面的自由或宽容，是留住荷兰众多居民，并诱使外国人在我们中间定居的一个强有力的手段。"在回顾欧洲的"商业兴衰史"和"贸易迁移史"时，德拉考特指出，在荷兰立国之初，因不堪忍受西

[48] Arthur Weststeijn, *Commercial Republicanism in the Dutch Golden Age*, Leiden: Brill, 2012, p.226.

[49] Pieter de la Court, *The True Interest and Political Maxims of the Republic of Holland*, London: John Campbell, 1746, p.37.

[50] Pieter de la Court, *The True Interest and Political Maxims of the Republic of Holland*, p.284.

[51] Arthur Weststeijn, *Commercial Republicanism in the Dutch Golden Age*, p.222.

[52] Pieter de la Court, *The True Interest and Political Maxims of the Republic of Holland*, p.231.

班牙之苛政而被迫迁出安特卫普的众多制造业、商业和航运业，之所以选择在荷兰，而非在英格兰或法国安营扎寨[53]，主要归功于荷兰执政当局在宗教信仰问题上的"温和和宽容"。因为正是它促使"许多诚实而有用的居民"为了重获宗教自由，为了逃避因宗教而起的各种"罚款、拘役和肉体惩罚"，而选择"抛弃他们自己的甜蜜的故土"，并迁居至"贫瘠而重税"的荷兰。[54]而与之相较，吕贝克、科隆和亚琛这些曾"富甲一方的商贸城市"，之所以在宗教改革后失去其绝大部分财富和荣光，则主要归咎于其教士的"虔敬"，以及他们所施行的宗教强制和宗教迫害政策，从而不仅导致本国的许多有用居民遭到驱逐，也让原本打算来此营生的外国人裹足不前。[55]而德拉考特关于荷兰"宗教自由"导致"商业繁盛"的论述，也在威廉·坦普尔爵士那里得到了进一步的阐发。在《关于尼德兰联合省的观察》中，威廉·坦普尔坦陈，如果说人口繁多是荷兰商业奇迹的一个极其重要的物质基础，那么，这全是拜其邻国君主——如德国的查理五世，法国的亨利二世以及英格兰的玛丽女王——所实施的宗教迫害政策所赐。荷兰的宗教宽容政策，不仅为"这些身受压迫的外国人"提供了良心上的自由和生活上的安宁[56]，而且还通过"不同民族、不同宗教和不同习俗之间的大融合"，从而在荷兰形成了一种"普遍自由而安适"的社会氛围。在其中，"每个人都遵从自己的生活方式，每个人都专注于自己的事务，而很少有兴趣对别人的私事刨根问底"，这不仅是因为"包打听只适合于懒人"，而且也因为，在这种多元主义的宗教和文化背景下，人们早已对各种异己的生活方式"见怪不

---

[53] Pieter de la Court, *The True Interest and Political Maxims of the Republic of Holland*, p.66.

[54] Pieter de la Court, *The True Interest and Political Maxims of the Republic of Holland*, pp.70-72.

[55] Pieter de la Court, *The True Interest and Political Maxims of the Republic of Holland*, pp.72-73.

[56] Sir William Temple, *Observations upon the United Provinces of Netherlands*, pp.190-193.

怪了"。[57]

其次，荷兰的商业繁荣也建基于经济自由，建基于每个人在谋生和赚钱方面所享有的"大量的自由"[58]。德拉考特指出，"与其他地方相比，荷兰有着更大的渔业和贸易自由"，在荷兰，"捕鱼业是向所有人开放的"。[59]不仅如此，在荷兰的绝大多数城市，人们都享有以"自认为最为合适的方式"来运用自己的劳动、技艺和资本谋生的"充分自由"。[60]而正是这种不受限制的职业、经营、迁移和贸易方面的自由，才是荷兰成就其"商业伟大"（commercial greatness）的最高法则和不二法门。而这一点也在荷兰当时最重要的纺织重镇莱顿那里得到了验证，一如德拉考特所指出的，"没有自由，莱顿绝不会有现在的发展"[61]。因为像莱顿这样的城市，"唯有通过给予其居民以更多的自由，也即远超其地理位置更好的邻近城市和地区的居民的更多的自由，方能维持其产业"[62]。这"更多的自由"，就包括针对所有外国人的"自由市民权"（a free burgher-right），也即"不受干扰地以他们认为最佳的方式从事任何贸易和营生的自由"。而实施这种"自由的市民权"的必然结果，便是移民源源不断的涌入，以及由此而来的贸易和产业的不断改良和更新。正是在这个意义上，德拉考特声称："自由存则产业存，自由亡则产业遁。"[63]正是基于这种判断和认知，德拉考特指出："每个人在生产和交易其商品时，应该是完全自由和无所拘束的……凡是每个人自己照看自己的地方，所有人都

---

[57] Sir William Temple, *Observations upon the United Provinces of Netherlands*, pp.194-95.

[58] Pieter de la Court, *The True Interest and Political Maxims of the Republic of Holland*, p.74.

[59] Pieter de la Court, *The True Interest and Political Maxims of the Republic of Holland*, p.83.

[60] Pieter de la Court, *The True Interest and Political Maxims of the Republic of Holland*, p.85.

[61] Arthur Weststeijn, *Commercial Republicanism in the Dutch Golden Age*, p.210.

[62] Arthur Weststeijn, *Commercial Republicanism in the Dutch Golden Age*, p.225.

[63] Arthur Weststeijn, *Commercial Republicanism in the Dutch Golden Age*, p.211.

受益，而无人受损。这是统治者永不应从其臣民那里拿走的自然自由（the natural liberty）。"[64]因为荷兰以及欧洲现代早期的历史经验早已表明："地球上最富饶国家之居民，仅仅因为缺乏那种自然自由，便会发现自己处处受到牵绊和掣肘，一如身处人间地狱的那些可怜的受诅咒的奴隶；而普罗大众所享有的那种为了自身的安全而运用其自然权利和自然禀赋的权力……则将会让一个贫乏的国家转变为一片人间乐土。"[65]正是基于这种"自然自由"的理念，德拉考特对荷兰当时依然存在的各种排他性的垄断公司和行会提出了严厉的批判，因为它们剥夺了人们"在自己的国家谋生的自然自由"，剥夺了人们"以他们所能获得的最低的价格购买生活必需品的自由"。[66]故而，从本质上讲，这些垄断是特许贸易公司、行会和官厅所施加于其公民同胞的一种"肮脏的专制"（filthy tyranny）[67]。不仅如此，在德拉考特看来，这些垄断最终将摧毁荷兰在全球商业中的竞争力。因为，如果说荷兰的繁荣有赖于"其最为勤勉和智巧的居民"，那么，各种排他性的特许权并不会产生"最精明能干的商人"。因为"必须让一位老妪变得迅疾，饥饿让野豆变得甘甜，贫穷则催生智巧"，但通过垄断而产生的"确保无虞的收益"，则会让人们变得"笨拙迟缓、消极怠惰和缺乏进取精神"。[68]同样以莱顿为例，德拉考特指出，如果说"自由是莱顿的福祉"，那么各种行会的排他性垄断和统一管制，则是"莱顿的害虫"。[69]

最后，荷兰的商业繁荣还建基于其共和政体和自由政府。当德拉考特称荷兰居民"处于一种自由状态，并以其共同利益完美地联结在

---

[64] Arthur Weststeijn, *Commercial Republicanism in the Dutch Golden Age*, p.210.

[65] Pieter de la Court, *The True Interest and Political Maxims of the Republic of Holland*, p.293.

[66] Pieter de la Court, *The True Interest and Political Maxims of the Republic of Holland*, p.78.

[67] Arthur Weststeijn, *Commercial Republicanism in the Dutch Golden Age*, p.212.

[68] Pieter de la Court, *The True Interest and Political Maxims of the Republic of Holland*, p.76.

[69] Arthur Weststeijn, *Commercial Republicanism in the Dutch Golden Age*, p.212.

一起"[70]的时候，德拉考特所指称的"自由"，不仅仅是一种消极意义上的自由，也即在宗教和经济事务上免于干涉的自由，而且也指称一种更为积极的，也即不受治于任何人专断意志的共和主义自由。在德拉考特看来，对于像荷兰这样的一个商业国家而言，能确立并维系一种共和政体，并由此得以免遭"一位君王或一位最高领袖的狂怒"，实是上帝所赐予的一种福惠。[71]因为就其本质而言，君主政体与商业是不相容的，而一个怠惰奢靡、巧取豪夺的宫廷社会的主导伦理，也与商业伦理是截然相悖的。在君主制国家，"王公大臣们总是嫉妒和痛恨那些最富有的船主和商人，因为他们以合法方式所获取的财富，会让宫廷的奢华和排场黯然失色"[72]。这样，出于对商人财富之嫉妒，也出于削弱和驯服臣民之需要，同时也为了支持其军事上的野心以及朝廷的威望和奢华，君主总是免不了要横征暴敛，而这不仅会削弱其臣民的经济活力，甚至还会顿挫人类繁衍子嗣的自然欲望："在君主的重重盘剥之下，在君主臣僚们的不义和劫掠之下，其生命和财产始终处于不安全之中的臣民，不仅不会辛勤劳作以积累财富，甚至还失去了结婚和生育子嗣的欲望，因为这些子嗣终将成为君主的奴仆，成为战争的屠戮对象。"[73]故而，哪里的人民生活在一人的专断统治之下，哪里的商业就会分崩离析：因为"一般而言，凡是有独夫民贼可以随意盘剥商人的地方，那里的商业便会烟消云散"。如果说，商人必然会"像逃离一场致命的瘟疫一样"逃离君主政体，那么，"共和政体"则是"商人最愿意欣然领受的"，甚至"仅仅是自由之名，以及自由的表象"，都能起到吸引并繁荣工商业的作用。[74]这

[70] Pieter de la Court, *The True Interest and Political Maxims of the Republic of Holland*, p.57.
[71] Pieter de la Court, *The True Interest and Political Maxims of the Republic of Holland*, p.61.
[72] Pieter de la Court, *The True Interest and Political Maxims of the Republic of Holland*, p.253.
[73] Arthur Weststeijn, *Commercial Republicanism in the Dutch Golden Age*, p.249.
[74] Pieter de la Court, *The True Interest and Political Maxims of the Republic of Holland*, p.232.

是因为：

> 自由政府治下的居民，当他们可以合法地赚取和据有这些财富，并能够按照自己的构想来充分地使用这些财富的时候，他们便更多地倾向于以各种手段去谋生，并且会为了其子孙后代而想方设法去赚取、节约并积累财富，而不用担心一位贪婪而奢靡的君主及其权贵们——他们通常既靡费，又贫困且贪婪（wasteful, needy, and avaricious）——以任何借口或托词来攫取他们的这些财宝。[75]

而在德拉考特看来，君主政体和共和政体对于商业所起到的截然相反的效果，也为世界范围内的历史经验所佐证。因为在"美洲、亚洲和非洲那些盛行君主制的土地上，制造业、渔业、贸易和航运业鲜能繁盛"，而"贸易之花"只能盛开在"享有自由政府"的土地，也即只能盛开在像提尔和迦太基、雅典和罗德岛、威尼斯和热那亚、吕贝克和汉堡这样的共和国。而荷兰在 17 世纪的商业繁荣，只不过是为"商业在自由政府之下最为繁盛"这一普遍命题提供了一个最为切近的例证。[76] 德拉考特的关于商业和政体之关系的分析在威廉·坦普尔那里得到了延续。坦普尔指出，提尔（Tyre）、迦太基（Carthage）、雅典、叙拉古（Syracuse）、阿格里真托（Agrigento）、罗德岛（Rhodes）、威尼斯、荷兰这八个商业繁盛国家"全都是共和国"（commonwealths）。而其中的"头六个国家在遭到征服或屈从于专制统治之后，其贸易败落或解体"的事实表明，"共和政体中有某种特别适合于贸易的东西"。[77] 以荷兰为例，坦普尔指出，鉴于其共和政体的构造，在荷兰，"无论是议会还是那位亲王，都没有侵犯其

［75］ Arthur Weststeijn, *Commercial Republicanism in the Dutch Golden Age*, p.241.

［76］ Pieter de la Court, *The True Interest and Political Maxims of the Republic of Holland*, Part III, Chapter III.

［77］ Sir William Temple, *Observations upon the United Provinces of Netherlands*, p.189.

辖区内的任何人的人身或财产的权力"，而这种"人身和财产安全"，不仅赋予"阿姆斯特丹银行以极大的信用"，而且让人们"对于荷兰政府的明智产生一种普遍的共识"，而这是众多"勤勉之民"来荷兰定居的"一大诱因"。在这里，"他们不仅可以获得法律之下的安全，从而免于压迫和不义，而且还可以因其政府的实力和善治，而免遭因外族入侵或内乱而产生的暴力"。而与之相较，

> 在专断和专制权力之下，贸易必然衰败和解体，因为它抽空了一国的人口……当人们对能否安享其劳动所得并将其遗赠给子女心存疑虑时，它必然会灭绝一国的勤勉和产业……由于私人间没有了相互的信任，贸易便不能存在，故而如果没有了对于公私安全的信心，没有了对于政府的信任（它完全仰赖于人们对于其力量、智慧和正义所抱持的意见，仰赖于一国民众的私德、品性和秩序），贸易便不能繁荣昌盛。[78]

三 "英国崛起"：一种比较政治经济学的视角

> "自由让国家繁荣，民族伟大，家园欢愉，自然富足；
> 因为自由鼓励勤勉，而奴役则与怠惰并辔而行。"
> ——丹尼尔·笛福

在 1765 年刊行于世的《中国间谍》（*Chinese Spy*）中，当英格兰海岸在雾霭之中影绰可见的时候，受政府委派出洋考察欧洲各国现状的清朝使臣钱皮皮（Cham-pi-pi）情不自禁地评点道："这就是……那个著名的强国，它不仅声称主宰了海洋，而且眼下还要给其

---

[78] Sir William Temple, *Observations upon the United Provinces of Netherlands*, pp.189-190.

他几个大国立法!"[79]虽然《中国间谍》只是一部旨在仿效《波斯人信札》的彻头彻尾的虚构之作,但作者假托"满大人"之口和盘托出的话,仍然表明了这样一个事实:在 18 世纪,作为当时最为煊赫的"商业帝国",作为笛福口中的"世界上最大的贸易国家"[80],英国已逐步取代荷兰成为欧洲各国竞相效法的典范。就像曾流亡英国多年的伏尔泰在其《哲学通信》中所写的那样:"也许后世要惊讶起来,说这样一个小岛,它本身只有少量的铅、锡、硅藻土和粗羊毛,怎么由它的商业而变得如此强大,以至于竟可以在 1723 年同时派遣三个舰队到世界上三个辽远的地区:一个舰队派到被英国军队征服和占领了直布罗陀,另一个舰队派到贝尔多海港,以便夺取西班牙国王享用的印度的财富,又派了第三个舰队到波罗的海去阻止北方强国的自相残杀。"[81]

实际上,对于伏尔泰的这一疑问——英国到底"怎么由它的商业而变得如此强大",哈利法克斯侯爵乔治·萨维尔(George Savile)早在 1660 年代晚期就给出了自己的解答。哈利法克斯侯爵指出:"我们只是地图上的一个弹丸之地,仅凭贸易才跻身为一个大国,而贸易只是自由的产物。"[82]实际上,自由成就商业伟大的观点,在当时几乎已成为英国商业作家的一种普遍共识。如达德利·诺斯(Dudley North)指出,"自由和正义是贸易的恩主""正是和平、勤勉和自由带来贸易和财富,别无其他"。[83]雷勒尔(Carew Reynell)也写道:"促进贸易并使其臻于繁荣的主要事项包括:自由,归化政策,人口,宗教宽容,免于拘捕的自由,财产的确定性以及免于专制权力的自

---

[79] Sophus A. Reinert, *Translating empire: Emulation and The Origins of Political Economy*, p.13.

[80] Thomas Keith Meier, *Defoe and the Defense of Commerce*, Victoria: University of Victoria Press, 1987, p.43.

[81] 伏尔泰:《哲学通信》,高达观等译,上海:上海人民出版社,2002 年,第 83 页。

[82] David Armitage, *The Ideological Origin of the British Empire*, p.143.

[83] William Letwin, *The Origin of Scientific Economics,* p.200.

由。"[84]查尔斯·达文南特（Charles Davenant）则指出："勤勉和产业的首要基础在于自由""那些身为奴隶之人，那些相信其自由危如累卵之人，既不能在贸易上获得成功，也无法改良一个国家。"[85]正是基于这一逻辑，当时的许多作家，尤其是辉格派作家才将英国的富强和商业繁荣归功于自由，尤其是归功于英国的"清教革命"所产生的"自由政体"。在为英国当时的政体革命——"将这个国家的政体从君主制转变为共和制"——所提供的辩护中，1649 年所颁发的一份议会"宣言"指出：

> 在延续数百年的共和政体之下，罗马人要远比君主统治时期更为繁荣……（实行共和政体的）威尼斯也已繁荣了一千三百年；瑞士以及其他自由国家的平民，在财富、自由、和平以及幸福方面难道不是远超那些专制国家的臣民吗？我们联合省的邻居，自从改变了政体之后，在财富、自由、贸易和力量方面也取得了奇迹般的增长。[86]

正是君主政体和共和政体之间相互对立的原则，带来了这种迥异的经济表现：因为在"君主制"下，"不义、压迫和奴役是平民百姓的命数"；而与之相较，在"共和政体"治下，人们会"发现司法得到公正的执行……因野心、继承权而起的内战和纷争的种子，将彻底被清除……随之而起的是一种良心、人身和财产的正当自由"[87]。在稍早一年刊行于世的《论自由贸易》（*Of a Free Trade*, 1648）中，亨利·帕克（Henry Parker）则对共和政体（也即他口中的"popular

---

［84］ Steve Pincus, "Rethinking Mercantilism: Political Economy, the British Empire, and the Atlantic World in the Seventeenth and Eighteenth Centuries," *The William and Mary Quarterly*, Vol. 69, No.1 (January 2012), pp.3-34, p.21.

［85］ David Armitage, *The Ideological Origin of the British Empire*, pp.142-43.

［86］ Jonathan Scott, *Commonwealth Principles*, Cambridge: Cambridge University Press, 2004, p.255.

［87］ Jonathan Scott, *Commonwealth Principles*, p.255.

states")何以能臻至商业繁荣给出了自己的解答:"看到某些国家(尤其是那些民主国家)从其商业中所获得的如此巨额的岁入,让人不禁心生敬佩;与此同时,其他一些国家(尤其是那些君主制国家),尽管地理位置更为优越,尽管拥有各种便利条件,但却商业不兴。其原因可能在于:在民主国家(popular states),商人通常更多地参与公共事务的管理,而在君主制国家,那些为国掌舵之人,通常既对贸易一无所知,也对商人少有尊重。"[88] 而弥尔顿(Milton)也给出了类似的解释。弥尔顿指出:"现今,贸易只能在像意大利、德意志和低地的自由共和国得以繁荣。"这是因为"在所有的政府中,唯有共和国最致力于让人民繁荣、富有德性、高贵和精神昂扬",而与之相较,君主制的目标只是"为了王室威仪和挥霍而对人民……大肆盘剥;而且民众越是温顺、贫贱、邪恶和屈从(soften, basest, vitiousest, servilest),君主便越容易统治"[89]。而约翰·托兰德(John Toland)也将伦敦的商业繁荣归功于其自由政府。在将其所编辑的哈林顿的《大洋国》敬献给当时的伦敦市长的"献词"中,托兰德指出:

> 伦敦之所以成为举世公认的世界上最恢弘、最美丽、最富庶和人口最稠密的城市,这全归功于其政府……自由是英国与所有已知世界的庞大商贸往来的真正源泉,自由是英国在美洲的许多富庶殖民地,以及散布在欧洲、亚洲和非洲的无数殖民据点的最初垦殖者:职是之故,我们的船只才遍及各大洋,凡是有空气的地方,都可以发现我们同胞的足迹,而所有自然或人造之物都被运至这个人类的大货场(this common storehouse of mankind)……自由让伦敦的市民变得如此煊赫……她将无愧于"西方的新罗马"(new Rome in the west)这一名号,而且像旧罗马一样,她将成为世界的女王(the soverain mistress of the

---

[88] Steven Pincus, "Neither Machiavellian Moment nor Possessive Individualism: Commercial Society and the Defenders of the English Commonwealth", pp.705-736, p.724.

[89] Jonathan Scott, *Commonwealth Principles*, pp.312-313.

universe)。[90]

　　而在整个 18 世纪，在英法之间的 "民族竞争"（national rivalry）愈演愈烈的大背景下，对于英国 "怎么由它的商业而变得如此强大" 的分析，一时间也成为法国政治经济学家所聚焦的中心，一如杜蒙特（Butel-Dumont）所指出的那样，"现在，全欧洲都聚焦于英格兰，希图通过考察他们的行动，以探知像英格兰这样一个小国，究竟是如何发展成为一个能够与大国平起平坐的强权的"[91]。只是，对于法国的思想家而言，这样的探究又别有一番苦楚的况味，因为就地理位置和自然禀赋而言，法国似乎更有理由成为这样的 "贸易强权"。正像《英国商人》（The British Merchant）的编辑查尔斯·金（Charles King）所追问的那样："难道还有哪个国家比法国更居于欧洲的中心吗？难道法国的地理位置让她不适合于贸易和航运吗？难道法国缺少一个出海口吗？难道她不是有着至少 700 英里的海岸线吗？难道其国土离地中海不都是在 200 到 300 英里之间吗？难道她缺少从腹地到沿海的内河航线吗？"[92] 而早在 17 世纪末，就法国优越的经济地理，普芬道夫（Pufendorf）曾如是写道："法国一边紧靠地中海，另一边又濒临大西洋，而且两边都有诸多良港。不仅如此，法国国内河网纵横交错，再加上路易十四所开凿的加龙（Garonne）和奥德（Aude）两河，从而将大西洋和地中海紧密地联系在一起。这表明法国非常适合于贸易。"[93] 既然法国的地理位置和自然禀赋非常适合于贸易，那么，法国为什么没有发展成英国那样的 "贸易强权" 和 "海洋帝

---

[90] Jonathan Scott, *Commonwealth Principles*, pp.345-346.

[91] Sophus A. Reinert,*Translating Empire: Emulation and The Origins of Political Economy*, p.156.

[92] Charles King (ed.), *British Merchant*, Vol.2, London, 1721, p.256, 转自 Doohwan Ahn, "The Anglo-French Treaty of Commerce of 1713: Tory Trade Politics and the Question of Dutch Decline", *History of European Ideas*, 36:2 (2010), pp.167-180, p.171。

[93] Doohwan Ahn, "The Anglo-French Treaty of Commerce of 1713: Tory Trade Politics and the Question of Dutch Decline", pp.167-180, p.171.

国"？为什么在18世纪的这场以商业和财富为竞逐目标的国际竞争中，偏处一隅、自然禀赋相对贫瘠的英国最终胜出，而地理优越、自然禀赋相对优渥的法国却最终败北了？

实际上，在17、18世纪之交，在探究英法的贸易盛衰之道，尤其是在考察并预测作为一个专制国家的法国的未来贸易潜能时，曾涌现出这样一种观点，也即认为英国商业之发达和法国商业之落后，主要是基于一些技术性的原因，而非因为根本性的制度障碍。早在17世纪中叶，面对法国商业的异军突起，亨利•罗宾逊（Henry Robinson）就指出，商业繁荣只取决于良好的行政管理（good administration），而非取决于政体形式（the forms of government）："即便是最坏的政体，在经过良好的管理之后，其民众也能过上好日子，甚至要远胜于有史以来最好政体治下的民众。"[94] 约书亚•吉（Joshua Gee）在1729年所著《思考大不列颠的贸易和航运》（*Trade and Navigation of Great-Britain Considered*）中也指出，那种认为"贸易在一个绝对君主治下绝无法繁荣"的观点，纯粹是一种无稽之谈，因为贸易实际上是一个毫无原则的情妇（an unprincipled mistress）。只要政府能给予"关心和保护"，给予她"最大的快乐"和"最大的鼓励"，商业同样可以在英吉利海峡对岸滋长繁盛。[95] 约书亚•吉的观点也得到了查尔斯•金（Charles King）的呼应。金指出："商业既能在一个共和国繁盛，也能在一个君主国繁荣，只要君主及其大臣能透彻地了解商业的重要性，以高超的手腕保护它，并遵从商业的真正的信条。"[96] 而这种将商业与"政制"（constitution, forms of government）脱钩的做法，也在海峡对岸找到了不少拥趸。如休伊

---

[94] Jocyce Oldham Appleby, *Economic Thought and Ideology in Seventeenth-Century England*, p.78.

[95] Sophus A. Reinert, *Translating Empire: Emulation and The Origins of Political Economy*, p.145.

[96] see footnote 57, *The British Merchant*. Vol. I, p.xxxi-xxxii, 转自 Doohwan Ahn, "The Anglo-French Treaty of Commerce of 1713: Tory Trade Politics and the Question of Dutch Decline", pp.167-180, p.173。

特（Pierre-Daniel Huet）就在其论荷兰商业之兴衰的经典论文《荷兰商业备忘录》（"Memoirs of the Dutch Trade in all the States, Kingdoms, and Empire in the World"）中指出："如果上帝哪一天让土耳其人明白了他们能在海上有何种作为，让法国人知晓了他们能在多大程度上扩展他们的商业，那么，全欧洲将很快沦为它们的猎物。"[97]而针对法国海外贸易公司的糟糕表现，以及由此所引发的甚嚣尘上的批评，无论是梅隆（Jean-Francois Melon），还是圣皮埃尔神父(Saint-Pierre)都认为，这与君主制的固有缺陷无关，而只能归咎于它们缺乏良好的管理。[98]而针对英国人虽纳税较多但仍生活余裕，而法国人虽纳税较少但仍生活窘迫这一现实，甚至有论者直接将其归因于英国所拥有的"高超的金融艺术"（supreme art of finance）。[99]而在所有的这些技术性观点中，以爱丁堡金匠家庭出身的约翰·劳（John Law）的观点最为典型，也最具实践性的影响。劳认为，法国贸易不振的最为根本的原因，在于法国缺少像"英格兰银行"、公债券和股票这样的公共金融机构及其信用管理技术。通过建立"国家银行"（national bank），通过发行纸币和公债为国家的经济活动提供充足的货币供应，法国的利率就会降低，法国的资本、商品和劳动流动就会加速，并最终实现贸易扩张和经济繁荣之效。[100]

但正如约翰·劳的金融改革计划在1720年代的垮台所昭示的，也正像一些政治经济学家早已警示的那样，在像法国这样一个专制国家，根本就不可能建立一个真正的国家银行。早在17世纪末，尼古拉斯·巴贲就颇有先见地指出，虽然像威尼斯、阿姆斯特丹这样的大商业都市所建立的公共信用银行"对于贸易大有助益"——因为"它们让偿付更容易……并引发了商业的大扩张"。但是，在"一个十足

---

[97] Doohwan Ahn, "The Anglo-French Treaty of Commerce of 1713: Tory Trade Politics and the Question of Dutch Decline", pp.167-180, p.173.

[98] Paul Cheney, *Revolutionary Commerce*, p.41.

[99] Paul Cheney, *Revolutionary Commerce*, p.42.

[100] Paul Cheney, *Revolutionary Commerce*, p.39.

的专制政府"中，这样的一个银行却常常"诱发君主的洗劫"。[101]
而在法国的政治经济学家查尔斯·杜托特（Charles Dutot）看来，在
专制制度之下，由于缺乏有效的掣肘，财政上捉襟见肘的法国君主常
常求助于操纵币值，而由此所造成的剧烈的币值动荡，不仅制约了
公共信用制度的形成，而且也常常对商业造成"致命的"后果。[102]
同时，在某些商业作家看来，英国政府所拥有的"庞大的信用"（the
immense credit）是与其"光荣的政制"（glorious constitution）密不可
分的，而像法国、土耳其和波斯、印度这样的专制国家，尽管幅员辽
阔，尽管其每年的岁入远大于英国，但是政府却很难"通过自愿捐纳
的方式筹集到5000万英镑的借款"[103]。而造成这种信用差异的一个至
关重要的原因，便在于这两类国家的政体差异：与专制国家的臣民常
常将钱财"掩藏"起来不同，在英国，民众不仅乐于"露富"（expose
this wealth）——因为这可以提高他们的信用，并因而可以增加其可
支配的经济手段和资源，而且也愿意将其钱财重新投入流通和生产领
域。[104] 即便是在许多论者看来对于商业盛衰起决定性作用的利率的
高低，也完全取决于政体的差异。一如约瑟夫·马西所指出的："我
们发现，在政治上享有自由，人们的私人权利也得到最好保护的大不
列颠和荷兰，利息率较低，因而商人在这两个国家人口总数中所占的
比例，大于法国、葡萄牙、德国和西班牙，或欧洲的任何其他国家。
在这些国家，政治是专横的，私人财产也不那么安全。"[105] 也正是在
这个意义上，罗素伯爵（Earl Russell）指出：

> 法国惊叹于如此蕞尔小国（指英国）所做出的惊人的（战
> 争）努力，以及流入其财库的巨量金钱……为了获得其竞争对

---

[101] Nicholas Barbon, *A Discourse of Trade*, London, 1690, p.16.

[102] Paul Cheney, *Revolutionary Commerce*, p.43.

[103] P. G. M. Dickson, *The Financial Revolution in England*, p.16.

[104] Paul Cheney, *Revolutionary Commerce*, p.44.

[105] 约瑟夫·马西，《论决定自然利息率的原因》，胡企林译，北京：商务印书馆，
1996年，第47页。

手同等的便利，法国人不仅创作了无数的书，还编制了无数的规划、颁发了无数的命令。但是，尽管那些熟谙财政的智巧之士编制了各式各样的计划，尽管勤谨的数学家进行了各式各样的演算，但经过无数的尝试之后，法国人仍发现所有这些都全不奏效。而其原因只有一个：虽然他们所有的计划都是在仿效英国，但唯独少了一样东西，也即英国的自由宪制（free constitution）。[106]

其实，早在18世纪初，针对柯尔伯（Colbert）治下法国商业的快速进步，以及由此所催生出来的这样一种幻觉——商业繁荣与政体无关。达文南特（Charles Davenant）指出：

> 或许有人提出这样的反对意见：在法国，虽然所有的自由思想已经绝迹，但其贸易和财富近来却大有增益。但是，这种反对意见很容易回答。一个雄才大略、德性斐然的绝对君主，通过其关心和智慧，或可让其国家在一段时间内繁荣昌盛。然而，如果其继承人愚暗或邪恶，所有的一切便会烟消云散并重新回到原有的起点，而贫困也将重新降临这同一民族。因为为了要让一个国家变得强大富庶，必须有一长串的明君圣主，或者说，必须有一系列的良法和善政，而这只有在自由的国家才有可能发生。[107]

针对法国在雄才大略的"太阳王"治下所一度取得的辉煌的"商业繁荣"，约瑟夫·马西又进一步祛魅道：

> 有一些专制国家，其商业的规模远远大于必要性所要求具有的规模；这是它们的君主的个人品德或政策（policy，也有"权

---

[106] *The Spectator*, vol. 1, no. 3, March 1, 1711, p.49.

[107] Doohwan Ahn, "The Anglo-French Treaty of Commerce of 1713: Tory Trade Politics and the Question of Dutch Decline", pp.167–180, p.172。

谋"的意涵）造成的；这些君主或者按照正义和人道的原则，或者为了自身利益，而运用自己的权力向臣民们提供保护（在自由国家，这种保护得自于法律），当它持续下去的时候，这对人们勤劳操业和从事贸易是一种鼓励；但是，君主的保护只是个人的保护，容易受其寿命的影响，而贸易则不能很快改变它的发展方向；他们的视野和保证也不像自由国家那样广泛，在自由国家，人们的私人权利和对劳动成果的享有，较之独断专行的君主变化无常的意愿具有更为可靠的保障；因而专制国家的贸易不可能象自由国家的贸易那样长期地兴旺发达。[108]

而实际上，约翰·特伦查德早在《加图之信》中宣告了法国作为一个专制国家的商业前景：

> 没有什么比这更为确定了：贸易不能被强迫，她是一个害羞的、怪脾气的女士（coy and humorous dame），只有通过恭维和诱惑才能俘获她的芳心，她总是逃避暴力和强力；她并不拘囿于任何国家、地域和气候，而是在地球上旅行和游荡，直至发现她最受欢迎和优待的地方，她才定居下来。她身体娇弱柔嫩，无法在专制的氛围下呼吸。专横和任性最不适合她的本性，只要刀剑一触碰到她，她就活不下去了。但是，如果您给予她温柔善意的对待，她便是一个知恩图报的情妇，她会将沙漠变成良田，将农村变为城市，将茅舍变为官殿，将乞丐变为君王，将懦夫变为勇士，将愚夫变为哲人……贸易，像一个魅影，或许会在专制王庭中偶尔现身，但她又会借着清晨的第一抹阳光翩然离去。贸易是自由国家的应有之义，她会与自由交合，但永远不会投入一个专制者肮脏而污秽的怀抱。[109]

---

[108]　约瑟夫·马西：《论决定自然利息率的原因》，北京：商务印书馆，1996 年，第 49 页。

[109]　John Trenchard and Thomas Gordon, *Cato's letters*, Vol.2, p.140.

在特伦查德看来，作为"专断政府"（arbitrary government）的必然产物，在每一个腐化的"王庭"中，"贿赂、溜须拍马、卑躬屈膝、骄奢淫逸，以及经常性的淫荡和男娼女盗，才是真正的晋身之阶"。而由此所造成的必然结果是，"正如监狱汇聚了一个国家的所有宵小之辈，这样的宫廷则囊括了所有的大奸大恶之徒"。这些人"专以损公肥私、发财致富为能事，并想尽一切敲骨吸髓的办法，力求在大难临头或被另一个新宠取代之前一夜暴富"[110]。但在这样的"宫廷文化"之下，商业和贸易的"命运"是不难预期的：

> 贸易和产业能从这样一群匪帮手中获得什么样的鼓励或安全？要想获得特权、豁免抑或保护，除了金钱别无他策，而这些特权、豁免抑或保护，总是被授予那些出价最高之人；不仅如此，随着大臣的更迭，以及其癖好、利益或兴致（change of his inclinations, interests, and caprices）的迁变，这些特权、豁免或保护也将随之遭到削减、变更甚或取消。而要想获得垄断、排他的专营权以及豁免的自由，唯有靠贿赂抑或恩惠，靠权贵们或那些邪恶而卑不足道的妇人们的宠信。一些商人将公开地受到鼓励和保护，从而得以免遭各种检查和关税……而为了从中勒取礼物，为了借机公报私仇，也为了将市场的特权授予某位恩宠，其他的商人将遭到重重的盘剥和压榨，将遇到数不胜数的阻碍和推诿。而那些其官职是买来的港口城镇或殖民地的督抚们盘剥商人的行为，也将受到纵容甚或支持，因为唯如此，他们每年才有钱向那些宠臣们输钱纳贡。[111]

故而，在这种"永恒的不确定，抑或说确然可期的压迫"之下，那些"资财雄厚和富有经商才干之人"都不愿犯险经商，也不愿培养其子女去经商，因为"一位暗弱君主的一念之想，一位腐化宠臣的临

［110］ Henry C. Clark (ed.), *Commerce, Culture, and Liberty*, p.195.
［111］ Henry C. Clark (ed.), *Commerce, Culture, and Liberty*, pp.195-196。

时起意,都将让其所有的辛劳和希望在瞬间化为乌有"。因此,除了"那些用以支撑宫廷奢侈和邪恶的贸易",其他的任何贸易都不可能在专制政府之下长存。[112]不仅如此,特伦查德还进一步指出,出于这些以及其他的一些原因,像路易十四这样的"专制君主,尽管在陆上可以拥有无限的权力,但他绝不能与海神相竞,并统治整个海洋世界"[113]。而蒙塔古夫人(Lady M. W. Montague),也充分地利用自己在德国的旅行经验,形象地阐明了"政治和公民自由"对于商业繁荣和公民经济福祉的重要性。蒙塔古夫人指出:

> 在德国,你不可能注意不到自由市与绝对政府之间的差异。在自由市,到处都洋溢着商业繁荣、人民富足的气息(appears an air of commerce and plenty),街道净洁整饬,人声鼎沸,商品琳琅满目,而民众也衣饰干净,神态欢愉。而在专制政府的治下,除了一小撮人衣饰华丽,鲜衣怒马,你所看到的绝大多数民众都是衣衫褴褛,而街道也是又窄又脏,且年久失修,其居民都显得形销骨立,而且有一半的居民都是以乞讨为生。[114]

正是在这样的一种思想脉络中,在 18 世纪中叶遂产生了一个旨在探讨"公民自由"(civil liberty)和"贸易"(trade)之间这种"友好的联盟"及其"互助"之本质的重要文本,也即威廉·哈茨兰德(William Hazeland)刊发于 1756 年的《论贸易和公民自由相互支持的方式》("A View of the Manner in Which Trade and Civil Liberty Support Each Other")。在文中,哈茨兰德指出,威尼斯、热那亚、荷兰和英国在现代历史上之所以成为"重要的贸易国",绝非"出于偶然",而是因为"贸易"和"公民自由"这两个"强有力的原则"之

---

[112]　Henry C. Clark (ed.), *Commerce, Culture, and Liberty*, p.197。

[113]　Henry C. Clark (ed.), *Commerce, Culture, and Liberty*, pp.198-199。

[114]　*Lady M. W. Montague's Letters*, vol. I. page 16, 转自 Joseph Priestley, *An Essay on the First Principles of Government, and on the Nature of Political, Civil, and Religious Liberty*, p.31。

间存在着"固定的联系和幸福的一致"。[115] 那么,"自由"到底是以何种方式促进了"商业"? 或者换句话说,到底是"自由政府本性"中的哪些状况"使其特别有利于商业"呢?[116]

首先是"自由国家的法律所提供给其臣民的财产安全":

在一个绝对君主国中,有钱通常是不安全的。国家的急需,抑或权力的任性,都常常诱主权者(君主)——其意志是不可控的——利用手中每一种可得的手段去攫取已经聚敛起来的财富。这种攫取无论是以暴虐的密札为手段,还是借助于借贷这种阴险的借口,它们都是实实在在的、让人畏惧的痛苦。无论是土耳其帕夏的义正辞严,还是(法国)财政总监的巧言令色,它们都只是刽子手的伪装,同样会对商业产业(或商业勤勉,commercial industry)造成致命的一击。意识到这些前例对于贸易所必然造成的恶果,头脑灵活的君主便采用各种劝服术,以平息那些有用的商人的恐惧和疑虑,并以无数的特许或豁免以恳请他们留下。君主们的这种骗术有时会取得成功。但是,在专制政府之下,贸易本身却是最为警醒的,它自认为自己每时每刻都像是置身于敌国,一遇到任何警讯,随时都准备抽身而退。由于腓力二世的专制苛政,有多少商人和制造业者离开了尼德兰,并托庇于英国政府的温和监护之下! 后来,由于路易十四的压迫和盘剥,法国又流失了多少能工巧匠! 而在一个特权受到法律约束的地方,这种现象是闻所未闻的;在那里,如果最为卑贱的臣民感受到了压迫,整个政权的力量都准备为他赢得公正。现在,能够安全且不受干扰地享受所积累起来的财富,被认为是鼓励商人甘冒风险和辛劳的最大的目标和酬赏,那么,由此便不难得出如下结论:哪里的政府能提供最大的安全,哪里便是贸易的驻所。[117]

---

[115] Henry C. Clark (ed.), *Commerce, Culture, and Liberty*, p.416.

[116] Henry C. Clark (ed.), *Commerce, Culture, and Liberty*, p.409.

[117] Henry C. Clark (ed.), *Commerce, Culture, and Liberty*, p.410.

其次是"自由国家所必然存在的财产平等"。哈茨兰德指出，无论一个国家处于何种艺术和改良阶段，凡是在"人们的财富几近平等的地方"，必然存在着"更大的花销，以及对于商品的更大消费"。[118]而与之相较，与"绝对国家"（absolute government）相伴而生的"财富"的"极端不平等"，必然会制约消费，并进而对商业造成致命的打击，因为正是对于制造品的"巨大的国内消费"才催生了"特定的贸易艺术"。这一方面是因为，"在整个民族要么极富，要么极穷的地方"，绝大多数民众的欲求必然只能局限于"自然的贫乏供给"[119]；另一方面，绝对国家中所存在的极端的贫富不均，也必然会制约权贵们的消费动机和消费欲望。哈茨兰德指出，在绝对国家中，名门贵要们虽然富可敌国，但由于其"特出的地位"，故而鲜能遇到其"同侪"（equals），也很少出席各种公共集会，并参与各种亲昵的娱乐和社交活动，故而基于比较的"活跃的攀比原则"（the active principle of emulation）很少能在他们身上发挥作用，而正是"同侪"之间的这种"活跃的攀比原则"促成了花样翻新的消费。此外，在"绝对国家"中，"富人也常常是世家大族"，他们往往不愿自降身份从事商业，而"境况悲惨的"贫民则缺乏从事商业所必需的财富。故而，在这种情况下，"本土制造业"必然"卑不足观"（miserable），从而导致寻求"精雅生活之满足"（the gratification of refined and polite life）的人们不得不转而"求购外货"，从而造成了"国内贸易的全面衰朽"，以及"能工巧匠"的大量流失。[120]

在 18 世纪上半叶，正是在对于英国自由政体的肯认和对于法国专制政体的批判中，法国的启蒙思想家，尤其是那些曾到英国游历过，并与英国的政学两界有过深入交往的启蒙思想家如伏尔泰、孟德斯鸠等人，才涵育出一种"比较政治经济"的视野，才逐渐意识到：法国要想实现商业繁荣，必须变革其政体，因为英国商业之发

---

[118] Henry C. Clark (ed.), *Commerce, Culture, and Liberty*, p.411.

[119] Henry C. Clark (ed.), *Commerce, Culture, and Liberty*, p.411.

[120] Henry C. Clark (ed.), *Commerce, Culture, and Liberty*, p. 410-412.

达，国力之强盛，实肇因于其自由政体，对此伏尔泰写道："商业已使英国的公民富裕起来了，而且还帮助他们获得了自由，而这种自由又转过来扩张了商业""英国是世界上抵抗君主达到节制君主权力的惟一的国家；他们由于不断的努力，终于建立了这样开明的政府：在整个政府里，君主有无限的权力去做好事，倘使想做坏事，那就双手被缚了；在整个政府里，老爷们高贵而不骄横，且无家臣；在这个政府里，人民心安理得地参与国事。"[121]而无论是在《随想录》中，还是在《论法的精神》中，孟德斯鸠也都一再地肯认了"商业"和"自由"之间的关系："商业时而被征服者摧毁，时而受君王骚扰，于是商业就远离遭受压迫之乡，走遍全球，落脚在可以自由呼吸的地方。"[122]这就意味着，对于孟德斯鸠而言，"贸易与政体形式有某种关系"，而大规模的商业活动，也即孟德斯鸠口中的"节俭型贸易"，唯有在共和政体或像英国这样的自由国家中才能兴盛。这是因为，"依照普遍规律，在一个受奴役的国家里，人们致力于保存甚于获取，而在一个自由的国家里，人们致力于获取甚于保存"。此外，与君主制国家或专制国家中公共事务的处理方式"让商人心生疑虑"不同，"在共和制（自由）国家，商人们对其财产的安全抱有较大的信心，因而敢于大胆经营，由于他们确信自己的所得安全无虞，所以敢于增加投入，以获取更多利润；在获取财富时，商人所面临的唯一风险是使用什么手段，于是乎，人人渴望发财致富"[123]。也正是在这同一种意义上，狄德罗称颂道："在现代历史上，英国是出现伟大政治奇观的国家……在那里，经过漫长而暴烈的反叛之后，最终形成了一个如果不是说完美无瑕的政制，也至少是最适合于英国国情的政制，也是最有利于其商业的政制。"[124]

---

[121] 伏尔泰：《哲学通信》，第83页，第61页。

[122] 孟德斯鸠：《论法的精神》，上卷，许明龙译，北京：商务印书馆，2012年，第406-407页。

[123] 孟德斯鸠：《论法的精神》，上卷，第389-391页。

[124] Denis Diderot, *Diderot's Political Writings*, Cambridge: Cambridge University Press, 1992, pp.188-189.

结语：亚当·斯密的出场

在《国富论》中，当论及荷兰当时的"伟大"以及其未来的可能前景时，斯密曾如是写道：

> 共和的政体，似为荷兰现在的伟大的主要支柱。大资本家，大商家，或则直接参加政府的管理，或则间接具有左右政府的势力。他们由这种地位，取得了尊敬和权威，所以哪怕与欧洲其他地方比较，在这一国使用资本，利润要轻些，在这一国贷出资金，利息要薄些；在这一国从资本取得的少许收入所能支配的生活必需品和便利品要少些，但他们仍乐于居住在这一国。这些富裕人民定居的结果，尽管荷兰障碍繁多，该国的产业仍能在某种程度上活跃着。设一旦国家灾难发生，这共和国的政体陷于破坏，全国统治落于贵族及军人之手，这些富裕商人的重要性，因此全然消失，他们就不会高兴再住在不为人所尊敬的国家。他们会带着资本迁往他国，这一来，一向由他们支持的荷兰产业和商业，就立即要紧跟在资本之后而他适了。[125]

实际上，当斯密写下这段以及我在文章的"引言"中所转述的这些文字时，它无疑表明：斯密一直是在一个源远流长的专门论述"商业"与"自由"、"经体"与"政体"之关系的思想传统中写作的，而《国富论》正是这种思想传统的巅峰之作。它意在在一个更为广阔的时空范围内证明：无论是在古代、中世纪，抑或在当下，无论是在欧洲，抑或在亚洲和美洲，经济不能得到有效增长最主要的一个原因便在于"政府的性质"（the nature of civil government）。[126] 除此之外，这种思想谱系的发掘，还有助于进一步发掘已故的著名思想史家洪特

---

[125] 亚当·斯密：《国富论》，第 876-877 页。
[126] 亚当·斯密：《法学讲演录》，北京：商务印书馆，1962 年，第 232 页。

（Istvan Hont）的一个深刻洞见，也即《国富论》并不是一部关于永久和平的著作，而是一部关于竞争性经济战略的著作。它意在表明：任何民族国家，只要它进入国际体系，并参与到国际竞争，那么除非它自甘失败，否则它必然要重视商业和贸易。而一旦重视了商业和贸易，那么它就会发现：作为经济要素的商业和贸易，就会对政治提出反向的刚性制约，就会反过来约束并塑造国家对于政治体制的选择。因为为了实现经济增长，为了在残酷的国际竞争中立于不败之地，并实现民族的"伟大"和"荣耀"，你将不得不调整自己的政治擘画和制度安排，你将不得不引入最能促进经济增长的"自由政府"和"自然自由的体系"。否则，民族的伟大和荣耀这种政治性的目标，便成了无本之木和无源之水。在这个意义上，贸易和商业上的竞争，不过是另一种形式的政治体制竞争。

孤独个体的共同生活
——自然社会的"自然"与"社会"*

张国旺

> 无论革命的发生出于思想的自我启蒙，还是历史情势
> 的被迫，或是兼而有之，革命所留下的如果不只是文明的
> 废墟，就势必需要为其中的人们重新找到共同生活的可能。
> ——《自然社会》[1]（第 484 页）

一 鲁滨逊与现代个体的困境

多少有些出人意料的是，李猛的《自然社会》[2]的开篇竟然是对鲁滨逊这一文学形象的分析。该书导论部分没有去解释全书的写作意图和篇章结构，而是着力分析了《鲁滨逊漂流记》，进而刻画了一个以海洋和孤岛为意象的独特的"生活世界"；但其目的却是为了更直接地实现导论所应有的功能，正如李猛在一篇访谈中所说，"笛福的《鲁滨逊漂流记》这部小说提供了理解现代自然法思想的一扇门，这个门不是特别敞开的，是比较迂曲的。但你进去了之后，会触及书的主题……它提供了非常好的一个例子，自然法学派学说真正持久的影

---

* 本文曾发表于《社会》2016 年第 6 期，此次重刊略有编辑。
[1] 李猛：《自然社会：自然法与现代道德世界的形成》，北京：生活·读书·新知三联书店，2015 年。
[2] 李猛：《自然社会：自然法与现代道德世界的形成》，本文简称《自然社会》。下文中凡引用该书时只随文标出页码。

响是，它塑造了一种人的生活方式"。[3] 与此相比，该书正文部分对自然法思想传统的分析更像是对这一形象的理论说明。或者说，这篇导论不是介绍性的，而是对正文内容的另一种书写，以便刻画现代自然法理论所蕴含的特定生活方式的理想；而正文梳理和分析现代自然法学派的诸多学说和概念，其真正指向恰恰是为了展现鲁滨逊所代表的生活方式并不是偶然的个体现象，而是有着复杂而深刻的思想基础和历史脉络。因此，李猛的这个选择除了个人的兴趣，更多的是表明了本书所关心的主题并非自然法，而是自然法理论所延展出来的道德世界如何构成了现代个体的普遍命运，以及在此命运下现代人能够过上一种什么样的生活。但是，在他对鲁滨逊的考察中，却潜藏着不止一条线索，其中尤其值得探讨的是卢梭对鲁滨逊形象的理解。

在《爱弥儿》的第三卷，卢梭引入了《鲁滨逊漂流记》作为爱弥儿要读的第一本书。[4] 这一选择有多方面的原因，比如它不是像当时的教育那样去教我们谈论实际上不知道的东西，它能够唤起爱弥儿学习的兴趣，但最重要的是它契合了爱弥儿当时所处的自然教育阶段的特性：刚刚踏入智识教育阶段的爱弥儿，不仅要通过具体观察和亲自动手学习天文学、物理学等方面的知识，还要通过想象力来理解自身与社会之间的自然关联。在卢梭看来，《鲁滨逊漂流记》恰恰能够符合此时的教育目的，因为鲁滨逊所在的孤岛包含着两个方面的效果：一方面，这个孤岛只能由爱弥儿在阅读时以想象的方式构造出来，将自己视为孤岛的主人；另一方面，这种想象的发挥又完全附着于鲁滨逊为维持自我保全所从事的各项劳动、制作和生产活动，而不至于漫无边际地发挥。在李猛（第 10 页）看来，这在根本上是对鲁滨逊

---

[3] 引自澎湃新闻对李猛所做的访谈：http://www.thepaper.cn/newsDetail_forward_1335945。最后访问时间：2016 年 5 月 20 日。
[4] 卢梭：《爱弥儿：论教育》，李平沤译，北京：商务印书馆，2014 年，第 269 页。

孤独的生活方式的模仿。[5] 但是，就爱弥儿的自然教育而言，重心并不在此，而是在于鲁滨逊各项劳动、制作和生产过程中所展现的从个人到社会的逻辑推展，同时，这一推展的过程所借助的并不是诸种抽象的观念，而是具有必然性的自然需求。正是在这个意义上，卢梭才说，想象的荒岛处境能够把人的一切"自然需要"以孩子能够感觉到的方式显示出来，同时把满足这种需要的"办法"也展现出来；自然需求是扩展的通道，"办法"即是由此生成的能够体现"社会"之自然性的工具和物件。因此，爱弥儿从鲁滨逊身上学习到的恰恰不是一个人如何孤独地生活，而是以想象的方式去体会自身与他人之间的自然关联，理解人与人之间的"社会"首先是由自然需求扩展而成的"自然社会"。

事实上，真正的问题并不在于李猛是否准确理解了卢梭，而是这一"误解"所透露出的他对"社会"含混的理解。当他把鲁滨逊之于爱弥儿的意义界定为"孤独的生活方式"时，孤独是"摆脱了对社会关系的依赖，完全从自然的必然性出发，理解什么才是对自己有用的，什么毫无用处"，这意味着"社会"不仅是一群人的集合，更是那些能够让人依赖其中的社会关系。在卢梭这里，我们能够找到李猛这段话的源头："要排除偏见，要按照事物的真正关系做出自己的判断，最可靠的办法就是使自己处于一种独在之人的状态，并且像那个人一样，按照事物与自己之间的效用关系来判断它。"[6] 这里涉及两个方面的内容：一是隔离社会偏见，一是建立效用关系，前者是能够让人陷于自我奴役状态的社会意见，后者是由自然需求所扩展的人与物以至人与人之间的自然性社会秩序，二者都是社会的应有之义；问题只不过是，卢梭正是看到了前者的过度蔓延已经成为奴役的根源，才

---

[5] 但严格说来，其过程也并不是纯粹的模仿，或者说，卢梭并不是让爱弥儿完全按照鲁滨逊所开展的劳动秩序来理解社会的自然构成，而是明确要求爱弥儿要对鲁滨逊的劳动方法和次序做出自己的判断，看看鲁滨逊的活动是否真的符合自然。参见卢梭：《爱弥儿》，第 270-271 页。

[6] 卢梭：《爱弥儿》，第 270 页；Jean-Jacques Rousseau, *Emile or On Education*, translated by Allan Bloom, New York: Basic Books, 1979, p.185.

要用后者的客观性和物性为爱弥儿铺平融入"社会"的安全之路。就此而言，李猛对前者的强调使其忽略了从自然性来考察社会构成的可能，这一点也解释了为什么作为核心概念的"自然社会"在文中却语焉不详。

不止于此，这一忽略在作者对鲁滨逊出走及其荒岛生活的分析上表现得同样明显。鲁滨逊落难之前，曾四次出走，沦落荒岛更像是他内心愿望的某种实现。[7] 在李猛（第32、33页）的分析中，鲁滨逊的出走源于一种顽固而莫名的"闯荡的天性"，以至于他在回到英国娶妻生子之后依然会决绝地走向大海；而更广泛地说，这种"天生的漫游精神"最集中地展现了现代个体在人性深处的动荡和不安。如同洛克的新哲学所揭示的，不安能够从根本上刻画现代人的人性结构和精神气质[8]。但是，这仍然无法替代鲁滨逊出走所标示的社会学意涵，亦即，出走意味着鲁滨逊作为一个现代个体与传统之间无法缓解的紧张，意味着对自身生养其中的那个习俗共同体的远离。当家人的道德劝说和"以手艺谋出路"的建议对他难以发挥作用时[9]，我们所看到的，恰恰是习俗共同体及其原生伦理在现代性的关口变得支离破碎，散落为卢梭意义上飘忽不定的社会偏见。就此而言，鲁滨逊在沦落荒岛之前早已是一个孤独的个体。然而，当他身处荒岛时，除了李猛所着力分析的恐惧和战争，同样值得关注的是他通过劳动、制作和生产对文明世界之秩序的重建，或者更准确地说，是对文明社会中深具自然性之秩序的重建。由此，孤岛上的鲁滨逊反而以更深入且更强劲的方式被容纳到一个广阔的自然社会的秩序之中，尽管这个社会秩序表面上看起来只有他一个人。在这个意义上，我们才能理解为什么鲁滨逊最先制作的物品并不是卢梭意义上的必需品，而是具有文明生活意

[7]　笛福：《鲁滨孙历险记》，黄杲炘译，上海：上海译文出版社，2006年，第1-37页。"出走"对于理解鲁滨逊的历险及其普遍的精神意义非常重要。对此细致而精彩的分析，可参见杨璐：《鲁滨逊的出走、改造与重返》，中国政法大学硕士学位论文，2013年。
[8]　王楠：《劳动与财产——约翰·洛克思想研究》，上海：上海三联书店，2014年，93-98页。
[9]　笛福：《鲁滨孙历险记》，第2-4页。

味的桌子和椅子。因此，只有分清鲁滨逊不同状态的社会性意涵，我们才能更丰富地理解李猛对鲁滨逊两面性的深刻洞察：

> 去世界化，脱离社会的孤独，与这种渴求同伴，努力逃离荒岛、回归社会的欲望，并不是笛福的敌意批评者在鲁滨逊的历险中找到的矛盾，而恰恰是鲁滨逊最终希望找到的孤独者的生活方式。孤独者并不生活在万里之外的孤岛上，孤独者生活在我们的中间。孤独者渴望他的社会，渴望在社会中享有他的孤独。（第8页）

在笛福的方案里，回归是对出走的回应。出走的目的不是离开，而是重返社会，进而重构自身与社会之间的关联[10]。因而，去世界化所去者，是那个在古今之变的关口沦为社会偏见的习俗共同体，而回归社会的欲望所指向的则是一个正在生成的新社会。鲁滨逊在那些以诚实和正派待他的陌生人身上看到了后者的最初形态。鲁滨逊的孤岛成长恰恰介于这两者之间，并使得这两者的连接和转化成为可能，也就是说，除了恐惧、战争和神意，真正让鲁滨逊从一个游手好闲的漫游者提升为一个正派绅士的，是他通过劳动、制作和生产所完成的对社会之自然结构的理解，甚至恐惧、战争和神意也都是通过后一个过程才真正转化为他身上的德性，使他能够成为新社会的承担者。因而，孤独者之所以不在孤岛上，是因为正是在孤岛上孤独者发现了自身与他人之间的必然性关联；孤独者之所以能够在社会中享有孤独，是因为当社会的自然秩序占据了社会构成的核心，孤独者和社会都在迈向新的形态；而孤独者之所以渴望在社会中享受孤独，是因为在正派人构成的新社会中，孤独并不等于"荒凉"，孤独既是安全的，也意味着以自由为基础的节制、温暖和美感。

---

[10] 杨璐：《鲁滨逊的出走、改造与重返》，第74页。

鲁滨逊的家，建立在自己的漫游世界中。鲁滨逊在自己的历险中为自己营造了一个孤独者的家，安全，但有些荒凉。（第37页）

伦敦比他的荒岛更加荒凉，他完全成了一个陌生人。（第37页）

在李猛眼里，鲁滨逊所建立的新"家"是"荒凉"的，因为"家庭是按照陌生人的德性原则来理解的，而不是相反"（第39页）。荒凉并非源自家庭本身，而是因为陌生人的交往原则以消解伦理内容的方式重构了家庭的内在逻辑，原本适用于陌生人之间社会关系的诚实和正派现在却变成了鲁滨逊理解和构建家庭关系的基础。李猛（第37页）用多少有些夸张的描述指出了这一点："鲁滨逊抛弃了生养自己的家庭出海漫游，却在荒无人烟的孤岛上组建了一个由宠物和家畜构成的家庭。"这无疑是极其敏锐的洞察，但至少有两点值得进一步申说。

一是，荒凉更多的是一种外在视角的判断，对于鲁滨逊本人而言，真正的变化并非荒凉与否，而是他在原有家庭中的不安、焦灼和愁苦却在孤岛上的家庭中获得了某种安定，并真正拥有了一种"在家"之感。这一点在他回到伦敦时体现得极为明显：尽管他感叹自己像一个陌生人，但与当初三番五次的出走相比，此时的感叹更多的是一种久别重逢的兴奋和幸福。而他对待亲人的态度也与父亲曾经对他的强烈说教构成了鲜明的对比："当他看到大侄儿继承遗产，并有绅士的倾向时，他决心将他培养成绅士，并准备死后留给他一份遗产以进一步充实他的产业。而当他觉得小侄儿头脑清醒，雄心勃勃，也有强烈的出海倾向和能力时，便让他上了一艘好船。"[11]他所展现的更多的是承认彼此自由之后的某种节制和通达。联系上文所说的古今之变，扩展而言，既然原生的伦理共同体无论多么温暖都已经因现代性

---

[11] 杨璐：《鲁滨逊的出走、改造与重返》，第93页。

的展开而无从安顿现代个体的身心,那么,所谓的荒凉就更多的只是一种怀古之幽情的表达,而更重要的恐怕是现代个体之自由真正能够接纳的"新家"及其内在逻辑究竟是什么。

二是,对鲁滨逊来说,他从正派的陌生人身上感到的并不是纯粹的疏离,更包含了一种新的温暖,因而,当葡萄牙的老船长、英国船长的遗孀和巴西种植园的合伙人这些陌生人有机会侵吞他的财富而信守良心之约,并在他陷入困境之时积极为他出谋划策,鲁滨逊并不单单认为他们是正派的,更感到了陌生人之间潜藏的像黑夜中的灯光一样的温暖。同样,当鲁滨逊发现英国船长的遗孀和葡萄牙老船长因形势所迫而动用了他的财物时,他不仅没有对他们提起诉讼,而且以温暖宽厚之情将欠款一笔勾销,甚至还在自己力所能及时慷慨地予以帮助,因为他认为对方是诚实而正派的人,只是因为某种必然性才使言行蒙上瑕疵。事实上,这些人在鲁滨逊出走和漫游的世界里都曾出现过,但只有在他重返时,他与他们之间才真正形成了陌生人社会,而正是在这个新形成的陌生人社会中,他们每一个人都用自己的正派和诚实让对方感到了一种新的温暖。[12] 的确,这种温暖不同于鲁滨逊们原生家庭内部的温暖,但这是他们现在能够接纳也真正看重的温暖。

因此,就这本书的核心意象而言,一是导论所着力刻画的"孤独的个体",一是该书结尾以期许所指向的"共同生活"[13]。在这个意义上,鲁滨逊和爱弥儿的形象都深刻揭示了现代秩序对人性的双重要求:一方面,每个人都必须能够成为孤独的个体,如作者所说,孤独不是一种简单的状态,而是一种独特的现代生活方式,一种只有经过训育

---

[12] 针对鲁滨逊返回社会之后的变化,杨璐(《鲁滨逊的出走、改造与重返》,第92-94页)做过细致深入的分析。与本文此处分析的细微差别是,她的分析集中在鲁滨逊本人性情、德性和胸怀在重返后所展现的巨大变化上,而我们这里的重点是分析鲁滨逊所返回的"陌生人社会"与原来的"习俗共同体"在情感纽带上的差异,而且,正是在鲁滨逊性情和德性获得提升之后,他才真正有能力融入一个新的陌生人社会,成为一束也能够向他人发出光亮和温暖的光源。

[13] "革命所留下的如果不只是文明的废墟,就势必需要为其中的人们重新找到共同生活的可能。"(第484页)

才能获得的人性和能力（第7页）；另一方面，孤独又不是远离社会，而恰恰是为了能够更好地共同生活。但正是为了理解孤独个体的共同生活，尤其是其中所蕴含的困境和可能，我们就不能仅仅关注社会的破碎和个体的离散，还要更丰富地理解共同生活得以可能的自然基础，孤独个体身上的自由、节制以及陌生人社会所潜藏的新的情感纽带。

二　孤独个体的多种形态

在《自然社会》"导论"的结尾，作者告诉我们，这项研究的目的是想要知道，鲁滨逊的故事是如何从一个人的"历史"成了普遍人性的寓言（第40页）。在故事的意义上，鲁滨逊的历险仅仅对于他本人才是真实的，因为每个现代人不可能真的去一个孤岛来完成自己的出走、改造和重返，我们只能在阅读时以心智漫游的方式把自己设想为鲁滨逊。但在寓言的意义上，他出走的原因、改造的过程和重返的新状态又是每个现代个体必须去直面和承担的挑战，而且，与鲁滨逊不同，这个过程只能在"社会"中完成，对"社会"的出走和重返自始至终都发生在"社会"之中。孤岛不在渺茫的海域，而就在社会之中。在理论线索上，真正使这一点成为可能的不是战争和内乱，而是自然状态。

该书对自然状态的分析，构成了其全部论述的基础和核心。这一点在结构安排上体现得极其明显：中篇的"自然法权"只是用法权语言对上篇"自然状态"之困境的重述，而下篇的"政治社会"也仅仅是为了克服自然状态所做的人为建构。但李猛对自然状态的讨论却存在相当奇怪之处。从内容上说，尽管其论述主要关涉现代自然法学派的代表人物，如格劳秀斯、霍布斯和普芬道夫，但真正的分析重点却集中在霍布斯身上。[14] 在霍布斯阴影的笼罩之下，不仅格劳秀斯沦

---

[14]　稍作大略的统计便可发现，在上篇"自然状态"中，霍布斯的内容占去二分之一强。而如果从全书来看，这一点同样明显，仅从章节标题而言，除去导论，全书共30个章节，论述霍布斯的共13个章节；若从实际的文字比重来看，全书共484页，以霍布斯为核心的论述占去260多页，也就是一半以上。

为论述霍布斯的一个铺垫，普芬道夫对霍布斯的克服变得不再明显，而且洛克有关自然状态的论述在此被整体忽略了。我们需要思考，相比于格劳秀斯对自然社会性的重新界定、普芬道夫融合格劳秀斯与霍布斯的努力、洛克对劳动与财产的创造性分析，霍布斯的自然状态在何种意义上更能展现李猛对"现代道德世界"的理解。根据奥克肖特[15]敏锐的洞察，霍布斯自然状态学说中蕴含着一种实质的对人性及其生活方式的转换，也就是借助自然状态不断地把"骄傲的人"驯化为"恐惧的人"。在很大程度上，李猛不仅接受了这一判断，而且进一步强调了这一转换在"社会生活"意义上的效果：恐惧的人也就是孤独的人。因此，需要追问的是，除了霍布斯意义上的"恐惧的人"，格劳秀斯、普芬道夫和洛克有关自然状态的论述中分别蕴含着哪些孤独个体的形象，他们虽然也是孤独的，却不一定是恐惧的。

如果说自然状态的设想是在社会中的一种"出走"，而自然状态给人们找到的落脚之地是个体自身，那么，这恰恰意味着原有的社会生活出现了根本性的瓦解，以至于人们虽然还生活在一起，彼此之间却像一个个孤零零的荒岛，毫无关联。对于格劳秀斯来说，这一场景便是怀疑论及其伦理相对主义所带来的社会构成难题：脱离原有习俗共同体的个体在毫无任何习俗规范的地方如大海上相遇时能否达成和平而安全的秩序[16]。从格劳秀斯思想的发展来看，这一点的突出表现是荷兰在印度殖民所遭遇的伦理差异促使他从社会起源研究转向了有关自然社会的研究[17]。在这个意义上，殖民者是现代性背景下脱离习俗构建新社会的典型意象，其伦理困境构成了他思考的新起点。这一点在格劳秀斯后来的《战争与和平的法权》(*The Rights of War and Peace*)一书中获得了更充分的论述。该书的第一个词是"纷争"，但

---

[15] Michael Oakeshott, "The Moral Life in the Writings of Thomas Hobbes", in *Hobbes on Civil Association*, Indiannapolis: Liberty Fund, 1960.

[16] Richard Tuck, "The Modern Theory of Natural Law", in *The Languages of Political Theory in Early-Modern Europe*, edited by Anthony Pagden, Cambridge: Cambridge University Press: 1987, pp.99-119.

[17] 理查德·塔克：《战争与和平的权利》，罗炯等译，南京：译林出版社，2009年。

造成纷争的主体并不是一般的人们，而是那些"不承认共同民事法的人""没有共同体的杂多的民众""不同国家的成员"等[18]，这些超越原有社会之边界的纷争构成了他讨论战争、和平及其法权的前提。也即是说，格劳秀斯在承认"战争"是决定性的人类生活事实之后，去探究何种法和尺度能使得"彼此之间具有如此纷争而又在心智上倾向于社会的人"生活在一起[19]。

在格劳秀斯看来，这样的人们之间必定有战争，也必定有直接与战争相关的恐惧，但战争不等于毫无秩序，法权所要建立的正是战争与和平的内在法则。为了证明这一点，如李猛所言，格劳秀斯借助于斯多亚派的"属己"概念，阐述了以自爱为基础，以自然权利和财产概念为支撑的自然社会关系。也即是说，这些孤独而毫无共同规范的个体之所以没有陷入霍布斯式的战争状态，是因为他们天生的"自爱"就是规范之母；只要真正在社会生活中展开自己，自爱就会让他们认识到什么是属于自己的，什么是属于别人的，进而在彼此之间达成以尊重别人之财产为核心的信任纽带。因而，一方面是自爱和财产通过自我所有感带来的安定性，一方面是尊重和信任所达成的自然社会的交往，二者都在根本上缓解和克服着孤独个体因陌生而产生的恐惧。联系上文有关鲁滨逊的分析，前者是通过劳动、制作和生产所展开的从个体向社会的运动，它奠定了社会生活的自然机制，后者则是孤独的个体在陌生中所发掘出来的社会性友爱。尽管《自然社会》对此做了相当深入的分析，但作者仍然更多地将其看成对霍布斯事业的铺垫："格劳秀斯的工作并没有彻底完成，有待于霍布斯的自然状态理论从意想不到的方向将其推进到令现代人惊讶、但又无法回避的极端立场。"（第89页）

在此背景下，普芬道夫综合格劳秀斯的自然社会性概念和霍布斯

---

[18] Hugo Groutius, *The Rights of War and Peace*, edited by Richard Tuck, Indianapolis: Liberty Fund, 2005, p.133.

[19] Jerome B. Schneewind, *The Invention of Autonomy: A History of Modern Moral Philosophy*, Cambridge: Cambridge University Press, 1998, p.72.

的自然状态理论而得出一个相对折中的立场，他所刻画的个体形象也带上了模棱两可的复杂性：

> 检视了所有这些主题，显然，我们得在这里提出一些折中的办法。由自然相似性所产生的人际纽带、人类的彼此需要以及自然法关于和平的指令，基于这些理由，那种认定自然状态为战争状态的观点是不合适的。然而，人类的邪恶、他们的欲望，以及那种足够与正当理性对抗的人类激情，所有这些也决定了自然状态下的和平是不稳定的，也是不可靠的。因此，我们应该把每个人预先当成自己的朋友，我们也应该乐于承担对别人和平和仁慈的义务：如果对方愿意接受善意的话。然而，与此同时，我们又必须时刻关注自身的安全，绝不能掉以轻心，就好像所有那些与别人建立的友谊都是靠不住的——千万不要轻信他人的正直与单纯，千万不要丧失了防人之心。（第221页）

这个深具两面性的自然状态清晰地展现了普芬道夫对孤独个体之间如何达成共同生活的期望和担忧。既要向他人展现仁慈和友爱，又要同时保持恐惧意味的警惕，而不管是哪一方面，其背后的人性底色都是小心翼翼、如履薄冰的克制和紧张。对普芬道夫来说，二者没有前后顺序之分，也没有轻重主次之分，它们是自然社会及其共同生活对个体发出的同等而同时的要求。如果说有差别的话，也只是人性两重性意义上的差异，亦即友爱的一面更多意味着将他人看作"抽象之人"，进而相信普遍的人性可能，而提防的一面更多指向"具体之人"，保持对现实人性的警惕之心。但是，在上篇的结尾，李猛（第221页）表达了对后一方面的强调："普芬道夫，乃至之后的洛克，对霍布斯有关'人对人是狼'的著名格言，进行了弱化的心理解释。"在这个意义上，普芬道夫笔下小心翼翼的孤独个体的底色仍然是恐惧和紧张，上述两面对峙、微妙平衡的复杂人性结构也就失去了普芬道夫所倾力维持的折中和平衡。

不止于此，作者直接省略了对洛克自然状态的处理，这对该书所欲展现的现代道德世界来说，不能不说是一个遗憾。如果考虑到在《革命政治：洛克的政治哲学与现代自然法的危机》[20]这篇长文中，李猛曾对洛克的自然状态及其所蕴含的劳动财产过程以及劳动对现代人性的塑造性意义进行了深刻的分析，这一有意的省略就更值得注意了。这提醒我们思考，《自然社会》为什么单单舍弃自然状态的相关分析而只将自然法执行权和革命政治的内容纳入其中。事实上，如果从文本的表述上看，李猛对洛克如何在财产权方面继承并扩展格劳秀斯自然状态的论述，以及自然状态经由财产的实质性填充而变成一种完全独立于"政治"之外的社会生活，都有相当明确的意识。早在分析普芬道夫时，作者就指出，自然状态是"一种在政治社会建立之前围绕财产和所有权问题营造的实质生活形态"（第 206 页）；按道理，接下来的内容本应该是论述洛克的自然状态如何在根本上是一种以财产为核心的社会生活，但遗憾的是，李猛仅仅在《自然社会》下篇"革命政治"这一章节简略地有所触及，[21]目的也只是阐明以信托构建的守夜人式的政府。在本文看来，对洛克自然状态有意回避的背后是作者对洛克所代表的财产思路的犹疑，[22]或者说，在该书上篇以霍布斯为核心所刻画的观念论自然状态的阴影之下，以财产生活方式为核心的自然状态必定无处安放。如果说普芬道夫本身的两面性还能够以强调其中偏霍布斯的面向来达成某种平衡的话，那么，洛克无论如何都会与本书所强调的霍布斯意象产生撕裂。因而，我们只能看到作者在论述政府时笼统地指出，"篱笆终究不过是篱笆，而土地或艰苦的劳动，才是洛克式个体的自由生活所在"（第 468 页）。甚至，在

[20] 李猛：《革命政治：洛克的政治哲学与现代自然法的危机》，载于吴飞主编：《洛克与自由社会》，上海：上海三联书店，2012 年。

[21] "洛克的财产概念的政治哲学意涵，不过是推进了我们在格劳秀斯那里看到的自爱与社会性的结合；但他用劳动的概念丰富了财产概念，为主体性自然权利赋予了生活方式的意涵。"（第 468 页）

[22] 卢梭曾对洛克以财产为核心建立现代政治秩序的思路提出过重要批评。相关分析参见张国旺：《自然社会之体的生成——兼论卢梭对洛克财产思路的批评》，《历史法学》第八卷，北京：法律出版社，2014 年，第 123-154 页。

他的某些表述中，洛克几乎变成了霍布斯，"哪怕所有自由平等的公民，像在洛克那里，都成了这个人造的政治体的护卫者，他们的生活仍然只能在自家的篱笆墙后面度过"（第176页）；至于洛克式的个体如何在劳动中塑造自身对他人的社会性情感，缓解和克服由自由而来的孤独，以及财产交往又如何在个体之间搭建起分工复杂的自然机制，构建起共同生活的可能，则被有意回避了。

三　霍布斯的"自然社会"与现代道德世界

既然对霍布斯的强调如此鲜明地影响了该书对现代自然法学派整体格局的处理，我们就有必要进一步探讨，为什么霍布斯在作者的视野中占据着如此决定性的位置。本文认为，最能够帮助我们理解这一点的，并不是李猛对霍布斯文本的详细分析，而是对霍布斯自然状态理论富有野心的延伸讨论，具体而言即是该书第八节的内容。此节的标题为"被抛者的世界：世界的取消与自然状态的最终解体"，仅从标题就多少可以感到它与其他章节的格格不入，但悖谬的是，也正是这个突兀的内容引领了该书整体的精神气质。此节不仅把霍布斯自然状态中"像蘑菇一样"的人性平等处境追溯到苏格拉底在《理想国》中所讲的"高贵的谎言"[23]，更为重要的是，当作者用"被抛"状态来刻画自然状态在个体生身处境上所蕴含的道德意涵时，他直接将问题延伸到了海德格尔：

> 被抛入自然状态的现代主体，无论是通过形式性的契约建立共同权力之下的人为安全，还是在此在的生存努力中重新为人"被造成"的在世状态寻求一个时间性甚至历史性的生存视野，都仍然无法改变这一自然状态本身造成的人与世界的根本隔

---

[23]　作者把霍布斯对现代人的教诲称为"卑贱的谎言"，因为它将高贵的谎言颠倒了过来，把现代政治的基础和希望放在黑铁质料的平等之上（第169-176页）。

膜……即使此在试图从其自身的绽出中重新开启生活甚至传统的可能性，这一努力仍然是以此在被抛状态的自成性为前提，人仍然是"赤裸裸"、孤零零地存在着。(第 177 页)

这样，霍布斯就是现代世界的绝对起点，不仅现代早期自然法学派通过契约建国的政治方案，而且海德格尔在 20 世纪从此在的时间性出发所做的努力都要以此来获得理解。甚至，在该页的脚注中，作者还表达了某种对海德格尔思想努力的批评，亦即由于海德格尔忽视了（自然状态的）政治面向对理解"世界性"的重要意义，因而他从此在出发的工作仍然笼罩在霍布斯所奠定的"世界性"形态的控制之内。在这个意义上，在霍布斯那里由"拆解"传统生活破茧而出的孤独个体在海德格尔这里获得了最为充分的展现。降生、家庭养育、社会生活都在他们的孤零零的存在面前丧失了实质意义，构成他们孤独的是面对自身死亡的"决断"，"一种面向无限未来的孤独焦虑"（第178 页）。因此，对李猛而言，霍布斯的自然状态并不仅仅是现代自然法学理论的核心，而且构成了他考察现代世界历史及其思想精神的基石，同时也是他理解现代个体精神气质的底色。

在此，本文不打算评判从霍布斯到海德格尔的这一延伸是否妥当，而是想进一步讨论，在霍布斯这里，世界的取消对于理解现代个体道德世界的意义。对于霍布斯而言，自然状态的人就像是蘑菇一样从地下冒出来，彼此不受约束地成长；因而就像海德格尔说石头是没有世界的一样，蘑菇也是没有世界的。但至少一般而言，人终究不是蘑菇和石头，他们的生活会在没有意味的世界里产生具有道德意味的"世界"，只是，这个世界又随时会在自然状态的恐惧中瓦解。这一极具张力的状态在李猛笔下获得了一个更为传神的表达：

> 人被抛入这个世界，意味着即使自然状态最终会通过自然法权在自由平等的社会成员之间建构一个社会性的道德空间，但这一道德空间却无法具备一种存养人性，使之日生日成的生活方式……人需要纪律和教育，才能被造就为适于社会生活的人。但

孤独的主体与这个他被抛入的世界，却是各自独立完成的成品。在人与他的世界之间，隔着自然状态这一稀释甚至解体任何生活方式的"重启装置"。（第176页）

在此，文章所涉及的是霍布斯对自然状态与自然法权两个阶段的区分，或者说是第一自然状态与经过自然法权训育之后的第二自然状态之间的区分。如果与通过契约建立利维坦相比，这两个阶段在根本上是一样的，它们都无法保证个体克服内在的疑惧而与他人迈入共同的生活交往，但若仅就这两个阶段而言，自然法权阶段对人性的训育仍然值得重视，因为它使恐惧本身变得理性化了。尽管理性化的恐惧关系并不是一种能够存养人性的共同生活，但它和第一阶段纯粹的观念论战争状态相比，终究多了一些内容并开始扩展为彼此之间的纽带。

不止于此，更需讨论的问题是，当我们说霍布斯自然法权构建的道德空间缺乏一种能够存养人性的生活方式时，对霍布斯来说意味着什么。换句话说，如果那种存养人性的生活方式本来就不是霍布斯打算塑造的，那么，上述说法除了能够让我们看到霍布斯与古代作家相比所具有的深刻现代性之外，对于我们理解霍布斯本身而言是否还有更多的意义？要回答这一问题，必须首先搞清楚霍布斯用来理解自然状态的原初模型或"样板"是什么。该书对自然状态的表述中有相互对峙的两个方面：一是，自然状态的竞争和恐惧源自个体内在的社会"经验"，因为拆解的只是那种使共同的生活世界成为可能的"人为权力"，却保留了每个人对原有生活世界的观念认识，就像拆卸下来的零件虽然散落一地，但它们又都保留着对原有机器"幽灵般的记忆"（第115页）；二是，每个个体像齿轮和零件一样，要在拆解之后重新被利维坦"安装"在一起。但是，根据卢梭的深刻洞察，霍布斯用来刻画战争状态的经验原型既不是人与人之间的关系，也不是机器（零件）与机器之间的关系，而是两者的合一形态——人为创造出来的政治体，一种具有灵魂的机器；因为"正是在人为的国家人格之间才存在着永无休止的战争状态，它们是'人为的',因而它们的生命和力量就完全是相对性的,它需要不停地与对手进行比较才能对自身有所认识"[24]。人似乎是没有什么本性的,有的只是社会经验所带来的恐惧,彼此都是戴着面具的机器,深不可测。但是,如果霍布斯理解人与人自然关系的样板是"人为的政治机器",那么,这恰恰意味着霍布斯眼里的人已经没有自然成长和成全意义上的人性,而仅仅是某种具有无限观念的机器。这个"去人性化"的前提决定了他的自然状态不仅在根本上不以存养人性为目的,而且从一开始就否认了人性本身的存在。就此而言,更需要进一步考察的,一方面是这种"幽灵般的记忆"是一种什么样的经验,为什么它必定带来相互之间的战争状态,它是源自拆解之前的生活世界,还是根本上就内在于"去人性化"的人性本身;另一方面,霍布斯将人"去人性化"的理由和依据是什么,如果这与他机械论的自然哲学有关,那么,在这个更宏大的机械论的宇宙秩序中,如何重新理解人世生活的和谐和秩序的意义。

最后,"人性"(human nature)是一种特定的"自然"(nature),"去人性化"便是某种意义的"去自然化";在此基础上,如何重新理解该书的主题"自然社会",或者说,去自然的过程如何造就一种新的自然社会。在一次访谈中,李猛曾解释选择"自然社会"这一概念的原因是"它比较能够抓住自然法影响现代社会的真正方式",或者说,它"比较准确地抓住了自然法对整个现代社会思想的持久影响",而且这个选择"多多少少带有一个中国人关心西方现代政治社会思想架构的意图"。[25]这意味着,作者所关心的并不是如何在实定法占据主导的现时代去挽救自然法的位置,也不是在自然状态已被现代历史学拒绝的情况下为其招魂,而是在所有这些既成事实的背景下,自然法或自然状态早已成为现代个体生活和思考的构成性要素。在现代自然

[24] 张国旺:《自然状态的困境与人性研究的新范式——卢梭的现代人性论》,《北大法律评论》2012 年第 2 期。
[25] 参见澎湃新闻对李猛所做的访谈:http://www.thepaper.cn/newsDetail_forward_1335945。最后访问时间:2016 年 5 月 20 日。

法的政治纲领中，起点是自然状态，而终点是政治社会，"自然状态"无疑扮演了某种转换和过渡的角色；在李猛所说的作为一个中国人切入西方思想的现实关怀里，这个转换不是别的，就是构成我们生身处境的从传统向现代社会的"过渡"。在这个意义上，所谓自然社会，不过是"现代社会"的别种说法；但同时，自然社会更能准确地传达这一过渡所采取的方式，亦即这一过渡的跳板是"自然状态"，它首先是"解构"或者说"拆解"传统生活中诸种共同体纽带的方式，进而为社会奠定了新的自然机制作为基础。就此而言，"去自然化"在此处就体现为一种"去历史化"的过程。

同时，自然社会即是陌生人社会，它的构成和基础不再依赖于家庭、村落和其他团体，个体共同生活的根基也不再是时间孕育出的情感关系和人伦秩序，而是直接通过个体之间的权利和财产构成的一种普遍的形式化关系。但这一形式化关系可能包含着两个方面的原因：一是，无论是权利还是财产，它们在根本上都是个体"自然权利"和"自然能力"的社会化实现；如同洛克通过劳动与财产所描述的新的人性培育过程，"自然社会"就是让人的"自然"（human nature）在社会化的劳动和交往中生成为社会的"自然"（nature of society）。二是，现代人性的"无规定性"和"无限性"决定了他始终不可能在上述社会化培育过程中获得满足，内在的"不安"（uneasy）总会使他渴求一个超出现有生活的、异己而多样的世界。因而，与李猛的说法不同，我更愿意认为，尽管人性及其存养的方式已经完全不同，但现代个体之间不仅能够搭建起一种与培育人性有关的共同生活，而且，共同生活之外，丰富而多样的人性可能与生活方式的体验都留给了孤独的个体自身去展开，那里不只有孤独，也有诗意、甜蜜和美感。在这个意义上，我们自身就是罗陀斯，就在这里跳舞吧！

四　孤独个体与现代国家

实质上，自然状态可以看作是对现代个体生身处境的意象式刻画。在这个同时能够使一切过去失效和所有未来开始的奇点，现代个体所需发明的共同生活形式除了家庭和社会，还有政治体或国家。如同该书一再指出的，在西方古典世界中，政治或政体不只是统治关系的确立，更是对某种整体生活方式的选择和决断；现代自然法学派已经把政治问题变成了权力和统治问题，而把生活方式的选择留给了个体与社会。对于霍布斯来说，核心问题是如何通过契约构造出一种制度化的抽象权力，并使它既具有道德意义上的规范性，又具有使规范变成事实的强制力。在李猛看来，问题的焦点是如何应对自然状态中的"先行履约人"问题：

> 在自然状态下，"必须履行信约"是合乎理性的行为，是理性的一般规则，但在没有足以强制人们守约的政治权力时，对对方失约的恐惧和猜疑同样是理性的。只有消除这一恐惧的原因，才能建立"有效的"信约，真正通过契约完成权利让渡……只要有一方先行履约，形成了信约，那么人就可以通过理性和规范的方式走出自然状态，但"合理猜疑"导致了所谓的"先行履约人"问题，使"双方信任的契约"无法建立有效的信约，自然法也就无法约束人的行为……（第 304 页）

不用说第一自然状态，就连此处所说的第二自然状态，恐惧也没有因为自然法权对人之理性的塑造和引导而缩减其影响，甚至还从单纯的恐惧变成了霍布斯所谓的"正当的恐惧"，亦即合理猜疑。在此前提下，自然状态中只有形式上的契约，但却没有哪一方会真的去履约，因为成为"先行履约人"无异于让自己处于不利地位，这在根本上与"自我保全"的自然法权相违背。或者更准确地说，在没有任何一方率先成为"先行履约人"的情况下，契约就变成了包含"双重信任"的契约，即便双方都在自然法权对"内在努力"（endeavor）的要求下"想要"去履约，但合理猜疑的压力只会让"想要履约"的倾向仅仅停留在内心的权衡中。在这个意义上，如李猛所说，"霍布斯契约论的真正困难，不是履约问题，而是信约订立（the making of covenants）的问题"（第 303 页）。若要消除这种正当恐惧，让某一方即使先行履约也不会陷于不利地位，就只能依赖一种能够实施惩罚的共同权力。如何以契约的方式凭空制造出一种此前并不存在的共同权力来保证契约本身的执行就成了霍布斯契约建国的关键。

霍布斯所给出的方案几乎称得上是天才性的："每一个人都向每一个其他的人说：我授权这个人或这个大会，并放弃我统治自己的权利，把它授予这个人或这个集体，但条件是你也把自己的权利拿出来授予他，并以相同的方式承认他的一切行为。"[26] 在李猛（第 397 页）看来，这一方案的要害体现在三个方面：第一，在形式上，每个人与每个其他人相互订约似乎难以避免合理猜疑的困境；但这个困境只是形式上的，因为契约的第二个方面是在内容上，双方通过上述契约形式并没有向对方让渡任何东西，而是都将自己的权利"自由赠予"给了未来的主权者；第三，未来的主权者在实质上是一种"人为装置"，它不仅尚未存在，而且还是一种"人造物"，不会给订约的个体带来正当恐惧的压力。[27] 因此，先行履约方既不会因为先行履约而使自己陷入与其他后履约方相比的不利地位，也不会对未来主权者产生正当恐惧而使"自由赠予"半途而废。

不过，这个极富洞察力和说服力的解释却潜藏着一些不可避免的危险和偏颇，在此至少有三点可以申说。首先，霍布斯的建国契约包含着相互订约和自由赠予两种行为，但在李猛以"契约形式"和"契约内容"的区分下，自由赠予行为变成了建国之路的绝对重心，而每个人与每个其他人相互订约的行为变得不再重要。这迫使我们不得不思考，如果相互订约真的只是无实际作用的形式，霍布斯为什么不选

---

[26] 霍布斯:《利维坦》，黎思复、黎廷弼译，北京：商务印书馆，1997 年，第 131-132 页。

[27] 李猛对霍布斯建国契约形式与内容的区分，亦即相互订约与自由赠予行为的区分，无疑受到了达尔加诺 (Melvin T. Dalgarno, "Analysing Hobbes's Contract", *Preceedings of the Aristotelian Society*, New Series 1975 (76)：209-226) 研究的启发；同时，李猛对利维坦作为一种"人为装置"的发现极大地推进了达尔加诺的分析，而且使得在达尔加诺那里偏向形式化的分析在霍布斯整体的政治哲学中获得了实质的理论意义。

择纯粹的自由赠予结构来完成利维坦的制造，而要附加一个多余的订约形式呢？或者从正面说，如果契约的双重结构的要害是将相互订约中正当恐惧的压力消解到自由赠予中，那么，此时形式化的相互订约结构对于理解霍布斯的国家意味着什么？我们应该注意到，相互订约行为所造就的不仅是自然状态中孤独个体的意志联合，更重要的是，他们之间的联合方式不是简单的"大家一起"，而是"每个人对每个其他人"，这意味着他们的联合关系呈现为一种以每一个人为中心并向所有其他人直接辐射的网状拓扑结构。对于自然状态中孤独个体而言，这恰恰标示着一种奇异的社会生活图景的生成：原本孤独的诸个体开始镶嵌在一种共同生活的结构中，而且每个人和每个人之间都存在着直接性的纽带，同时，所有的纽带无论亲疏远近，心理的距离都是一样的，在根本上都是一种以理性和恐惧的平衡为核心的社会信任。正是因此，霍布斯才一再强调，国家只是把自然法的约束力从内心法庭扩展到社会生活的外在法庭，亦即，利维坦的诞生并没有改变第二自然状态中理性生活方式的内在逻辑，而是给这种生活逻辑打造了一套法权的盔甲——契约，并通过利维坦的惩罚锁链让契约从不可能变成了可能。整体而言，如果说现代国家的根由是在"人的自然不足以为人安排安全的生活时，人不得不自己发明制作出一种生活"（第386页），那么，这种生活在霍布斯这里就是一种社会化的契约生活。

其次，按照李猛的分析，由于相互订约仅仅是形式上的，因而先行履约——先行向未来主权者赠予权利——不会让自己陷于不利地位，但这同时意味着自由赠予行为也没有给先行履约人带来更有益的地位或优势。具体而言，相互订约与自由赠予之间相互支撑的双重结构仅仅是消解了人们心中可能产生的正当恐惧，扫除了订约的心理阻碍，但并没有为订约的个体提供积极正面的订约和履约的动力。在这个意义上，"先行履约人"问题仍然是存在的。

这一忽视直接反映在作者对主权权力规范性的强调上。仔细阅读霍布斯自然法论述的人都会同意，消除正当恐惧的是共同权力的建立，而不是任何一条自然法的道德性，因而共同权力的规范性是在建国契约中瞬间生成的，"原初契约的规范性既不先于自身，也不在建国行为之后，而是与共同权力一同诞生"（第398页）。就契约形式的分析而言，这没有错，但建国契约能够真正在人们的订约行动中落实下来，并不能仅仅用契约本身来解释，而要回到缔结建国契约之前自然状态中的诸个体所处的人性状态。事实上，当李猛将先行履约人称为"努力寻求和平的人"时，他已经隐含地意识到了这一点，因为"努力寻求和平"恰恰是自然法权阶段在个体身上所造就的最重要的人性成果。

不止于此，对契约动力机制的忽视同样反映在该书在分析理性与激情时的失衡上。在第一自然状态论述的结尾，霍布斯明确把脱离自然状态的动力分为两个方面——"这一方面要靠人们的激情，另一方面则要靠人们的理性"[28]——这一结构同样适用于自然法权主导的第二自然状态。因而，在通过建国契约走出第二自然状态时，契约本身属于理性能力的建构，而人们之所以愿意去建构契约则属于人之激情的层面。就此而言，该书对"原初契约"的讨论，无论是相互订约与自由赠予的区分，还是先行履约人问题的处理，都是集中在前一个方面，而忽视了后一个方面的内在位置。事实上，这一失衡在中篇"假设的自然法"的讨论中就已经有所体现。在那里，李猛（第294页）更多强调的是，"各项专门自然法就是要从人的自然权利的运用中系统减少甚至排除导致普遍敌意的因素"，但却没有对由此带来的在人性上的训育作用给予足够的重视。也就是说，自然法权对普遍敌意的减少只是其人性训育作用的一个方面，它使得孤独个体原本暴烈的激情变得理性化了，但同时，这种理性化的激情恰恰为建国契约铺就了人性的基础，并提供了契约得以推进的人性的动力。严格说来，上述失衡并非源于文本理解，而是由于作者对"国家共同权力的规范性"这一问题的强烈关注，为了论证其规范性是在原初契约建立的那一瞬间横空出世般产生的，作者甚至不惜把自然法权阶段与缔约阶段断然分为两截，在把自然法的道德性挡在门外的同时，也将自然法造就的人性成果挡在了门外。因而，尽管我们同意，国家共同权力的规范性

---

[28] 霍布斯：《利维坦》，第96页。

绝对不来自自然法的道德性，但与规范性问题同样重要的是自然法为缔约阶段所提供的人性前提和动力机制。

第三，李猛对共同权力规范性的强调很大程度上源于对"事实权力观"的不满。"近年来，斯金纳等学者借助历史语境的研究，重申了滕尼斯当年的主张"，认为霍布斯所提倡的乃是"对主权者的事实服从，而非法权服从"（第392页）。这意味着，契约所造就的"大利维坦"在实质上仍然只是一种强力（force），它能够压服那些孤独而恐惧的诸个体也仅仅是因为它所获得的力量比他们各自原有的力量更大而已。李猛（第392页）认为，这在根本上"误解了霍布斯政治哲学中现代人为国家的道德性质"，理由如前所述：缔约个体对作为一种"人为装置"的国家无从产生正当的恐惧，因而，一方面自由赠予建立了个体与国家之间的服从义务，另一方面，通过代表机制[29]所汇聚的总体权力又能够保证此义务的实际履行。但是，这里要对缔约时和缔约后稍作区分。在缔约时，人们的确不会对尚未存在的主权者产生正当的恐惧，他们没有"样式的图纸"（第397页），他们在那一刻还不知道自己将要创造出来的"庞然大物"究竟是什么，他们只是向往着这个被造物会带来一种和平的生活。但在缔约后，当他们发现这个庞然大物既不是"人"，也不是"机器"，而是一架人为的并由人来充当其灵魂的装置时，他们的恐惧就有了根据，因为如上文所述，自然状态中的恐惧的经验原型恰恰就是"国家"。同时，关键的差别是他们不会认为自己和国家是平等的，因而个体对国家的恐惧也就不同于自然状态下个体之间的正当恐惧。这在实质上为洛克以"人民"作为一方展开对政府的疑惧提供了理论的契机。

社会化的契约生活、建国契约的动力机制和共同权力规范性的裂缝，最终在建国契约的"信约"性质上汇合在一起，集中地展现了出

---

[29] 有关代表机制在霍布斯建国契约中所起的核心作用，并非本文关注的内容；有关霍布斯本人思想中代表机制的发展和演变，可参见陈涛（《主权者：从主人到代表者——霍布斯的主权理论的发展》，《历史法学》2014年第八卷，北京：法律出版社，第47-92页）卓有成效的分析。

来。尽管霍布斯的建国契约包含着相互订约和自由赠予的双重结构，但在实质内容上却是一个相互订立的"信约"："这一人格是每个人与每个人相互订立信约而形成的"[30]。在一定意义上，李猛清楚地意识到了这一点："这一契约虽然在内容上是针对现在的自由赠予，但在形式上却是针对未来的双边权利让渡，即包含双重信任的契约。"（第 393 页）不过，信约有两个方面的特征，一是延时交割，一是由延时交割带来的合理猜疑。李猛的分析完全集中在合理猜疑问题上，甚至给人一种合理猜疑等于延时交割的错觉。事实上，如前所述，双重结构中的自由赠予只是消解了孤独个体之间的合理猜疑，却无力消解延时交割，因为延时交割属于实际履行问题，它本身只能在共同权力建立之后获得保证。因而，在严格意义上，建国契约在两个方面都带有"信约"性质：一是，如李猛所说，它是双方针对未来所做的承诺；二是，尽管自由赠予是现在做出的，但它针对的却是未来的主权者，其履行就需要在主权者产生后不断地完成。

结合上文所分析的三个方面，我们可以发现，契约的"信约性"恰恰包含着更为实质的意义，亦即，个体的相互信约不仅仅是言语的承诺，更是对一种社会化的契约生活方式的承诺，它需要孤独的个体将自然法权阶段所训育的人性成果在政治国家中沿袭下去，并在利维坦的和平下继续按照自然法权的要求去生活。这一点也解释了在霍布斯这里自然法与市民法的独特关系，市民法不是以自然法为道德基础的，而就是自然法内容直接的实定化，因而，按照市民法生活不仅是对法律本身的遵守，更是对建国信约的持续不断的"交割"。与此相同，针对主权者的信约的履行则构成了共同权力的规范性与其实效性之间的张力，它的实现同样是一种在利维坦的和平之下持续不断的过程，尤其是当霍布斯赋予臣民在特定时刻反抗主权者的"真正自由"时，它就注定是一种永远不可能彻底履行而始终有待完成的"信约"。

---

[30] 霍布斯：《利维坦》，第 131 页。

五　结语

　　孤独个体如何共同生活的难题，并非只属于以自然状态理论为代表的西方现代思想，它也同样构成了我们自己生身处境的一部分。对于研究西方思想的人来说，这是不可或缺的问题意识和现实关怀。这一点在《自然社会》一书的结尾处有简短的透露："无论革命的发生出于思想的自我启蒙，还是历史情势的被迫，或是兼而有之，革命所留下的如果不只是文明的废墟，就势必需要为其中的人们重新找到共同生活的可能。"（第 484 页）这一相当克制的表述隐含地指向了中国自近代以来一百多年的历史进程。在此期间，无论是思想的绝地反思，还是历史的曲折发生，无论是剧烈的革命，还是长时段的改革，一定程度上它们都是在不断地把中国原有的社会生活和组织形态重新"拆解"，回到自由能够得以重生的自然状态。比如，对传统家制的批判，对单位制的改革，对男女差别的重新认识，以及通过流动的方式让人们脱离原有的地缘和血缘共同体，进入一种现代的自由社会的生活，这在根本上都是要让人从理性结构上、从实质生活的意义选择上回到自然状态，然后重新出发。因而，在这个意义上，该书对自然法思想的考察，既是为了理解具有普遍历史意义的西方现代思想的内在图景，也是为了能够更深地理解我们自己。

　　重新出发是困难的。我们不仅会面临遗忘的诱惑，错把自然状态当成我们最终的家，而且也会遭遇狂想的危险，误以为把传统召回就可以安顿身心。对此，李猛（第 484 页）在该书最后把问题留给了每一位读者：当自然法已经不再能充当"我们的星辰和罗盘"，我们能否在荒凉的大海中看见日渐远离的陆地？但是，比起此处过于克制的论述，李猛在《理性化及其传统：对韦伯的中国观察》一文中表达了更为深入也更富力量的洞察："恰恰当传统丧失了其'神圣性'，当传统的自然根基丧失了道理的卫护，使其散失在日常生活的鄙野之处，不再被持守和传承时，传统才不再是日常的信念，而必须经由穷尽自身力量的'献身'，才能重返传统的自然基础，从中探求出'古老思想和理想强有力的再生'。"[31] 因此，无论是思想上，还是历史中，自然状态都在拆解传统的同时也为传统的重生带来了契机；散失鄙野的传统就像一个"异己"的自己，它只有通过我们在当下生活中不断地理解、转化和纳入，才能重新属于我们自己。当李猛将中国现代生活的处境理解为对"孔颜乐处"的找寻时[32]，我们能够感觉到其中的悲剧和重量，但只要有足够的心力和耐性，我们今天所能守持的希望应该比绝望更多。[33]

---

[31] 李猛：《理性化及其传统：对韦伯的中国观察》，《社会学研究》2010 年第 5 期，第 28 页。

[32] 李猛：《理性化及其传统：对韦伯的中国观察》，第 29 页。

[33] 李猛曾从理性化与自由的角度探讨过现代中国的历史处境及其未来命运，他写道："当自由的制度条件，脱离了个性与自由的技术，变成单纯的工具和形式的时候，这种理性化就从'轻飘飘的斗篷变成了沉重的铁笼'"，因而，"也许自由与个性的空间，能从韦伯的文章，延伸到眼前的这张纸上……尽管我们在今天所能守护的希望，和韦伯当年一样，并不比绝望更多"（《除魔的世界与禁欲的守护神：韦伯社会理论中的"英国法"问题》，载于李猛主编：《思想与社会》（第一辑），上海：上海人民出版社，2001年，第 241 页）。

书写"真实内心"的悖论
——重释西方现代小说的兴起

金雯

在西方现代小说"起源"的叙述中,"小说"(novel)与"罗曼司"(romance)之间的关系是最基本的问题。"现代小说"之所以在 18 世纪成为一个叙事范畴,是基于它与盛行于中世纪并在 17 世纪欧洲复苏的罗曼司体裁之间的差异。小说(即"新故事")这个名称预设了与取材于历史传说的罗曼司的距离。然而,罗曼司包含多种风格,其内部有很大的张力。堂吉诃德阅读的那些长篇罗曼司,有些在小说中被烧毁,有些则被保留。被烧毁的包括典型的骑士传奇,如众多模仿阿马迪斯风格的充斥魔法与离奇故事的拙劣之作;而田园或史诗风格的长篇叙事作品,如塞万提斯自己的《伽拉苔亚》(La Galatea,1585)和埃尔西利亚的史诗传奇《阿劳加纳》(La Araucana,1569—1689),则受到称赞。它们与骑士传奇不同,承接的是西方罗曼司的另一支流,即由古希腊史诗和长篇散文叙事所开创的英雄罗曼司传统。在这些作品中,主要人物品性高洁、情感真挚,虽然经常被瞎眼的命运女神(古希腊语中的 Tyche 和拉丁语中的 Fortuna)玩弄,但还是能在非比寻常的挫折和考验中坚守本真。因此,18 世纪兴起的现代小说与罗曼司到底有什么样的关联,小说何以成为小说,并不是一个简单的问题。

从罗曼司到小说的转折不仅是文学史内部的变迁,也与早期现代

---

* 本文曾发表于《文艺研究》2020 年第 12 期,感谢原刊物应允重刊。此次重刊略有编辑。

欧洲文化观念转型互为因果。17 世纪晚期和 18 世纪崛起的现代西方小说见证了早期现代欧洲和全球范围内叙事体裁的嬗变、周转与融合，也是启蒙思想和文化发生、发展的场域。已经有众多批评家从各自角度出发分析有关现代小说形成的历史动力和条件，这些不同叙述之间的关系错综复杂，亟须仔细整合、梳理，以此为基础重新阐释小说兴起的文化史和观念史。

在贝克（Ernest Baker）的《英国小说史》（The History of the English Novel，1924—1939），伊恩·瓦特（Ian Watt）的《小说的兴起》（The Rise of the Noval，1957），斯科尔斯（Robert Scholes）的《叙事的本质》（The Nature of Narrative，1966），斯泰维克（Phillip Stevick）的《小说理论》（The Theory of the Novel，1967），肖沃尔特（English Showalter）的《法国小说的进程》（The Evolution of the French Novel，1972）等专著之后，又有戴维斯（Lennard Davis）的《事实性虚构》（Factual Fictions，1983），麦基恩（Michael McKeon）的《英国小说的起源（1600—1740）》（The Origins of the English Novel, 1600—1740，1987），亨特（J. Paul Hunter）的《在小说之前》（Before Novels，1990）等第二波有关现代小说起源的论述，随之还有很多专题研究在不同维度上深化讨论。黄梅的《推敲"自我"：小说在 18 世纪的英国》（2003）是国内梳理西方现代小说起源的经典之作，将小说与主体的诞生相连，为今天进一步探讨小说兴起的复合语境奠定了基础。

本文从纷繁的既有研究中整理出两条主要线索，用以重新阐释西方现代小说崛起的历史。一条线索强调现代小说呼应现代科学精神，建构了实证性"真实"，在素材上取自同时代生活，手法上具有反思或反讽的功能，这条线索经过几代学者的深入研究，已经得出了一个共识：现代小说的真实性不仅仅指涉现世生活，与罗曼司相比，小说在"真实"与"虚构"之间划出一道更为鲜明的边界，随后又将两者糅合，形成了一种以"虚构真实"为主要内涵的叙事文体。另一条线索基于早期现代意识理论和话语的勃兴，将小说放在西方现代性主体观念（即个人"内心"观念）形成的过程中来考察，这条线索还有许多可待发掘之处。这两条线索彼此交织："内心"观念的出现依赖"真实"观念的形成，只有在人们相信可以将自身的意识和情感作为反思对象，并对其"真相"加以把握，才会认为人具有一种自治而有别于外界、需要受到保护的私人"内心"世界。反过来，18世纪小说的"真实"诉求也有赖于"内心"观念的形成，它们最关注的问题是"内心"的真实，即具体情境中的人应该如何在情感和判断的层面应对道德戒律的制约，怎样形成新的社会交往规范。

一　作为文化史关键词的"虚构真实"

我们首先要厘清经常与现代小说联系在一起的"真实"概念。在很长时间里，"真实"概念对叙事作品而言并不重要，叙事作品要么基于代代相传、经常保留真实事件影子的神话或传说，要么是对历史事件的演绎，两者之间没有清晰的区别，也都可能与更为纯粹的虚构夹杂在一起。早期现代欧洲（约15—18世纪）出现了大量直接标注自身真实性的散文、书信、日记、历史、新闻以及纪实等叙事体裁，与实验科学和早期资本主义经济中被清晰化的"真实"概念相呼应，催生了在中世纪和早期现代时期还比较模糊的"事实"与"非事实"的分野，也在罗曼司之外孕育出具有真实性的虚构叙事作品[1]。

有趣的是，有明确真实性诉求的虚构叙事最早是以谎言的面貌登场的，这类作品往往假托实录或真实手稿之名，以掩盖自身的虚构性。15世纪和16世纪法国、西班牙兴起的短篇小说、书信体小说通常宣称自己为真实故事，这种做法一直延续至18世纪中叶。古老的虚构叙事体裁先是借用纪实的外壳证明自身的真实性，发展出一系列新的描摹人物及其环境的手法，随后在18世纪逐渐抛弃了纪实

---

[1]　参见 J. Paul Hunter, *Before Novels: The Cultural Contexts of Eighteenth-Century English Fiction*, New York: Norton, 1990。亨特认为小说的起源应该在"一个广阔的文化史语境中"考察，这包括"新闻、流露各种宗教与意识形态方向的说教出版物，私人写作与私人历史等"（*Before Novels*, p.5）。

这根拐杖，建立起一种与真实似远实近的关系。美国批评家盖勒格（Catherine Gallagher）据此提出了一个影响广泛的观点：18 世纪出现了一系列"可信而又不刻意使读者相信的故事"（believable stories that did not solicit belief），构筑了一种新的"虚构性"（fictionality），我们也可以称之为"虚构真实"[2]。虚构的写实小说与史诗、历史、幻想、寓言都不一样，标志着一个新的叙事文类和"思维类别"（conceptual category）[3]。法语文学研究者佩奇（Nicholas Paige）通过大数据算法对 1681—1830 年的法语小说进行分析，延续并在细节层面上补充了盖勒格的论点。他发现，在 18 世纪初，小说已经具备了一定的真实性诉求，试图再现同时代生活的虚构叙事开始在长篇叙事作品中占据主要地位，其中一部分声称是纪实，另一部分明确标注或至少不回避自身的虚构性，这两种虚构叙事在 18 世纪中叶有七十年左右在数量上基本势均力敌[4]。到了 18 世纪八九十年代，不标注自身真实性的虚构叙事数量激增，成为取材于同时代生活的叙事作品的主要形式，这意味着虚构性渐入人心，作者和读者都已经认为虚构作品不必再依附纪实体裁，具有独立表现真实生活的价值。

"虚构性"或"虚构真实"观念的发生至少依靠两个语境。首先，它与作者、读者之间逐渐达成的默契密切相关。现代小说不仅是具有

---

[2] Catherine Gallagher, "The Rise of Fictionality", in *The Novel*, ed. Franco Moretti, Vol. 1, Princeton NJ: Princeton University Press, 2006, p.2. 弗鲁德尼克（Monika Fludernik）在 2018 年的一篇修正性文章《小说兴起论本身就是一种虚构》["The Fiction of the Rise of Fiction", *Poetics Today*, 39:1 (2018): 67-90] 中提出另外几种"虚构性"理论，指出这些理论将人们对虚构性的认识往前推至古希腊时期，但弗鲁德尼克仍然基本认同盖勒格的论点。

[3] 盖勒格的这种看法也可以追溯至德国批评家卡勒（Erich Kahler）在 1980 年代提出的一个理论，即 18 世纪的小说秉承《堂吉诃德》中就已经发展出来的一种"象征性"（symbolic）思维，将具体的人物变成普遍人性的象征。这种象征思维与寓言写作不同，以"普遍人性"这个新兴的概念为前提。这种新的"虚构真实"观念也可以说是后现代以"虚拟"为核心的可能世界叙事理论的一种先兆。参见 Erich Kahler, *The Inward Turn of Narrative*, trans. Richard Winston and Clara Winston, Princeton: Princeton University Press, 1973, p.49。

[4] Nicholas Paige, "Examples, Samples, Signs: An Artifactual View of Fictionality in the French Novel, 1681—1830", *New Literary History*, 48.3 (2017): 518.

再现"真实"功能的虚构叙事体裁，更是一种崭新的、强调"相关性"（relevance）的交流模式。这种交流模式注重的是文本与读者经验是否高度相关，而并非文本是否符合机械定义的经验性真实[5]。也就是说，现代小说并不仅仅是伊恩·瓦特所说的小说中一系列描摹、再现现实生活的"叙事方法"[6]，更是一种让真实和虚拟想象得以并存的交流模式，基于认为读者想要将虚构叙事与自身经验相关联的意愿。法国阅读史研究名家夏蒂埃（Roger Chartier）指出，理查逊的小说在 18 世纪中叶英法读者群中引发了强烈的情感效应，读者纷纷将自己代入小说中的人物。狄德罗肯定这种阅读倾向，特别撰写了《理查逊礼赞》（Éloge de Richardson，1761）一文，认为理查逊赋予了小说一种新的道德意义[7]。18 世纪文学和认知研究学者尊施恩（Lisa Zunshine）也曾对这种以相关性为中心的小说阅读习惯加以概括，即读者虽然明知小说中的人只是"（虚构）人物"，是"站不住脚的构建"，却又赋予他们与自己相通的情感和思想[8]。可以说，18 世纪的读者一方面在再现和实证性真实之间做出区分，另一方面又在它们之间构建了相互融通的关系，标志着认知和阅读模式的转折。浪漫主义诗人柯尔律治在 19 世纪初提出"悬置怀疑"（suspension of disbelief）理论[9]，认为即便是不合寻常经验的文学元素，仍然可以让读者感觉是真实的相似物。这种浪漫主义诗学观念自然可以一直追溯至亚里士多德认为"可信"比（通常意义上的）"可然"更重要的美学原则，

---

[5] 用"相关性"交流理论来解释"虚构性"的做法借鉴自沃尔什（Richard Walsh），参见 Richard Walsh, *The Rhetoric of Fictionality*, Columbus: Ohio State University Press, 2007. 沃尔什借用威尔逊（Wilson）和斯泊巴尔（Sperber）的"相关性"理论，说明交流中"命题性的真实标准"常让位于是否与说话人具有"相关性"的语用标准，因此虚构和非虚构文类的区分并不只是形式上的区分，而是语用层面基于"相关性"的区别。

[6] 伊恩·瓦特：《小说的兴起》，高原、董红钧译，北京：生活·读书·新知三联书店，1992 年，第 27 页。

[7] Roger Chartier, *Inscription and Erasure*, trans. Arthur Goldhammer, Philadelphia: University of Pennsylvania Press, 2005, pp.105-125.

[8] Lisa Zunshine, *Why We Read Fiction*, Columbus: Ohio State University Press, 2006, p.10.

[9] S. T. Coleridge, *Literaria Biographia,* Vol. 2, Oxford: Clarendon Press, 1909, p.1

但与 18 世纪新的阅读习惯的形成也有着莫大关联。

"虚构真实"观念也同样依靠现代小说的形式创新。奥尔巴赫提出过一个富有洞见的论点。他认为 18 世纪的戏剧和小说,如莫里哀的戏剧和普雷沃(Prévost)的《曼侬·雷斯戈》(*Manon Lescaut*),可以被视为一种"中间"体裁,既有很多指涉当代现实的细节,但情节的人为性又很强,套用了喜剧或悲剧的形式,因此与经济、政治肌理交接不多[10]。我们可以换一种说法深化奥尔巴赫的这个观点。17—18 世纪的长篇小说的确具有开创性体裁的特征,也可以称之为"中间性"体裁,它们摒弃古希腊直至 17 世纪各类罗曼司将小故事松散连缀在一起的叙事套路,开始系统探索构造连贯性长篇叙事的方法。通常做法是,要么使用书信体的多声部叙事来显示不同性别、阶层迥异的认知和情感模式,要么构筑人物网络来表现人性或社会构成的某种规律。然而,虽然现代长篇小说避免程式化结构,试图贴近读者的生活经验,但又不得不大量依靠误解与巧合产生叙事秩序,与传统戏剧中的"机械降神"手法很难区分。这种将随物赋形的新叙事手法夹杂在传统叙事套路中的形式杂糅,也是"虚构真实"观的根基。英国学者卢普顿(Christina Lupton)指出,18 世纪作家经常对长篇叙事内含的人为设置进行有意识地反思,倾向于认为巧合和突转代表"随机性"(contingency),它使得叙事引人入胜,但又不与可能性发生明显的冲突[11]。以菲尔丁为例,他在《汤姆·琼斯》第 8 卷第 1 章中阐明自己的创作原则,即在"可能性的范围"里勇于展现"令人惊奇"之处[12]。许多 18 世纪作家都认同菲尔丁拓展"可能性"让其具有随机特点的做法,认为读者不应该因为情节具有令人惊讶的元素而轻易苛

---

[10] Auerbach, *Mimesis: The Representation of Reality in Western Literature*, trans. Willard R. Trask, Princeton: Princeton University Press, 2003, p.401

[11] Christina Lupton, "Contingency, Codex, the Eighteenth-Century Novel", *English Literary History*, Vol. 81, No. 3 (2014): 1173.

[12] 参见亨利·菲尔丁:《汤姆·琼斯》,刘苏周译,广州:花城出版社,2014 年,第 292-297 页。

责其不合理[13]。坎伯兰德（Richard Cumberland）说过，作者要尽力做到"一方面避免搁浅在乏味的海岸，一方面绕开不可能的岩礁"[14]。

必须指出，"虚构真实"观念的形式内涵，即对随机性与可能性的协调，不是现代小说独自做出的发明。现代小说的形式创新是启蒙时代文化观念转变的一个环节，体现了18世纪独有的对人类个体和社会的理解。18世纪的哲学和生物学经常勾连起生物物种、人类个体和社会机体，将自然界和人类意识都想象为自我构成的系统，没有更高法则可循，充满随机性，但又具有进步和自我完善的态势。莱布尼兹的单子论就是这种思想的充分体现，单子是精神性实体的最小单位，任何生命体都可以分解为无数的单子和与其有关的躯体，因此生命体可以视为"具有神性的机器"，从"先成的种子"变化而来[15]。科学领域则出现反对"先成论"的观点，英国和德国的医学界和生物学界都倾向于"渐成论"（epigenesis），提出生物体（包括人体）的结构并非预先形成，而是在个体发育过程中逐渐形成的观点。18世纪晚期，康德从生物学中汲取养料，将这条思想脉络加以集成，明确提出所谓自然有机体是"自我组织"的机体，具有目的性，但他不像经验主义那样将"自我组织"（sich selbst organisirendes，也译为"使自己有机化"）的特性归于自然界生物自身，也不像莱布尼兹那样将自然机体的发育视为神所预先设定的和谐，而是将其变成人类自我

---

[13] 比如海斯（Mary Hays）为小说《爱玛·考特尼回忆录》（*Memoirs of Emma Courtney*, 1796）书写的前言和司各特（Sarah Scott）为小说《乔治·艾利森爵士的历史》（*The History of Sir George Ellison*, 1766）书写的前言。参见 Christina Lupton, "Contingency, Codex, the Eighteenth-Century Novel", *English Literary History*, Vol. 81, No. 3 (2014): 1173-1192。

[14] Richard Cumberland, *Henry*, Vol. 3, London: printed for C. Dilly, 1795, p.202.

[15] 莱布尼兹：《神义论》，朱雁冰译，北京：生活·读书·新知三联书店，2007年，第494-496页。

形成和自我组织能力在自然界的投射，彰显人的自由[16]。"自我组织"的概念向我们显示，18 世纪西方哲学中一条关键脉络是将基督教思想和经验科学这两种相异的理性加以整合，它肯定经验具有开放性，没有预设的规律，但同时坚持人类个体与社会具有某种由自身所确定的发展态势。既然如此，那么人类个体和社会的真相既属于经验范畴，又具有超验性，可以通过人的实证理性和超验理性的协同运作来认识和把握[17]。

启蒙时代的科学理性与神学理性不断互相吸纳和转化，孕育出人类个体和社会既开放又可以被人自身把握的观点，与崛起中的现代小说的叙事结构不谋而合又互相影响。所谓"虚构真实"，指的就是用虚构方法描摹人性和人类社会的真实，协调随机与秩序、再现与真实之间的紧张关系。在逐步走向现代虚构性和现代写实观的同时，18世纪小说主要致力于呈现个人和社会的"真相"，将个人置于由人、物和环境构成的框架中进行考察，揭示个体的本来面貌及其与社会状态的关系。这样一来，现代小说中的"虚构真实"观念就与另一个显著特征——专注于呈现人物"内心"和情感——联系在了一起。这两个特征经常被研究者割裂开来，但它们之间有着复杂紧密的关联。18世纪的研究者对"虚构真实"的信念与认为人的内心可以被人自身把握的观点互为因果也彼此渗透。

以下两部分集中探讨现代小说与启蒙时代"内心"观念的互动。

---

[16] "使自己有机化"的说法取自康德《判断力批判》的李秋零译本（参见李秋零主编：《康德著作全集》第 5 卷，北京：中国人民大学出版社，2006 年，第 388 页）。对19 世纪生物学与哲学的关联已经多有研究，参见 Daniela Heibig and Dalia Nassar, "The Metaphor of Epigenesis: Kant, Blumenbach and Herder", *Studies in History and Philosophy of Science*, 58 (2016): 98-107. 刘小枫也曾根据特洛尔奇的观点，指出启蒙思想，尤其是 18世纪德国唯心主义哲学，重新给自然设置"精神目的"，但特洛尔奇过分强调了英法启蒙文化与德国启蒙文化的边界（刘小枫：《现代性社会理论绪论》，上海：华东师范大学出版社，2018 年，第 176 页）。

[17] 参见 Jonathan Sheehan and Dror Wahrman, *Invisible Hands: Self-Organization and the Eighteenth Century*, Chicago: University of Chicago Press, 2015. 此书对 18 世纪的自我组织观念做了重要论述，认为上帝"意旨"（providence）的概念在 18 世纪被重写，将随机性和秩序观调和在了一起。

首先梳理早期现代小说"内心"观的演变，揭示其文化语境和基础；其次说明现代小说"内心"观的直接来源，分析它如何承继并改造短篇小说与罗曼司这两大叙事传统。

二 "内心"的早期现代史

前文指出，虚构叙事文体早已有之，但在17世纪和18世纪经历了现代转型，先通过假扮成纪实作品在"虚构"和"真实"之间划出界限，后又经由"虚构真实"的概念使两者重新整合。同理，探索"内心"也不是18世纪的专利，而是有着悠久的历史，可以上溯至早期现代乃至中世纪。如麦基恩指出，"私人"与"公共"这对概念在17—18世纪历经了一个"显性化"过程，彼此之间的界限日益分明，但同时又彼此依赖和渗透[18]。与此紧密相关的是"内心"概念的显性化，"内心"与外部环境之间在概念层面上形成对立而又互相协调的关系。

启蒙时代的"内心"观一般可以这样概括：自笛卡尔哲学开始，人成为知识主体，知识即人头脑中的观念，人可以也只有通过自省和反思来辨认观念是否可靠。这种反思能力基于人与自身观念的直观联系，也依赖理性分析和道德考量。这样，头脑被赋予一种自主和自为的特性，内在于自身，独立于外部环境，可以认识自身，也可以驾驭外物，这种特性就是我们今天说的"内心"[19]。当然，在启蒙思想的语

---

[18] 这也就是麦基恩认为"私人"概念在17—18世纪间经历了"显性化"(explication)过程的论点。参见 Mike McKeon, *The Secret History of Domesticity*, Baltimore: Johns Hopkins University Press, 2005, p.XIX。这个观点与他在《英国小说的起源》中有关真实和虚构在18世纪分野的观点是同构的。

[19] 哈贝马斯在《从康德到黑格尔再回来：迈向去超验化》一文中的概述相当有用，参见 Jürgen Habermas, "From Kant to Hegel and Back Again: The Move Towards Detranscendentalization", *European Journal of Philosophy*, 7, 2 (1999): 129-157。泰勒在《自我的根源：现代认同的形成》(韩震等译，南京：译林出版社，2001年)中也对18世纪"内心"观有相似的阐述。

境中，"内心"虽然独立于外物，但并不因此成为孤立的原子，其缔造也被认为是人的社会性交往和资产阶级公共领域的基础。"内心"与外部环境之间虽然有一道清晰的鸿沟，但可以彼此协调，人与人之间可以达成和谐一致，在没有超自然力捏塑的条件下凝聚成有序的人类社会。这个复杂的"内心"观贯穿 18 世纪哲学、美学和同时代的社会及历史理论。如查尔斯·泰勒所说，启蒙时代认为可以建立一种社会秩序，"在其中每个人在为他人的幸福和谐劳作的过程中获得自身最大的幸福"[20]。这也是哈贝马斯在《资产阶级公共领域的结构转型》中的基本观点。哈贝马斯认为，资本主义改变了国家权力的功能和性质，使之将管理经济和税收作为最重要的职责，限制了国家机器的功能。18世纪见证了由个人权利支撑的私人领域的崛起，同时也造就了一个新型公共领域，让拥有财产的私人聚集在一起讨论公共事务、参与国家权力。私人领域和公共领域的共同发生和相互作用，锻造出一种可以深刻剖析自身又能与公众沟通的现代主体，同时拥有自主性和公共导向，即"观众导向的私人性"[21]。需要强调的是，"观众导向的私人性"描绘的是 18 世纪的"内心"观，是理论层面的推测和愿景，不完全等同于人们的实际体验。这种"内心"观折射出 18 世纪文学、哲学、美学、政治社会理论等不同话语领域对如何在资本主义条件下构建良性社会秩序的设想，构成了西方现代意识形态的重要基石。

但启蒙时代不是一个孤立的世纪，哈贝马斯勾勒的启蒙时代的"内心"观并非 18 世纪突然发生的现象，而是有着很长的历史渊源。中世纪和早期现代研究者已经就 18 世纪之前是否存在类似的"内心"观进行了深入探讨。在 18 世纪之前，人们已经开始描写个体与宗教、

[20] Charles Taylor, "Comment on Jürgen Habermas''From Kant to Hegel and Back Again'", *European Journal of Philosophy*, 7, 2 (1999): 160. 这是泰勒对哈贝马斯《从康德到黑格尔再回来：迈向去超验化》一文的回应，其中他基本同意哈贝马斯的论述，认为启蒙思想代表一种对于美好生活的规划，但着重指出不能将其绝对化。

[21] Jürgen Habermas, *The Structural Transformation of the Public Sphere*, trans. Thomas Burger, Cambridge: MIT Press, 1991, p.43. 中译本《公共领域的结构转型》（曹卫东等译，上海：学林出版社，1999 年）并未将这个术语完整翻译。

政治、法律以及习俗等外在约束之间的冲突，表达个体具有内在于自身的思想和情感的观念。今天看来，18世纪的"内心"观回应了延续至少几个世纪的思潮，让"内"与"外"的冲突得以凸显并将之调和，提出了兼具独立性和社会性的主体观。启蒙时代的主体观在前现代和早期现代不清晰的主体与现代、后现代时期逐渐被瓦解的主体之间构筑起一道乐观的长堤。

关于"内心"或内在自我的观念在18世纪之前是否存在或以何种形式存在的问题，一般总要提到格林布拉特（Stephen Greenblatt）。格林布拉特1986年的文章《精神分析与文艺复兴文化》富有开创性地提出了一个问题：精神分析学说是否适用于文艺复兴时期的文学。他认为答案应该是否定的，精神分析理论揭示了现代主体在构建、维护自身连续性和完整性的过程中所遇到的障碍，但这种主体意识直到18世纪才得以建构，文艺复兴时期的个体不过是"一种位置标志符，标志由所有权、亲属链条、契约关系、习惯法权利和伦理义务构成的复杂网络中的位置"，并不具有主体地位[22]。也就是说，文艺复兴时期的个体只是一个位置，由人际网络和权力关系所决定，不仅不独立，而且缺乏独立的观念。

这个论断问世后引发许多共鸣，也受到诸多指责和修正。格林布拉特在某种程度上是正确的，自主而自为的"内心"是一个特殊历史时刻产生的观念，并不适用于18世纪之前的西方文化史，但他的论断过于强调18世纪与之前时代的差别，割裂了历史联系。早期现代与精神分析理论并没有根本冲突，以弗洛伊德、拉康等为代表的精神分析学派是阐释主体外在于自身（即由外在影响和规训构成）的理论体系，而个体与意识形态的"询唤"（interpellation）或"象征体系"之间的拉锯，贯穿中世纪以来的整个西方文化史。格林布拉特抹杀了早期现代就已经萌生的与外界对抗、富有独立性的主体观念。

欧美中世纪学者普遍认为，中世纪时期是否存在启蒙意义上独

---

[22] Stephen Greenblatt, "Psychoanalysis and Renaissance Culture", in *Learning to Curse: Essays in Early Modern Culture*, New York: Routledge, 2007, p.216.

立和自发的"内心"是一个复杂的问题。中世纪文化相信情感需要操练,情感并不彰显个体独特的精神世界,而是由宗教或政治群体内部的权力结构和日常仪式所决定[23]。个人被宗教和社会习俗力量裹挟,没有清晰的边界。即便如此,作为与环境有一定疏离,具备一定独立性的"内心"观在中世纪文学中还是有所体现的。12 世纪,奥西坦语抒情诗和之后的骑士罗曼司很早就开启了西方文学的"内心"传统。传奇中的骑士不断展现愁容和哭泣,执着于所爱之人和个人荣誉,因此产生一种富有歧义的寓言,一方面将爱变成宗教信仰和道德操守的比喻,另一方面以"内心"来对抗宗教桎梏,另立宗教[24]。

同样,我们也可以对莎士比亚作品进行"内心"层面的解读。莎剧中的人物经常在独白中模糊地表达一种深刻的自省,分析个体与环境的关系,对个体被孤立却并不独立的困境发出喟叹。这可以举出哈姆莱特对"表象"与"真相"的考辨、麦克白夫人对自身性别限制的反抗、李尔王在多佛悬崖上对自己国王身份的质疑等经典段落。一个更为清晰的例子是卡利班对自身梦境与被莫名"噪音"唤醒的反思(《暴风雨》第三幕),它让人很容易联想到阿尔都塞和拉康有关主体受意识形态力量"询唤"才得以形成的理论[25]。莎士比亚研究者汉森(Elizabeth Hanson)就曾指出,文艺复兴已经孕育了一种念头,那就是"内心可以让主体拥有抵抗外界的杠杆力"[26],体现出"内心"受

---

[23] 麦克奈马(Sarah McNamer)、萨莫塞特(Fiona Somerset)、罗森怀恩(Barbara Rosenwein)等学者都已经就此做出研究。对晚近中世纪文学情感研究的综述,参见 Glenn D. Burger and Holly Crocker (eds.), *Medieval Affect Feeling and Emotion*, New York: Cambridge University Press, 2019。

[24] 参见 William Reddy, *The Making of Romantic Love: Longing and Sexuality in Europe, South Asia, and Japan, 900—1200CE*, Chicago: The University of Chicago Press, 2012. 瑞迪认为浪漫爱情与"内心"的萌生与中世纪诗歌传统紧密相连。C. S. 刘易斯早在《爱的寓言》(*The Allegory of Love*, 1936)中就提出过类似论点,认为宫廷爱情成为一种信仰,与中世纪基督教信仰产生隐形的对抗。

[25] Christopher Pye, *The Vanishing: Shakespeare, the Subject, and Early Modern Culture*, Durham: Duke University Press, 2000, p.9.

[26] Elizabeth Hanson, *Discovering the Subject in Renaissance England*, Cambridge: Cambridge University Press, 1998, p.16.

到围困试图挣扎的状态。与之类似的反思声音也层出不穷[27]。

承上所述，我们无法否认从中世纪到文艺复兴时期的"内心"观与 18 世纪的"内心"观具有连续性。不过，在看到这种连续性的同时，我们还是要返回格林布拉特的论点，考察 18 世纪小说"内心"观与众不同的语境和特征。经过 16 世纪的马基雅维利时刻，产生于古罗马的"公民社会"概念以新的面貌在欧洲重生。原来表示政治群体的"公民社会"逐渐分化为两种观念：一个是代表世俗政治权威的国家政体，即马基雅维利的"国家理性"；一个是由家庭和物质生产、贸易、印刷业等流通体系构成的社会，与国家政体在权力上相抗衡。经过英国内战的洗礼，国家和社会共生并存又相互制约的趋势迅速发展，在 18 世纪催生了以商业繁荣和独特的公共文化、政治文化和宗教文化为基础，并由国家权力背书的现代国家主义[28]。这个倾向在英国的表现最为明显，也以不同方式影响了仍处于绝对君主制下的法、德等国。在这一历史语境下，个体的自主性和内在性逐渐树立，越来越多的人能够用文字、戏剧等表达方式在公众视野下表现和塑造自我，同时，这种自主性越来越受到公共文化和国家机器的共同钳制。也就是说，从晚期中世纪到 18 世纪，西方现代主体逐渐浮现，而其核心悖论——即自主的"内心"与外部制约的冲突——也越发明显。启蒙之所以成为启蒙，在于试图跨越中世纪和早期现代已经浮现的"内心"与国家－社会之间的疏离和矛盾，提出在主体与外部环境

---

[27] 参见 Carolyn Brown, *Shakespeare and Psychoanalytic Theory*, New York: Bloomsbury 2015; Carla Mazzio and Douglas Trevor (eds.), *Historicism, Psychoanalysis, and Early Modern Culture*, New York: Routledge, 2000; Elizabeth Jane Bellamy, "Psychoanalysis and Early Modern Culture: Is it Time to Move Beyond Charges of Anachronism", *Literature Compass*, Vol. 7, No. 5 (2010): 318-331。

[28] 英国历史学家 T. C. 布朗宁对 18 世纪欧洲国家主义兴起有过专门论述，将这个过程与公共领域和公共文化的兴起联系在一起，赋予其现代性，但他也同样强调国家主义与民族间的纷争脱不了干系，具有复古特性。他认为英国国家主义是由亨德尔等代表的公共文化与"新教、商业繁荣、权力"等因素的共同作用下形成的。T. C. Blanning, *The cultural of Power and the Power of Culture: Old Regime Europe 1660—1789*, New York: Oxford University Press, 2002, p.306.

间加以协调、消解主体日益鲜明的悖论、保证其完整性的设想。

启蒙的主体方案有很多悲剧性的缺陷，但仍有其历史价值。18世纪见证了对"内心"的首次系统阐释，见证了自主而能与他者协调的主体观念的生成。与18世纪哲学、美学思想和社会思想一样，18世纪中叶的欧洲小说也反复构想现代性主体，在人物内心和人际关系的描写方面开创了一种动态平衡，使用许多新的叙事手段，让他们内心丰富而具有独立性，又不断被放置于他人的注视和判断下。一方面，文本内部设置了不少对话机制，让人物之间进行私密交流，也让叙事者不断教导读者，或对他们袒露心曲，延续蒙田开创的晓畅而私人化的散文传统；另一方面，这类作品又明显地制造各类"表演"场景，凸显"内心"面对公众并受到他们制约和阐释的维度。小说用新的叙事手段将叙事传统与戏剧表演传统相融合，体现并推动了哈贝马斯所说的"观众导向的私人性"这个观念的兴起。

三 现代小说的叙事渊源

西方现代小说与启蒙时代"真实"观和"内心"观有着密切的互文关系，不过两者的关联需要叙事文学史作为中介，西方现代小说是对整个西方叙事文学传统的延续和改造。因此，要了解西方现代小说如何生成，还需要对叙事文学史进行梳理，回顾现代小说如何整合西方叙事传统的许多元素和倾向，并创造出一系列新的形式手段来寄寓对"内心"和人类社会的观察和揣测。

从叙事史角度来考察，现代小说从不同源头接收到"内心"书写的基因，罗曼司、短篇小说、来自东方的传奇故事[29]、自传体写作（生命写作）、书信、散文等都以不同的方式被囊括在现代小说中。概

---

[29] 东方传统的影响可以追溯至罗曼司的鼎盛期。16世纪之前，已经有四大册拉丁文的东方故事，多来自印度和近东，犹太作家阿尔方斯（Petrus Alphonsi）已经从阿拉伯文翻译了33个东方故事，包括《天方夜谭》中的部分故事。

括来说，现代小说延续了罗曼司的理想主义精神，但又吸纳了短篇小说等早期现代发展起来的新体裁中许多试图折射社会现实和"内心"真相的元素。

先梳理现代（长篇）小说与短篇小说的关联。短篇小说（意大利语中的 novela，即"新故事"）最早出现于 15—16 世纪的意大利和法国，这些叙事作品集中于情欲和婚姻主题，尤其关注女性的品德和脾性，成为 1500 年左右在法国发生的"女性问题"探讨和早期现代女性主义思潮的重要组成部分[30]。这些故事有很多取材自当时的现实生活，即便如薄伽丘《十日谈》改编自流传已久的欧洲或东方故事，也往往是对作者身处现实的回应。法国女作家克里斯蒂娜·德·皮桑（Christine de Pizan）的《女性国度之书》（*Livre de la cité des dames*，1405）截取西方历史上著名女性的生平片段，来反驳中世纪以来流行的红颜祸水之说，有鲜明的批判精神。《女性国度之书》名为纪实，但可以说是后来反思女性生存现实的虚构短篇小说的先兆。16 世纪晚期，玛格丽特·德·纳瓦勒（Marguerite de Navarre）对这个传统加以发展，借鉴《十日谈》的形式，在 1549 年左右创作了短篇故事集《七日谈》（*Heptaméron*），她原本计划写延续十日的故事序列，最后完成了差不多七日。玛格丽特不仅仿效薄伽丘的方式，用一个框架统率所有的小故事，还使框架中的人物就内嵌的女性故事展开辩论，让男性和女性人物围绕女性的美德和本性问题进行争论，揭示女性的情感需求和社会禁忌的冲突，显示不同视角之间的差异。薄伽丘的故事经常赋予女性角色以口才、智慧和强大的欲望，轻易地让男女之争缩减为个人智慧之争，相比之下，玛格丽特笔下展现男女情感纠葛的故事更贴近日常生活，女性也更明显地被赋予做出独立道德判断的能力。玛格丽特去世后，这些故事在 1558 年得以首次出版，第一版有

---

[30] 法国首次发表女性主义言论的女作家玛丽·德·古尔内（Marie de Gournay）深受女性短篇故事的影响，在散文罗曼司《与蒙田先生散步》（*Le Proumenoir*, 1594）中特意插入一段对于厌女故事的评论，后来又在自己著名的政论文《男女平等》（*Egalité des hommes et des femmes*, 1622）中将这个思想加以扩展。参见 J. D. Donovan, *Women and the Rise of the Novel, 1405—1726*, New York: St. Martin's Press, 1999, p.34。

严重残缺，第二版才恢复手稿中的大部分元素。

多纳文（J. D. Donovan）和麦卡锡（Bridget McCarthy）等英美学者对这段现代小说的前史有过全面论述，从中可以看到，女性叙事写作在 17 世纪之前一般不以出版为目的，最初大多以手抄本的形式作为礼物传播，但随后通过翻译等方式对公开出版的虚构叙事产生了重要影响[31]。《七日谈》传播到西班牙，女作家玛利亚·德·萨亚斯－索托马约尔（María de Zayas y Sotomayor）在它的影响下创作了《爱情示范小说集》（*Novelas amorosas y ejemplares*，1637）及其续书《爱的失落》（*Desengaños amorosos*，1647）。1654 年，英国出版了由科德灵顿（Robert Codrington）翻译的一个新的《七日谈》英文译本，使其影响扩大。英国女作家玛格丽特·卡文迪什伯爵夫人（Margaret Lucas Cavendish, Duchess of Newcastle-upon-Tyne）的合集《自然写照》（*Natures Pictures*，1656）用一系列虚构故事呈现现实生活的不同侧面，延续了《七日谈》代表的以情感世界为中心的短篇小说脉络。

早期现代欧洲的短篇小说将女性德性情境化，不仅回应了薄伽丘以降由男性书写女性情感欲望的传统，也对基督教中的"决疑法"（casuistry）这种叙事和修辞程式用故事的方式加以回应[32]，对传统的女性观念和针对女性的道德束缚都发起挑战，也由此开启了现代欧洲长篇小说具有写实性的"内心"探求之旅。法国拉法耶特夫人（Madame de La Fayette）的名作《克莱芙王妃》（*La Princesse de Clèves*，1678）和英国女作家曼莉（Delarivier Manley）的《新亚特

---

[31] 参见 Donovan, *Women and the Rise of the Novel, 1405—1726*, London: Palgrave Macmillan, 1998; Bridge McCarthy, *The Female Pen: Women Writers and Novelists 1621—1818*, New York: New York University Press, 1994。

[32] 所谓"决疑法"，是一种法律与宗教判定法或定罪法，1215 年第四次拉特兰宗教会议制定了年度忏悔的教条，由牧师将普遍教义运用于具体情境，裁定具体罪行。参见 Edmund Leites (ed.), *Conscience and Casuistry in Early Modern Europe*, Cambridge: Cambridge University Press, 2002。莱特斯对决疑法在 16 世纪中叶到 17 世纪中叶的发展做出过论述，多纳文著作的第五章也对此做出了详细论述。

兰蒂斯》(*New Atlantis*，1709)是现代长篇小说的先声，两部作品都受到短篇小说合集形式的影响，并各自做出创新。前者加强了内嵌故事与框架叙事间人物的互动，使之具有了长篇小说的雏形；后者糅进了宫廷丑闻这种同样来自法国、在17世纪尤为盛行的叙事体裁。对"内心"真相的探求不断延续，成为贯穿17世纪末女性作家的"情爱小说"(amatory fiction)、18世纪中叶以理查逊为代表的注重道德品位的情感小说，乃至18世纪晚期泛滥的感伤主义小说的核心线索。

当然，催生了现代小说"内心"写实的叙事传统还有很多，书信体小说(17世纪法国的《葡萄牙修女的来信》和英国詹姆斯·豪威尔[James Howell]的《家常信札》以降的传统)，中世纪以来的自传体叙事传统(自传和日记等)，还有由《旁观者》等期刊所推广的散文传统，都对现代小说的产生功不可没，催生了许多直接描摹人物"内心"的手法，如笛福的自述体、理查逊的内心剖白体、斯特恩的谈话体、从菲尔丁到伯尼再到奥斯丁的自由间接引语等。人物时而与"内心"交流，时而互相诉说或争辩，也时刻邀请读者参与和品评。

不过，现代小说的"内心"描摹在写实之外，也受到来自罗曼司的影响。18世纪中叶至末期，罗曼司和新崛起的小说之间的界限一直不太分明，虽然novel一词在英语中已经很常用，但许多作家与批评家，如克拉拉·里弗(Clara Reeve)和威廉·戈德温(William Godwin)，都随意将novel和romance这两个词混用，而法语、德语仍然以roman来表示长篇小说[33]。由此可见，现代小说与17世纪在法国、西班牙等地复兴的罗曼司传统有很大关系。此时，虽然中世纪骑士传奇被普遍摈弃，但古希腊开创的英雄罗曼司却开始盛行，与译介至西方的东方传奇故事的影响相交织，造就了许多用散文写就的、具有理想化倾向的英雄和史诗传奇，以曲折多变的叙事手法(包括倒叙、插叙等)称颂主人公的坚韧和信念。对散文罗曼司与短篇故事的

---

[33] Clara Reeve, *Progress of Romance*, printed for the author, by W. Keymer, London, 1785; William Godwin, "Of History and Romance" (1796), in Maurice Hindle (ed.), *Caleb Williams*, Harmondsworth: Penguin, 1988, pp.358-373.

分野可以在叙事空间层面上考察，分别体现了欧洲航海探险与殖民扩张背景下全球文化的重构和私人领域的变迁；也可以从"内心"书写的角度来进行区分：罗曼司凸显对于道德和情感的浪漫想象，而短篇小说则注重在现实语境中考察"内心"的写实精神。

以出生于罗马尼亚的帕维尔（Thomas Pavel）为代表的一些当代学者曾论述过罗曼司与现代小说兴起的关系，在某种意义上回归了克拉拉·里弗、邓勒普（Johan Dunlop）等18世纪和19世纪批评家最早提出的小说来源于也有别于罗曼司的观点。具有标志性的早期现代罗曼司包括塞万提斯的《波西利斯和西吉斯蒙达》（*Persiles and Sigismunda*，1617），贡布维尔（Gomberville）的《玻利山大》（*Polexander*，1632—1637），玛德琳·德·斯库德里（Madeline de Scudéry）的十卷巨作《阿尔塔曼尼，或伟大的塞勒斯》（*Artamene ou le Grand Cyrus*，1649—1653）在内的许多里程碑式作品，遍布意大利、西班牙、法国、英国和德国。这些作品基本放弃了中世纪骑士传奇中骑士追求功勋、名声的设定，但保留了骑士对未曾谋面或偶然遇见的女士的强烈情愫和比武竞技等元素，也延续了史诗和英雄传奇中主要人物栉风沐雨获得成功的情节模式。它们往往凸显人物的（被遮掩的）高贵出身与美好品质，主人公即使深陷困境，仍然因为勇力与美好品质获得新生：贡布维尔描写加那利群岛国王玻利山大为了追求画中见过的另一个岛国女王而历经考验，一度在非洲成为奴隶，而德·斯库德里笔下以波斯王塞勒斯为原型的男主人公被逐出家园，化名阿尔塔曼尼以兵士身份为自己的叔父效劳，随后又为了营救自己一见倾心的女子四处漂泊；但两人最后都重回高位，并与美人终成眷属。可见，早期现代小说不仅有对人的"内心"加以审视和剖析、以写实手法考察情感与道德规约张力的倾向，同时也具有将叙事情境极限化、对人物进行理想化呈现的倾向，后一种倾向对18世纪的新兴小说也产生了深远的影响。18世纪小说中不断出现约伯受难般的场景，让主人公历经艰险磨难，最后凭借坚韧的美德获得现实或精神上的胜利。这个特点不仅出现在理查逊的《克拉丽莎》（1748）和菲尔丁的《阿米莉亚》（1751）中，也常见于 18 世纪后期泛滥的感伤小说，如英国作家索菲亚·李（Sophia Lee）、海伦·玛利亚·威廉斯（Helen Maria Williams）、夏洛特·特纳·史密斯（Charlotte Turner Smith）的小说与法国作家李柯波尼夫人（Marie Jeanne Riccoboni）和让－弗朗索瓦·马蒙特（Jean-Francois Marmontel）的小说。

从写实性短篇小说和罗曼司发展而来的两个传统——私人内心的"真实"写照与英雄游历叙事——在 18 世纪的欧洲小说中紧密缠绕在一起，因而有很多作品难以简单归入某一类型，而是兼有书写内心"真实"的新颖形式与比较传统的理想化叙事套路，凸显我们之前提到的 18 世纪"真实"观的两个侧面，一方面尊重和观照开放、复杂的现实，另一方面乐观地赋予其体现某种时代需求的秩序。以情感或历险远行为主题的 18 世纪小说都同时具有这两个侧面。情感小说通过对私人领域和个体"内心"的描摹构建国家政体的隐喻，因而具备社会与政治批评的功能。用麦基恩的分析来说，18 世纪小说中有很多"作为政体的家庭"[34]。但与此同时，它们又总是充满程式化的浪漫想象，将女性变成天然德性的化身和社会道德秩序的基石，将早期现代以来欧洲女性对性别束缚的批判和质询转化为对中产阶级社会秩序的支撑[35]。以个人游历为主线，在空间上跨地域或跨国的 18 世纪小说也呈现出类似的双重性。它们经常沾染幻想色彩，把人物推向极限设定，背负沉重的困苦，但其实并不脱离现实，都以自己的方式切近资本主义信用经济、现代国家政体、欧洲殖民扩张等同时代政治议题。感伤小说、异域小说、弥漫惊悚和忧郁情绪的哥特小说等 18 世纪中后期非常普遍的叙事种类都有影射、批判现实的一面。

罗曼司与早期现代短篇小说这两个叙事传统的交叉融合也与 18

---

[34] Mike McKeon, *The Secret History of Domesticity*, p.120.

[35] 18—19 世纪小说赋予女性道德权威的同时，又将她们逐渐封闭于私人领域的观点，最初由批评家阿姆斯特朗提出。参见 Nancy Armstrong, *Desire and Domestic Fiction: A Political History of the Novel*, New York: Oxford University Press, 1987. 当代研究 18 世纪小说中女性地位的学者基本认同阿姆斯特朗的观点，虽然一般会强调女性对资产阶级公共领域的诞生也有重要影响。

世纪 "内心" 观的内在张力相关。18 世纪小说普遍注重刻画人物的 "内心"，情感小说自不待言，即便是仿照罗曼司的结构原则，以人物纪行串连起各色见闻和小故事的长篇小说也同样注重人物描摹。在这些作品中，人物不只是串连故事的线索，他们在记录见闻的同时也如货币一样流通，被周遭人解读，曲折地获得自己的价值，同时以第一人称叙事的方式与读者直接交流，寻求读者的阐释和情感共鸣。法国勒萨日的流浪汉小说《吉尔·布拉斯》（1715—1735）和英国斯摩莱特（Tobias Smollett）的《汉弗莱·克林克历险记》（*The Expedition of Humphry Clinker*，1771）等作品都有这样的特征[36]。这说明 18 世纪小说试图协调个人主权与外在限制之间的冲突，与我们之前总结的启蒙时代的 "内心" 观具有互文关系。这些作品一方面强调私人内心和情感可以被描摹、概括，是由私人占有的财产，另一方面强调私人内心总是向公共流通和交往的领域敞开，不断表演的姿态和话语没有确定的真相，也无法被任何个体完全占有。西方现代小说在延续之前叙事文学的基础上做出重要创新，发展出了凸显人物多维度内心，体现人物与环境之间复杂关系的多种叙事和描写手法[37]。

结语

总而言之，西方现代小说的兴起是一个多源头事件，是诸多文化现象的合力所致，也是启蒙时代文化史和观念史的重要组成部分。现代小说与 17、18 世纪的欧洲哲学、美学以及抒情诗传统共同缔造了一个急切探索、书写 "内心" 和情感 "真相" 的文化，使现代主体所

---

[36] 参见 Deidre Lynch, *The Economy of Character and Economy: Novels, Market Culture and the Business of Inner Meaning*, Chicago: University of Chicago Press, 1998。

[37] 国内学者中，黄梅最早将 18 世纪英国小说与 "现代主体" 相关联，影响很大。参见黄梅：《推敲 "自我"：小说在 18 世纪的英国》，北京：生活·读书·新知三联书店，2003 年，第 9 页。本文试图将 "现代主体" 的问题精确到 "内心" 概念的生产，并与 "虚构真实" 概念相关联，对现代欧洲小说的兴起做出新的阐释。

依赖的"内心"观得以绽放。这个时期,哲学、伦理学、美学、历史和社会理论纷纷聚焦"内心"与社会的关系,聚焦向环境敞开的身体感官和灵魂、头脑或主观意识之间的关联,寻找各种途径调和"内心"与他者的冲突。现代小说秉承悠久的西方叙事文学传统,在18世纪全球化语境中对这个传统的不同支流加以糅合和改造,从而成为一个新兴的文学体裁。到了18世纪中叶,小说数量众多,形式较为成熟,虽然它的地位和作用仍然不断受到质疑,但已具备对个体意识与社会关系做出深入思考并产生巨大影响的功能。

不过,现代小说的历史功能和意义很难"一言以蔽之"。它折射的是一个宏大的启蒙梦想,具有深刻的政治内涵。不论是现代小说,还是其对应的"虚构真实"观与"内心"观,都试图斡旋早期现代欧洲逐渐显现出来的个体与法律、政治、经济和社会群体之间的冲突。然而,这个随着现代性萌生而不断激化的冲突并没有一劳永逸地得到解决。启蒙的方案即使在18世纪也已经暴露出很多盲点和弊端,主体在理论层面的完美无瑕遮蔽了现实中不同社会群体被物化、原子化、无(污)名化等问题,这些问题到19世纪及之后更是展露无遗,引发了很多对于启蒙的批评。如何使不同人群都能有权定义何为主体,探索以他们自己的方式成为主体的路径,进而在不同社会形态和政治制度的对话中为人类找到更好的和谐共处的路径,是启蒙思想和18世纪小说无法解决的问题。18世纪的欧洲小说和欧洲文化已经开始意识到自身的局限,从内部发出了许多质疑的声音。正如18世纪德国犹太裔哲学家摩西·门德尔松(Moses Mendelssohn)在他不太著名的杂志文章《回答问题:什么是启蒙?》(1784)中发出的警示:"一件事物在完美状态下越是杰出,那么当它堕落腐化之时就越为偏颇狭隘。"[38] 19世纪,马克思在黑格尔将启蒙所构想的自主自

---

[38] Moses Mendelssohn, "Ueber die Frage: was heißt aufklären?"(1784), https://de.wikisource.org/wiki/Ueber_die_ Frage:_was_hei%C3%9Ft_aufkl%C3%A4ren%3F. 这是门德尔松应《柏林月刊》杂志征文启事撰写的文章,康德为同一个征文撰写的文章更广为人知。

为的个体历史化的基础上，提出了对启蒙"内心"观和主体观的根本性批评，说明它们源于资本主义和现代国家所创造的"物质的生活关系"[39]，也无法脱离其束缚。这个批评为包括哈贝马斯和法兰克福学派在内的许多有关启蒙思想的研究和批评开拓了一条关键道路。

对现代小说及其写实观和"内心"观的批判自19世纪以来不绝如缕，而延续拓展这个批评的前提是充分了解其复杂的生发和形成机制。今天重提现代小说兴起的问题，就是要说明，西方叙事文学在18世纪发生了重要转折，现代小说与之前之后的叙事传统都有很强的连续性，但仍然拥有许多独特的形式特征和价值取向，标志着一个源远流长的文化时刻。

[39] 马克思：《〈政治经济学批判〉序言》，载于《马克思恩格斯文集》第2卷，北京：人民出版社，2009年，第591页。关于马克思对启蒙思想的批判，参见刘同舫：《启蒙理性及现代性：马克思的批判性重构》，《中国社会科学》2015年第2期。

公共生活中的笑
——沙夫茨伯里的幽默论

范昀

　　无论在西方的哲学史还是美学史讨论中，"幽默"一直是个备受忽视的主题，很少有哲学家愿意去对这个概念做正儿八经的探讨，它常常只是作为修辞手法或某种文体风格被作家与学者一笔带过，并不被给予特别的重视。于是，在这一特定语境中重审沙夫茨伯里的思想别有意味。这位生活于17、18世纪之交的英国思想家对"幽默"情有独钟，围绕这个概念写下了大量文字。即便站在21世纪的当代角度看，我们依然可认为他是西方哲学史上少有对幽默富于极大热忱的思想家。他不仅以幽默为主题写过专门的文章，而且"幽默"在其思想中也占据了核心的位置。[1] 然而我们对这位思想家知之甚少，更不用说他对幽默所做的卓越思考。

　　通过他的著作，沙夫茨伯里试图表达出这样的观点："幽默"并不仅仅是一种文体意义上的风格或修辞，而是一种跟理性思考的重要性相当，对于自由的现代生活具有核心价值的事物。沙夫茨伯里的幽默观，是其"文雅"理想的重要组成部分，后者是其基于1688年英国光荣革命之后社会现实所提出的文化理想。沙夫茨伯里对幽默价值的辩护与论证，基于"共通感"对好幽默所做的检验，以及通过幽默与机智的交谈来理解现代自由等思想，对当今公共生活依然具有重要启发意义。正如学者莉迪亚·埃米尔（Lydia Amir）所言：

---

[1] Lydia B. Amir, *Humor and the Good Life in Modern Philosophy: Shaftesbury, Hamann, Kierkegaard*, Albany, NY: Suny Press, 2014, p.11.

"沙夫茨伯里为 18 世纪对于笑的态度的改变提供了哲学基础，将幽默纳入英国社会、经济以及政治的重要意义之中。"[2] 同时，沙夫茨伯里的对幽默的现代性改造是与英国社会和文化的现代转型是联系在一起的，对其幽默思想的考察，有助于我们更好地审视一种具有现代文明意味的"笑"。

一　为幽默辩护

从词源学的角度看，"幽默"最初的含义体现在生理学层面。根据古代西方的生理学，人体中有四种体液：血液、黏液、黄胆液以及黑胆液，这些液体通称 humours。到 17 世纪前后，该词汇开始被用来形容人的性格，继而成为情绪（mood）的代名词，比如 1589 年本·琼森将之界定为"性情或者气质（temperament）"。到 1682 年，该词开始用来形容有趣和诙谐的事情，它与喜剧性以及滑稽建立联系，也被认为是 17 世纪晚期英语语言中发生的重要革命。[3] 而在幽默这一革命性的变迁中，生活于 1671—1713 年间的沙夫茨伯里三世（Anthony Ashley Cooper）无疑做出了非常重要的贡献。

沙夫茨伯里对幽默的辩护[4]是全方位的，这不仅贯穿于他的哲学思考与写作中，[5] 而且也体现在他的讽刺剧作品《内行夫人》（*The*

---

[2] Lydia B. Amir, *Humor and the Good Life in Modern Philosophy: Shaftesbury, Hamann, Kierkegaard*, p.13.

[3] Simon Critchley, *On Humour*, London and New York: Routledge, 2002, p.71. 从 18 世纪初开始，英语中的"幽默"专用于语文中之足以引人发笑的一类（《梁实秋文集（第 4 卷）》，厦门：鹭江出版社，2002 年，第 572-573 页）。

[4] 沙夫茨伯里对"幽默（humour）"的使用，有部分依然沿用了古典含义，比如他这样写道："的确，那些拥有 air 和 humour 而无法容忍中间脾性的人是很难知晓宗教的疑难与顾虑的，他们会免于受到虔敬的忧郁或狂热的影响，这需要一种深思熟虑的训练让自身在一种脾性中修复并养成习惯。"

[5] "说实话，如果没有让自己尽可能沉浸在好幽默（good humour）之中的话，我几乎都不想考虑这个主题，更不用说是去写它了。" Shaftesbury, *Characteristics of Men, Manners, Opinions, Times*, Edited by Lawrence E. Klein, Cambridge: Cambridge University Press, 2000, p.13.

Adept Ladys）中，更体现在他为幽默特定撰写的主题文章中，如 1707 年《论狂热：给阁下的书信》（A letter Concerning Enthusiasm to My lord）和 1709 年完成的《共通感：一封给友人的论诙谐与幽默自由的信》（Sensus communis, an essay on the freedom of wit and humour in a letter to a friend）。[6]除此之外，他对幽默的相关探讨也散见于他的其余书信与散论中。

沙夫茨伯里对幽默的辩护，基于这样的文化背景：一方面，幽默与嘲讽之风在当时的英国较为盛行。这点在沙夫茨伯里的作品中不断得到提及，他写道："今天的上流社会流行一种潇洒幽默的风气。"这种幽默"已经从浪荡之徒传到正人君子那里。政治家也被感染了，严肃的国家事务也被以这种反讽打趣（irony and banter）的态度来处理。最精明干练的谈判家以最知名的小丑（buffoons）而被知晓；最著名的作家以最伟大的滑稽（burlesque）大师而闻名"[7]。另一方面，幽默备受当时的主流哲学与宗教抵制与反对。无论是他的老师约翰·洛克，还是其思想对手霍布斯，均反对幽默。比如洛克认为"想平安度日的人别去招惹别人，年轻后生尤应戒除讽刺，稍有失当或说漏了嘴，就会在受伤害者内心留下抹不掉的记忆。人有缺点而被挖苦，这也太刻薄了"[8]。霍布斯则认为"最容易产生这种情形的人，是知道自己能力最小的人。这种人不得不找别人的缺陷以便自我宠爱。因此，多笑别人的缺陷，便是怯懦的征象"[9]。这使沙夫茨伯里关于幽默的讨

---

[6] 从历史的语境看，沙夫茨伯里对幽默的辩护有一些很具体的时代背景。比如《论狂热》中他的一个出发点在于，由于《南特赦令》在 1685 年被路易十四废除，当时有一批法国的新教徒（Camisards）来到伦敦。他们夸张的身体表演，不仅吸引了英国大众，而且还让一些有钱人也深陷其中。对这些有害激情的驳斥是沙夫茨伯里的出发点，他同时也认为幽默是对付这类狂热的最佳手段。《论狂热》的篇首就用了贺拉斯的诗句："我不打算像逗乐的人那样，一直戏谑下去——不过笑着说真相，又犯了什么戒？"参见贺拉斯：《贺拉斯诗全集：拉中对照详注本》，李永毅译注，北京：中国青年出版社，2017 年，第 403 页。

[7] Shaftesbury, Characteristics of Men, Manners, Opinions, Times, p.30.

[8] 曼弗雷德·盖尔：《启蒙：一个欧洲项目》，黄明嘉等译，桂林：广西师范大学出版社，2016 年，第 40 页。

[9] 托马斯·霍布斯：《利维坦》，北京：商务印书馆，2017 年，第 42 页。

论暗含着双重目标：一方面是为幽默做辩护来回应那些批判者；另一方面则是试图对传统的逗乐与嘲讽做出现代意义上的改造。

首先，沙夫茨伯里认为打趣（raillery）是对忧郁的治疗，是情感免于走向狂热的最佳手段。面对宗教狂热带来的战争与苦难，沙夫茨伯里深感防止情感走向极端的必要性。沙夫茨伯里并不反对一般的宗教热忱，而是反对宗教狂热（fanaticism）。[10]处于极端狂热状态中的人缺乏自制，丧失理性。当时英国有很多人认为应该用较为严厉的方式去禁止这些狂热的教派，而信奉自由价值的沙夫茨伯里则认为英国没必要像隔海相望的法国那样实行暴政，有时只需要把他们当做笑料嘲讽一番，就已经"加给他们这个世界上最残忍的耻辱"。[11]

根据沙夫茨伯里的分析，忧郁（melancholy）是导致宗教狂热的主要原因："忧郁总是伴随着所有狂热。在爱或宗教（两者之中都存在着狂热）中，没有什么可以阻止日益增长的伤害，直到忧郁被彻底消除，处于自由的心智能够听到对某种极端的荒谬的批判。"[12]这种忧郁的情绪，只能在现实中制造凄凉的悲剧。而"学会把握和调节自然给予我们的幽默感是一门严肃的学问，可为我们提供对付邪恶更为缓和的治疗，以及对抗迷信与忧郁的特定药方"[13]。在他看来"好幽默不仅是防范狂热的最佳保障，而且还是虔诚与真正宗教的基础"[14]。因为"在一种忧郁的气氛中修习宗教，这就不能让我们以一种良好的幽默来思考它"。好幽默与真正的宗教并行不悖。他希望将

---

［10］ 按照埃米尔的考察，沙夫茨伯里并不是完全否定 enthusiasm。这个词最早出现在 17 世纪早期，意谓"神圣的着迷（divine possession）"，到 1656 年"enthusiast"最早出现在英语词典中，指涉"改革的再洗礼教派"，这个教派的信徒认为自己受到神圣精神的启示，对他们所信奉的事物有着清醒的洞见。Enthusiasm 后来成为诋毁不从国教者（Nonconfonformists）的词语。在复辟时代（Restoration），enthusiasm 基本成为一个贬义词。埃米尔指出，沙夫茨伯里对这个词具有双重贡献，一方面他赋予了其积极的内涵，另一方面他也延续了这个词的负面意义（Lydia B.Amir, *Humor and the Good Life in Modern Philosophy: Shaftesbury, Hamann, Kierkegaard*, p.24）。

［11］ Shaftesbury, *Characteristics of Men, Manners, Opinions, Times*, p.15.

［12］ Shaftesbury, *Characteristics of Men, Manners, Opinions, Times*, p.9.

［13］ Shaftesbury, *Characteristics of Men, Manners, Opinions, Times*, p.59.

［14］ Shaftesbury, *Characteristics of Men, Manners, Opinions, Times*, p.13.

幽默带入宗教以便改善宗教。

其次，沙夫茨伯里坚信嘲讽是对真理的检验，揭露某种智力上的伪善与教条。在沙夫茨伯里看来，经不住打趣的主题必然可疑，假正经（imposture of gravity）经受不住一个笑话的考验。他对真正的严肃与假正经进行了区分，并指出假正经经常以庄重、严肃与形式主义的方式体现出来，它"并不惧怕与严肃的敌人短兵相接，郑重其事的攻击对它并无威胁，真正令其痛恨或害怕的则是像愉快与好幽默这样的事物"[15]。恩斯特·卡西尔就将沙夫茨伯里的这个观点理解为：嘲讽是一种针对错误的严肃、虚妄的自尊以及迂腐（pedantry）与顽固（bigotry）的批判。[16]他认为我们之所以没有走出愚蠢，是因为并未将嘲笑进行到底，半途而废。[17]

对于真理不会遭到幽默解构的乐观，沙夫茨伯里有其独特的哲学理由。在他看来，真理总是具有和谐与一致性的，只有不和谐、变态的事物才是可笑的。"除去变形的之外，没有什么东西是可笑的（ridiculous），也没有什么东西抵挡得住打趣，除非这东西是美观和恰到好处的。因此世界上最困难的是否认对这一武器的诚实使用，它绝不会反对其自身而是反对所有与之相反的事物。……如果一个人，富于可以想象的才智，却对智慧打趣，或者嘲笑诚实或良好的举止，那么他自己才显得可笑。"[18]反过来，幽默似乎能让我们明白什么是世上真正的善："我们不仅应当保持平日的好幽默，而且还要保持在我们生命中最上乘的幽默以及最甜蜜、最仁善的性情，这样才能更好理解真正的善是什么，也明白那些属性到底意味着什么，这些属性，我们通过赞美与敬仰把它们归于神圣。"[19]

再者，幽默对于哲学上的自我认识具有极为关键的价值，因为它

---

［15］ Shaftesbury, *Characteristics of Men, Manners, Opinions, Times*, p.17.

［16］ Lydia B.Amir, *Humor and the Good Life in Modern Philosophy: Shaftesbury, Hamann, Kierkegaard*, p.48.

［17］ Shaftesbury, *Characteristics of Men, Manners, Opinions, Times*, p.38.

［18］ Shaftesbury, *Characteristics of Men, Manners, Opinions, Times*, pp.45-46.

［19］ Shaftesbury, *Characteristics of Men, Manners, Opinions, Times*, p.18.

既是促成内在对话的手段，同时也是这种对话的结果。沙夫茨伯里的哲学理念深受苏格拉底的影响，他试图克服并摆脱其同时代学院哲学的抽象与封闭，试图让哲学回归现实并走向开放，回到德尔菲神庙的箴言"认识你自己"。这就意味着哲学思考与实践要拒绝那种自我中心的独白，而要追求在自我独白中的内在对话与反思。他倡导我们在一个隐秘处所发现某种灵魂的二重性，并把我们自己分为两个部分。[20]于是，他就成为两个不同的人。他是学生同时也是教师。他在教授的同时也在学习。"如果不以独白的方法进行严格的自我检查，进行深入的自我对话，一个人很难成为优秀的思想家。"然而在沙夫茨伯里生活的时代，"对话正在走向终结。古人能够看到他们自己的脸庞，而我们自己却看不到"。[21]

在这种将自我拉开距离的过程中，幽默可以扮演非常重要的角色。适当地自嘲就是自我批判的最佳方式："谁会把自己分成两个，并成为自己的主题？谁能恰当地嘲笑自己，并在这种情形下感到开心或严峻？"[22]同样地，当一个人致力于真诚地自我对话与剖析时，他也能看到自身的局限与可笑，同时又能对自我的可笑有一种坦然的面对与接受："如果画中我们身着真实的服饰，那么肖像越是真实、肖似，就越显得可笑。"正如西蒙·克里特利所言："真幽默不会伤害到一个特定的受害者，反倒总是包含着某种自嘲。被嘲笑的对象恰恰是被笑话取悦的那个人。"[23]幽默所引发的内在批判，在艺术创造上也具有重要价值。他认为"如果作家们能掌握这种方法，或者在凡俗之辈能够领会的层次上锻炼这种技艺，很多人都可以成为受人尊敬的作家"，令他感到悲哀的是并没有谁达到这一点。

最后，幽默在作为一种理性的辅助来推进公共对话与社会生活的同时，本身就是一种良好理性的标志。他指出，若要让人们学会使用

---

[20] Shaftesbury, *Characteristics of Men, Manners, Opinions, Times*, p.77.

[21] Shaftesbury, *Characteristics of Men, Manners, Opinions, Times*, p.92.

[22] Shaftesbury, *Characteristics of Men, Manners, Opinions, Times*, p.18.

[23] Simon Critchley, *On Humour*, p.15.

理性，莫过于让他感受到推理的乐趣，"只有当人们在推理中发现了乐趣，才能愿意遵循推理的习惯"[24]。在理性对话中使用幽默，也可以增进对话而不伤害彼此：打趣（raillery）的自由是一种用得体的语言来质疑所有事物，也是一种在不冒犯辩论者的前提下允许阐明或反驳任何论证，这些是能使思辨性谈话让人愉快的唯一办法。"[25] 僵硬的形式主义理性论证并不适合社会性的公共交谈。"假如理性辩论（尤其是更深入的思考）丧失了信誉，并由于程式化表达而蒙羞，那就有理由留给幽默与欢乐更大的空间。一种处理这些主题更为轻松的办法将会使它们显得更令人愉快与亲近。"[26] 这种借助幽默而进行的理性，其实也提供给人们一种公平对话的机会，"给对手以平等的条件，面对面地交锋"。[27] 更进一步说，幽默不仅是一种理性的辅助手段，本身就是一种更高的理性。这在他对机智（wit）[28]的解读中得到体现。"没有机智与幽默，理性几乎得不到考验，或者脱颖而出。"[29] 正是在这种愉快的推理中，我们才能成为"更高尚的理性之人"。[30] 可以说，沙夫茨伯里的理性观念正好体现了 20 世纪哈贝马斯反复重申的"交往理性"。

二 好幽默与坏幽默：从戏谑、讽刺到反讽

尽管对幽默的价值做出这样的肯定与辩护，但不可否认的是，沙夫茨伯里对幽默的捍卫并不是毫无保留。在对幽默的四种价值的辩护

---

[24] Shaftesbury, *Characteristics of Men, Manners, Opinions, Times*, p.33.

[25] Shaftesbury, *Characteristics of Men, Manners, Opinions, Times*, p.33.

[26] Shaftesbury, *Characteristics of Men, Manners, Opinions, Times*, p.37.

[27] Shaftesbury, *Characteristics of Men, Manners, Opinions, Times*, p.35.

[28] 根据维基百科的定义，机智就是一种具有知性的幽默，一种以聪明或有趣的方式把思想说出来或者写出来的能力。一位机智的人就是擅长于对事物进行聪明而诙谐的评论（Wit is a form of intelligent humour, the ability to say or write things that are clever and usually funny. A wit is a person skilled at making clever and funny remarks）。

[29] Shaftesbury, *Characteristics of Men, Manners, Opinions, Times*, p.35.

[30] Shaftesbury, *Characteristics of Men, Manners, Opinions, Times*, p.37.

中，他并不认为这些价值必然相互兼容。比如幽默的有些价值体现在对他人的伪善或虚假的信条的嘲讽中，有些价值则体现在内在的对话中；幽默有时体现在对他人的嘲讽中，有时则体现在对他人的友善与社交中，这些价值之间的冲突与不兼容性不容回避。

在对古希腊喜剧的考察过程中，沙夫茨伯里发现："刻薄的喜剧天才被用以调和浮夸的言语和豪壮的演说导致的昂奋和狂妄。但是不久之后，人们发现喜剧本身也变成了一种疾病：我们知道，就像药物把那些腐烂之物完全清除，把淤塞之物也消除的时候，它们也会腐蚀其他地方。"[31]在另一处谈到塞万提斯的创作时，他也表达了类似的看法。尽管沙夫茨伯里充分肯定塞万提斯对中世纪价值的调侃与戏谑，但同时认为这种戏谑有待修缮与打磨："如果我是西班牙的塞万提斯，并与这位喜剧作家一样取得了成功，扫除了盛行的哥特式趣味或摩尔式的骑士精神，我在往后就可满意地看到自己的滑稽之作受人鄙视，弃之如敝履……我应该继续努力提升我的读者的品位，我要尽我所能磨砺之，使之敏锐起来，当它能在较低级的对象上一试身手之后，通过这些锻炼，就能变得更加锐利，能在面对较高级的对象时取得更好的效果，这就是读者最大的幸福，即他的自由和勇气。"[32]

在此基础上，沙夫茨伯里提出了一种他理想中的"好幽默（good humour）"。[33]"以幽默起头的无论什么东西，如果失之自然，它也难以持久；嘲讽之举（ridicule），假如一开始就没放对位置，那最后自然失之妥当。"[34]他将"文雅的诙谐（genteel wit）"或"真正的打趣（true raillery）"与纯粹的"戏谑（buffoonery）"或"逗乐（banter）"

---

[31] Shaftesbury, *Characteristics of Men, Manners, Opinions, Times*, p.111.

[32] Shaftesbury, *Characteristics of Men, Manners, Opinions, Times*, p.445.

[33] 沙夫茨伯里使用很多不同的词来表达他的幽默问题的探究。可以看到有一些词具有褒义性（如 humor, wit, raillery, ridicule, laughter, good humor, irony, banter）；另有一些则富有贬义色彩（buffoonery, comic, satire, burlesque）。此外，关于 good humour 到底翻译成"好性情"还是"好幽默"似乎也存在争议，但在沙夫茨伯里那里，他的 good humour 似乎同时表达了这个词的这两层含义。

[34] Shaftesbury, *Characteristics of Men, Manners, Opinions, Times*, p.8

区分开来。在生前并未出版的《生活》(*The Life*) 中，他认为那种未受限制的笑会妨碍人与人之间的同情。在另一段文字中他则指出："的确，俗人可能会把笑话 (jest)，甚至是滑稽 (drollery) 或戏谑一股脑吞下肚，而有见识和教养的人则与精妙与真实的机智相伴。"[35]

在对好幽默的区分与界定过程中，沙夫茨伯里将更多火力对准戏谑与讽刺："重负越是巨大，讽刺 (satire) 就越是辛辣。奴役的程度越高，戏谑 (buffoonery) 则愈加精妙。"[36] 他以意大利的喜剧为例指出，最伟大的戏谑是属于意大利人的："在他们的作品中，相对自由的谈话中，剧院以及街道中，戏谑与滑稽 (burlesque) 是最为流行的。这是那些穷困潦倒者发泄自由思想的唯一途径。我们必然在这种机智的优越性上输他们一筹。如果我们这些拥有更多自由的人在这些出格的打趣与嘲弄上缺乏机敏，又有什么好奇怪的呢？[37] 这段话看似褒扬，其实隐含着贬斥。这点也体现在他对莎士比亚创作的评价中，尽管他肯定莎士比亚具有"正义的道德，有许多贴切的描写"，其作品"始终都给人以道德上的教益"。[38] 但沙夫茨伯里认为这位作家依然保留了英国诗人身上卖弄双关语和俏皮话的风格[39]，"带着未经雕琢的粗野，风格不雅，充斥着陈旧的警句和机智，缺乏条理和连贯"。[40]

在其同时代作家中，沙夫茨伯里也批评了斯威夫特的讽刺。在"杂论"(Miscellany) 中他指出："讽刺的精神源自于有害的心态。"[41] 当代的讽刺是"恶语毁谤、滑稽可笑，缺乏道德或引导的"[42]。斯威夫特是可恶的、淫秽的及亵渎的。沙夫茨伯里写《论狂热》要部分归

---

[35] Lydia B.Amir, *Humor and the Good Life in Modern Philosophy: Shaftesbury, Hamann, Kierkegaard*, p.8.

[36] Shaftesbury, *Characteristics of Men, Manners, Opinions, Times*, p.35.

[37] Shaftesbury, *Characteristics of Men, Manners, Opinions, Times*, p.35.

[38] Shaftesbury, *Characteristics of Men, Manners, Opinions, Times*, p.124.

[39] Shaftesbury, *Characteristics of Men, Manners, Opinions, Times*, p.97.

[40] Shaftesbury, *Characteristics of Men, Manners, Opinions, Times*, p.124.

[41] Shaftesbury, *Characteristics of Men, Manners, Opinions, Times*, pp.384-385.

[42] Shaftesbury, *Characteristics of Men, Manners, Opinions, Times*, p.119.

因于斯威夫特，在这部作品中他试图把自己与斯威夫特区别开来。[43] 而在后来的《生活》中他还这样写道：

> 目睹那位最令人厌恶的《木桶的故事》的作者的恶劣写作的广为散布与初次成功，这位作家的举止、生活以及堕落的笔和舌的确要对他错误的机智的这种无序、淫秽、亵渎以及谄媚以及糟糕的毁谤与幽默负责。然而你会知道这部离奇的作品甚至如何取悦了我们最伟大的哲学家，以及那些不喜欢它的人又是如何不敢去反对它。[44]

甚至还有学者认为沙夫茨伯里前瞻性地对 19 世纪浪漫主义"反讽"提出了批判。根据施莱格尔的定义，"反讽是对一种永恒活力、一种无限充盈的混乱的清楚意识"。这种意识具有忧郁的情感，"感叹自身微不足道、昙花一现、破碎无依"[45]，比如歌德笔下的少年维特。而沙夫茨伯里所倡导的好幽默则表达了相反的情感，面对某种无限的事物，自我能够在不陷入忧郁的条件下感受自我的局限。沙夫茨伯里寻求一种在严肃与欢愉、悲剧与喜剧之间的平衡。他的幽默只能是一种"柔性的反讽（soft irony）"。此外在《练习》（exercise）和未出版的拉丁文作品中，沙夫茨伯里还对"由衷的欢笑（hearty langhter）"和"文雅的微笑（gentler kind of laughter）做了区分。总而言之就是试图界定出一种更为文明和人性的笑：

---

[43] 斯威夫特与沙夫茨伯里的文风相近，斯威夫特在《木桶的故事》中就指出有人误认为《论狂热》也是他的作品："鉴于本文作者对大多数密隐瞒了身份，如果有人言之凿凿地断言作者为谁，那一定是很不靠谱的。然而有些人走得更远，他们宣称另一部书（《论狂热》）也出自本书作者之手。作者直截了当地宣布，这是彻头彻尾的错误，他可从来没有读过那篇文章。"参见乔纳森·斯威夫特：《书的战争 桶的故事》，管欣译，北京：商务印书馆，2016 年，第 41 页。

[44] Shaftesbury, *The Life, Unpublished letters, and Philosophical Regimen of Anthony, Earl of Shaftesbury*, Edited by Benjamin Rand, New York: The Macmillan co., 1900, p.294.

[45] 恩斯特·贝勒尔：《德国浪漫主义文学理论》，李棠佳、穆雷译，南京：南京大学出版社，2017 年，第 139 页。

于是，把这种粗俗、肮脏、过多的、令人厌恶的笑替换为更为含蓄、文雅的甚至不能被称为笑，或者至少是另一种类型的笑，这将会是怎样的快乐？将这种有害、侮辱性、任性的笑替换为亲切、有礼貌、宽容的笑，将这种粗糙、野蛮、愚蠢的笑替换为文明、文雅和人性的笑，将聒噪、喧闹、高声吵闹的笑替换为平和、宁静、温和的笑，又将是怎样的快乐？

前文已经提到，沙夫茨伯里并非看不到滑稽或讽刺在破除中世纪迷信方面所具有的重要价值，但他始终认为在一个已经开始走出中世纪告别专制王权的自由时代，我们似乎有必要对这种古老的戏谑有一种新的调整与改造，与文明的进程同步，让幽默变得更文雅、更人性。他关于"好幽默"的论述，确实具有强烈的现代性意味。他关于好幽默的界定，在使幽默"独立自主地超越于事物乏味呆板的表面之上，以崭新的批判精神去洞察事物，深入到事物的表层之下"[46]的同时，还带有了对嘲讽对象的某种同情，"唯有在我们对事物的愉快浏览中输入适量的同情成分，我们才能在享受幽默的道路上走得更远"。幽默始终把自己保持在从容享乐（quiet enjoyment）的层次上。[47]那么，究竟是怎样的标准让幽默更加的人性或者更加的文明呢？这就牵涉到他对"共通感（sensus communis）"这一古老观念的重新发掘以及基于古典文化而建构的"文雅（politeness）"的社会理想。

三 幽默、共通感与文雅社会

究竟应该如何区分好幽默与坏幽默呢？对此，沙夫茨伯里也提出了不少区分办法：比如他指出"嘲笑任何事情，与发现事情中真正可

---

[46] 詹姆斯·萨利：《笑的研究》，肖聿译，北京：中国社会科学出版社，2011年，第258页。

[47] 詹姆斯·萨利：《笑的研究》，第263、266页。

笑的东西，这两者之间存在着很大的区别"。他还引述古代诗人高尔吉亚（Gorgias）的话："幽默往往是庄重的唯一检验，反之亦然。经不起打趣的主题是可疑的，一个经不起认真检验的笑话，当然也是错误的机智。"[48]也就是说，庄重也是检验幽默好坏的重要标准。但在这些检验的过程中，沙夫茨伯里提出的"共通感（sensus communis）"殊为重要。他史无前例地将共通感与幽默联系在一起讨论。学界关于他为何要将幽默与共通感相提并论，幽默与共通感之间的关系是什么，以及共通感与常识（common sense）之间的关系语焉不详[49]，因此有必要对此做进一步的阐发。

根据伽达默尔的论述，"共通感"一词最早源自古罗马。[50]这个词被认为源于斯多亚学派，古罗马皇帝马克·奥勒留采用了一个非常生僻的人造词 koinonoemosyne（共同思想力）。这个词被人文主义者萨尔马修斯理解为"人们的一种谦逊的、适度的和通常的精神状态，这种精神状态是以某种共同的东西为准则，它不把一切归到自身的功利之上，而是注意到它所追求的东西，并有节制地谦逊地从自身去进行思考"[51]。在沙夫茨伯里之前，意大利思想家维科早在17世纪也对这个概念进行了重新诠释与发掘。

沙夫茨伯里对"共通感"与幽默的并置应该首先具备这样一层内涵，幽默或笑话一定是具有公共性维度的，因为笑是一种群体性的活动，我们总是一起笑。克里西奇就指出："讲笑话是听众与讲述者共同认可的，具体且意味深长的行为。其中有一种默认的社会约定在运作，即我们所处社会环境之中的一些共识，这些共识构成了笑话中隐含背景。在我们眼中的笑话，以及语言或视觉惯例中的笑话，必然都

---

[48] Shaftesbury, *Characteristics of Men, Manners, Opinions, Times*, p.36.

[49] 沙夫茨伯里在文章的标题中用拉丁文 sensus communis，但在后面的正文中却用现代英语 common sense 作为替代。这不仅给翻译，而且也在理解上造成了一定困难。

[50] 沙夫茨伯里在作品中却给予这个词古希腊的源头。在《共通感》一文中他这样写道："共通感源于希腊，指的是对于公共福利和普遍利益的意识，是对社群和社会的爱。"

[51] 汉斯-格奥尔格·伽达默尔：《真理与方法》（上卷），洪汉鼎译，上海：上海译文出版社，2004年，第31页。

存在有一种默契的共识或隐性的共同理解。"[52]

但在沙夫茨伯里这里，他更为强调幽默是一种文明社会的产物，同时也是人类自然天性的结果。他指出，"共通感"指涉"对公共福利与公共利益的意识，对共同体或社会的爱、自然亲情、人性、亲切（obligingness）或基于人类共同权利的正义感产生的那种礼貌（civility），以及在那些共同的物种中存在着的自然平等"[53]。在这个意义上，他不认为处于暴政之下存在"共通感"的可能性，他援引罗马诗人尤维纳利斯（Juvenal）的诗句指出在尼禄的专制下，"共通感 / 常识是稀缺的"。[54]因为"公共精神只能来自一种社会情感或人类的伙伴意识。距离这种意义上的伙伴或这种共同情感的共享者更远的，莫过于那些根本就不知道同类，也不知道自己从属于任何伙伴或共同体法则的人"。这些"生活在暴政之下并学会崇拜权力并视之为庄严与神圣的人们，他们的道德与宗教同样堕落"，"除了知道意志与权力决定一切之外，他们缺乏什么是善或正义的观念"。[55]与之相反，在一个自由文明的国度中，常识才是可能的：

> 至于我们不列颠人，感谢老天，我们有从祖先那里继承下来的良好的治理感。我们有公共的观念，并有一部宪法指明立法与行政机构如何形塑。我们明白这方面的分量与尺度，并能就权力与财产的平衡进行公正的说理。我们从中得出的准则就跟数学中的定理一样清楚明白。我们日益增长的知识每天告诉我们，越来越多地告诉我们政治中的常识，这必然引导我们去理解成为其基础的道德中的常识。[56]

从沙夫茨伯里对"好幽默"的区分与界定中，我们就可看到这是

---

[52] Simon Critchley, *On Humour*, pp.3-4.

[53] Shaftesbury, *Characteristics of Men, Manners, Opinions, Times*, p.48.

[54] 原文：For common sense is quite rare in that situation.

[55] Shaftesbury, *Characteristics of Men, Manners, Opinions, Times*, p.50.

[56] Shaftesbury, *Characteristics of Men, Manners, Opinions, Times*, pp.50-51.

一种文明共识基础之上的幽默，不仅体现了当时英国社会的"常识"，而且也同时体现了人类普遍的"共通感"。[57]沙夫茨伯里也彻底否认了人在非自由的威权社会中就丧失了这种共通的感受："即便在公共原则最受到扭曲与践踏的地方，依然存在着一种公共的原则……人类心理对治理与秩序有一种多么天然的情感"；"信仰、正义、诚实以及德性一定早在自然状态中就存在了"，"没有这种感觉或情感，没有对国家、共同体或者任何公共事务的爱，那就跟对自我保存的显而易见的手段以及自我娱乐最为必要的条件毫无感觉一样"。[58]

在此意义上，沙夫茨伯里将"共通感"既理解为一种特定的现代文明意义上的"常识"，同时他也将其投射为一种人类的普遍自然天性。自然与文明在他的哲学中，并不存在着不少哲学家所认为的对立。当一个社会的常识（如他生活的英国社会）与人类的社会天性并无抵触时，共通感就是常识；而当一个社会的宗教狂热或理论教条（如霍布斯思想）违背了人类的社会／道德天性时，共通感就是对这些"常识"的超越与反思。同理类推，作为一种共通感的形式，沙夫茨伯里认为好幽默致力于捍卫自由社会的常识，同时也是超越那些非常识的"常识"的重要手段。因为每个社会或共同体都有其内部的"常识"，但这种常识并不一定代表某种具有文明意味的人文主义内涵的共通感。在这个意义上，幽默具有某种拯救的力量，可以让我们回归到一个普通的、熟悉的世界中来。这也是沙夫茨伯里所要强调的东西：幽默可以捍卫常识也可以挑战常识，但它绝不挑战"共通感"。

进一步说，作为一种"共通感"形式的幽默，也是沙夫茨伯里更大的"文雅"理想的一部分。随着1688年光荣革命后英国社会与政

[57] 将"共通感"直接翻译成"常识"会引发误读，有必要对二者做一定的区分。Simon Critchley就指出，这个词是罗马人的概念，贺拉斯与尤维纳利斯等人在使用该词时更多强调"合群"而不是"常识"。西塞罗则将sensus communis与urbanitas或"温文尔雅的才智（urbane wit）"联系在一起。"常识"并不一定是特指文明意义上的价值，这是任何一个共同体都可能拥有的、具有多样性的某种偏见或共识。
[58] Shaftesbury, *Characteristics of Men, Manners, Opinions, Times*, pp.50-52.

治现实的巨大变迁，辉格党的政治与文化也发生了变化。作为辉格党政治理念的继承者（其祖父为辉格党的创建者），沙夫茨伯里的目标不再是父辈们那种对王朝秩序的激进反对，而是如何在一个自由的时代确立新的文化道德秩序。正如埃米尔所言，"与那种漫无边际的推理相比，他对改善他生活时代的道德、风尚（举止）以及趣味更感兴趣，他致力于为后王权欧洲文化设计一项文化方案促进自由"。[59] 对于这一文化方案或秩序，学者劳伦斯·克兰（Lawrence Klein）用"文雅（politeness）"予以概括，因为在沙夫茨伯里的作品中这个词频频出现，几乎可被视为理解其哲学思想的关键词。

"文雅"是什么？关于"文雅"，《启蒙运动布莱克维尔指针》（*The Blackwell Companion to the Enlightenment*）指出，politeness 来源于拉丁文 politus，意为"打磨了的"（polished），指人类从野蛮的状态发展进步到道德改善，富于礼仪的阶段。[60] 按照该书的看法，该词具有两个层面的意义。一个层面指向外在的行为举止，如克兰所言，其"被理解为一种以机敏而得体的言行举止在社交中受人欢迎的技巧"。但另一层面认为对这个词的理解不能忽略其更为广博丰富的内涵，它不仅指代外在的礼貌、言行、举止，而且更涉及人的内在审美及道德修养。阿瑟·赫尔曼（Arthur Herman）对此做了更为细致到位的诠释：

> 这个词来自珠宝工人和石匠（打磨、雕琢石头和珠玉），沙夫茨伯里将其奉为人类的最高德性。他所谓的文雅或教养并不是一般概念中的讲礼貌，而是涵盖了成熟高尚的文化的所有长处：对于事物的敏锐理解力和思维能力、繁荣的艺术和文学、自信心、对真理的尊重以及知识分子的批判精神，此外最重要的

---

[59] Lydia B.Amir, *Humor and the Good Life in Modern Philosophy: Shaftesbury, Hamann, Kierkegaard*, p.19.

[60] *The Blackwell Companion to the Enlightenment*, Oxford: Blackwell Publishers, 1991, p.410.

是对于人性善良一面的赞赏。沙夫茨伯里伯爵的座右铭是"爱与奉献",他认为仁慈、同情、自我约束和幽默感是"雅致的(polished)"成熟文化结成的果实。[61]

"文雅"理想不仅是沙夫茨伯里的追求,同时也为那个时代的智识阶层所共享。比如这也是同时代艾迪生(Addision)、斯蒂尔(Steele)等人的追求[62],他们也通过创办《旁观者》(Spectator)等刊物,借以促进文明。按照约翰·波考克(John Pocock)的理解,包括沙夫茨伯里、艾迪生在内的新一代辉格党人实现了将辉格党意识形态由政治往社会、文化层面的转向,在"促进了讲究礼仪风格"的同时,也"促进了一种有着讲究礼仪风格的政治"。[63]

在沙夫茨伯里的思考中,审美教育是促成"文雅"理想的最重要途径。沙夫茨伯里理想中的有德之人,并非死守教条的学究或狂热的道德主义者,而是能够根据具体的现实做出灵活应变,并与人和睦相处之人。"只要适合于一位绅士,有人劝我成为一位艺术鉴赏者(virtuoso),这要比在这个时代我称之为学究的人,在成为一位富于德性与明智之人的道路上站在更高的台阶之上。"在追求这种具有一定灵活性的鉴赏家的人格的过程中,幽默感无疑是最为重要的。"那些艺术的爱好者乐于支持的,不正是那种对一种幽默、一种感觉、一种妙不可言的机智(je ne sais quoi of wit)以及一种心智的优雅的赞赏?"[64]幽默所具有的灵活性有助于塑造某种在道德上的机智(moral tact)以及自发性(spontaneity),而避免僵化的道德主义

[61] Arthur Herman, *How the Scots Invented the Modern World*, New York: Broadway Books, 2001, pp.74-75.

[62] 艾迪生是沙夫茨伯里《特征》的亲密读者与订阅者,深受其文章的影响,能够适时地从后者的观点中得到启发,将"哲学从密室与图书馆,从学校与大学中带出,使其逗留于俱乐部、集会以及茶桌与咖啡屋中"(Lydia B. Amir, *Humor and the Good Life in Modern Philosophy: Shaftesbury, Hamann, Kierkegaard*, p.19)。

[63] 约翰·波考克:《德行、商业和历史:18世纪政治思想与历史论辑》,冯克利译,北京:生活·读书·新知三联书店,2012年,第351页。

[64] Shaftesbury, *Characteristics of Men, Manners, Opinions, Times*, p.63.

（moralism）。[65]

因此，唯有基于这一文明史的立场才能更为全面地理解沙夫茨伯里赋予幽默的社会乃至政治价值，真正体会到沙夫茨伯里所理解的幽默其实是一种公共生活的笑。当那些曾经风行一时的幽默类型几乎已经江河日下的时候，[66]一种属于现代的笑，一种更具有进步意义与人性价值的笑正在冉冉升起：

> 在我们的时代，我们看到这种错误的机智已经遭人冷落，趋于消逝，而我们的先辈却备加喜爱，他们的诗歌、戏剧以及布道到处都充斥着这些东西。……到今日，这种幽默已从城市中消失，所有高雅的聚会也弃之不用，只有一些乡村还仅存一些残余，而且看起来只限制在幼儿园里，作为一些老学究及其学生的主要娱乐。因此，在其他方面，机智已被我们改进，幽默也变得雅致，如果我们注意不要去胡乱玩弄它们，通过严谨的用法和严格的法则来限制它们的话。[67]

诚如西蒙·克里奇利所言，"幽默是一个独一无二的现代观念，它与像18世纪英国那样的民主公共领域的兴起联系在一起"[68]。也正如彼得·伯克颇为惋惜地看到，现代性确实可被理解为是一个幽默与诙谐逐渐得到承认，而挖苦与讽刺逐渐退出历史舞台的过程。[69]沙夫茨伯里心目中真正的好幽默就是那种作家詹姆斯·伍德所谓的"宽恕的喜剧"，它不同于过去的"纠错的喜剧"，"纠错的喜剧是嘲笑别

---

[65] Lydia B. Amir, *Humor and the Good Life in Modern Philosophy: Shaftesbury, Hamann, Kierkegaard*, p.28

[66] Shaftesbury, *Characteristics of Men, Manners, Opinions, Times*, p.12.

[67] Shaftesbury, *Characteristics of Men, Manners, Opinions, Times*, p.31.

[68] Simon Critchley, *On Humour*. London and New York: Routledge. 2002. p.84.

[69] Peter L. Berger, *Redeeming Laughter: The Comic Dimension of Human Experience*, New York: Walter de Gruyter, 1997. p.215.

人，宽恕的喜剧是与别人一起笑。[70] 现代的幽默不仅是治疗忧郁、克服狂热以及战胜迷信的有效手段，而且更是哈贝马斯意义上"公民社会"实现"交往理性"的重要手段。在这条道路上，我们可以在20世纪韦恩·布斯的"反讽共同体"以及理查德·罗蒂"拒绝残酷"的"自由主义的反讽"中看到对18世纪沙夫茨伯里的遥远的致敬。

四 当代幽默文化的衰落与重生

2018年6月，耶鲁大学英文系教授大卫·布罗姆维奇（David Bromwich）访问中国，在接受一篇媒体专访时，直言当代民主文化中喜剧或幽默文化的衰败。他一方面看到在某些场景中笑话遭到了禁止，"比如在校园场景中，你不能开种族的玩笑。那不好笑，或者你得假装它不好笑……你不想被别人发现自己对不该发笑的事情发笑"，但另一方面在另一些场景下，笑话却变得越来越粗俗："现在受欢迎的幽默好像都是那种极端粗俗的，而且明显是面向这类那类特定人群的……在目前的美国，我觉得整体上的情绪是错乱的。人们想要笑话敌人，但现在要笑话敌人只能人身攻击，诽谤中伤，怎么丑陋怎么来。"[71]

如果沙夫茨伯里生活在我们这个被媒体包围、信息爆炸的当代社会，恐怕会感到吃惊。因为在他对好幽默的理解中，随着社会自由与民主程度的增加，我们会自然而然地进入更为精致、文雅的社会。比如他并不十分担心他所生活时代的英国文化中依然存在着的戏谑、讽刺、滑稽等等种类不一的坏幽默，因为在自由的交谈中，文雅与幽默都会得到改善：

---

[70] 詹姆斯·伍德：《不负责任的自我》，李小均译，郑州：河南大学出版社，2017年，第4页。

[71] "布罗姆维奇谈身份政治的困境"，澎湃新闻网，2018年6月24日，https://www.thepaper.cn/newsDetail_forward_2206424。

我确信，保全世上人的感觉或根本上保存才智（wit）的唯一途径，就是给予才智以自由。在嘲讽（raillery）的自由被剥夺的地方，才智也不会拥有它的自由，因为要治疗那种严重的放肆言行与恶毒的幽默，没有比给予嘲讽的自由更好的方案了。[72]

如果我们格外小心不去干预并且通过严格的用法与惯例限制它的话，才智（wit）就能自行得到修复，幽默（humour）也会改善自身。一切文雅皆归于自由。我们彼此增益，通过一种友善的碰撞来磨去我们的棱角与粗俗之处。如果禁止这一自由，一定会使人的理解生锈。这是对礼貌（civility）、良好教养、仁爱自身的毁灭，甚至打着维护它的名义。[73]

与之相反，只有在自由精神受到限制的社会环境才会使幽默变质。比如在意大利的精神专制环境中，"如果那些天才的人们天生的自由精神受到强迫与控制，他们就会寻求其他活动方式来缓解他们所受的限制。无论是通过滑稽、模仿还是插科打诨，他们都会多少因为有所发泄，并对他们的压迫者施以报复而感到快乐"。这种戏谑会走向极端："压迫的精神造就戏谑的精神，自由的缺失会导致真正文雅的丧失，这种丧失也要对玩笑与幽默的腐化与错误负责。"[74]

基于布罗姆维奇对当下民主文化中幽默现状的描述，沙夫茨伯里的观点似乎遭到了严厉的挑战：即便在一个宪法保障个人自由权利的社会中，幽默文化也正在呈现出日益衰落与腐化的趋势。从这个角度看，他似乎对于民主社会的自我修复机制过于乐观，对当代西方文化出现的新问题显得预判不足。但从另一个角度看，沙夫茨伯里其实并没有错。他对"自由"的定义就是文化意义上的，而非法律意义上的。在他看来，"自由"就是一种打趣与幽默的自由。而在当代社

---

[72] Shaftesbury, *Characteristics of Men, Manners, Opinions, Times*, p.12.

[73] Shaftesbury, *Characteristics of Men, Manners, Opinions, Times*, p.31.

[74] Shaftesbury, *Characteristics of Men, Manners, Opinions, Times*, pp.34–35.

会，尽管人们依然享有法律意义上保障个人自由的权利，但在"政治正确"的文化和舆论环境中，人们在潜移默化中丧失交谈与打趣的自由；尤其是针对"政治正确"背后的教条主义，一旦善意的幽默失去了它的空间，那就只能把大量空间留给恶意的戏谑与嘲讽了。

当然，沙夫茨伯里对幽默与自由环境之间的关系也存在着某种意义上的独断：比如他生活的英国社会依然不乏他所并不欣赏的滑稽、讽刺与戏谑，与之相反，他也不能进而认为在专制社会中一定无法产生真正的好幽默，比如他所崇拜且频繁引用的罗马奥古斯都时代的诗人贺拉斯。此外他对于英国式的幽默与自由，怀有一种绅士阶层或者英国民族特有的优越感，对非自由制度中人们使用戏谑的无奈似乎也缺乏足够的同情，对那种拉伯雷式的粗鄙笑话缺乏必要的理解。但对于一位三百多年前的思想家而言，这样的批评似乎显得有些吹毛求疵。无论如何，沙夫茨伯里对幽默与自由的理解，对当代社会是具有启发意义的：幽默的存在与否或许可以作为衡量一个社会文明程度的标尺。他关于幽默的见解，不仅是对幽默作为理性辅助以及增进公共生活意义的积极肯定，而且更提醒人们重视幽默文化的兴衰与现代文明之间的重要联系。他提醒每一位现代人都应该保持与尊重幽默，珍惜每个人放声大笑与由衷微笑的权利，因为这无关消费时代的"娱乐至死"，而是关系到当下生活中的自由与德性的发展，以及我们拥有良好生活的可能性。

政治、道德与历史之古今变奏
——一种非历史主义政治哲学的可能路径

应奇

> 道德的守护神并不向朱庇特（权力的守护神）让步，
> 因为后者也要服从命运。
>
> ——康德，《永久和平论》

在由列奥·施特劳斯通过对历史主义和实证主义的批判所重新挑起和激活的新一轮古今之争中，比较而言，对历史主义的批判无疑居于更为要津的地位。这种批判之深度及其影响之广度，客观而言，不但关系到对古今之争的准确理解，关系到现代哲学史之谱系重构，更关系到这种视野洗礼下政治哲学建构之未来走向。

本文将聚焦于政治、道德与历史之三维架构，首先引入施特劳斯和克罗波西主编的《政治哲学史》对康德政治哲学的探讨与定位，以作为进一步讨论之契机与开端，然后分析康德在《永久和平论》中对道德与政治之分歧和政治与道德之一致性的论述，在此基础上，本文进一步引出阿伦特的历史观念对于现代性展开中至关重要的政治哲学与历史哲学之张力的呈现，最后结合后阿隆的当代法国政治哲学对古今之争问题的回应，尝试提示一种所谓非历史主义政治哲学的可能路径。

一

无论对于以自由主义政治哲学为其规范内涵之集中表达的现代性

持何种褒贬态度和价值评判，康德的道德和政治哲学无不构成了现代性的辩护和批判者双方共持的一个集中作业场所。自由主义政治哲学在当代的主要代言人约翰·罗尔斯就是一个典型的例子。从1971年在《正义论》中宣称其目标就在于"把洛克、卢梭和康德的社会契约论提到更高的抽象水平"[1]，到1975年"对《正义论》中所表达的观点和此处所考虑的原则的平等观念做一个简短解说"[2]的《一个康德式的平等观念》，再经过1980年以"杜威讲座"名义发表的作为其思想转折点的《道德理论中的康德式建构主义》提出以康德式的人的观念作为自由主义政治哲学之最终基石，以及1989年的《康德道德哲学诸主题》和1993年的《政治自由主义》，直到最后的《万民法》[3]，康德的道德和政治哲学都是罗尔斯每次调整自己的理论步伐和重塑自己的理论框架时要重新用来寻找灵感和洞见的理论源头和概念宝库。

概言之，按照其所秉持的广义上的道德哲学涵盖政治哲学的一般框架和基本趣向，罗尔斯在其即使是带有"六经注我"色彩的康德释读中，也仍然倾向于强调康德道德与政治哲学的融贯性：就道德哲学而言，他主要致力于从康德那里提炼出道德人格的观念以及程序论证的策略，从而为他的作为公平的正义观奠基，并使得这种道德人格的观念和理想能够成为所谓合理分歧条件下的重叠共识之聚焦点；就政治哲学而言，罗尔斯也没有像汉娜·阿伦特那样挑战政治思想史谱系中的"成说"，例如认为康德在历史哲学的整体框架中零星阐发的"成文的"政治和法律学说乃是哲学家渐入老境、脑力衰退的产物[4]，又或指陈《判断力批判》才是康德政治哲学的真正发源地，而是照单

---

[1] 约翰·罗尔斯：《正义论》，何怀宏主译，北京：中国社会科学出版社，2009年，第1页。

[2] 约翰·罗尔斯：《一个康德式的平等观念》，中译文最早见于包利民编：《当代社会契约论》，南京：江苏人民出版社，2007年，此处引自《罗尔斯论文全集》，上册，长春：吉林出版集团，2013年，第287页。

[3] 《正义论》和《政治自由主义》单行，其余文本均见于《罗尔斯论文全集》，陈肖生等译，长春：吉林出版集团，2013年。

[4] 参见汉娜·阿伦特：《康德政治哲学讲稿》，曹明、苏婉儿译，上海：上海人民出版社，2013年，"第一讲"。

全收一般流行的自由主义导向的政治思想史中的康德（政治哲学）形象。与罗尔斯这种"守成开新"的趋向不同，施特劳斯和克罗波西主编的《政治哲学史》则着力于揭示道德与政治在康德思想体系中的紧张和冲突，并通过重新引入罗尔斯所相对忽视的历史哲学的维度，从而实际上把康德政治哲学再一次置入它最初所欲回应并解决的古今之争问题的视野与挑战之中。

《政治哲学史》第二十四章"伊曼努尔·康德"（下文简称"康德篇"）第一节即题为"哲学与政治"，此节一开篇就引人注目地断言："康德在其哲学中赋予政治一种既是核心的又是派生的地位。"[5] 然而通观全篇，并无对此语的一个集中简要的说明，甚至再没有从字面上回到这句话上来。但是细究起来，此语确实是全篇之总纲与核心。按照作者的表述，之所以说"康德在其哲学中赋予政治一种核心的地位"，是因为"在把道德和自然加以分离之后，康德试图通过在两者之间引入中介的办法使两者再结合起来。法律、历史和政治便成了评价这一重新结合的复合标准。"[6] 如果我们把这句话理解为是在为政治在哲学中的"核心地位"背书，那么就应当对这里所谓"政治"做广义的理解，例如实际上把法律、历史和狭义的政治都包含在内，相当于所谓社会存在的领域，但也正是政治以及道德概念本身的这种含混性造成了康德政治哲学的问题。在更深入的分析之下，康德致力于把三大批判中的思想体系与霍布斯、洛克、卢梭的现代自然权利领域联系起来的"政治概念和实践的设想"实际上"奠定在他的道德哲学和历史哲学的基础上"，[7] 但是困难也由此而生：康德一方面把政治奠基于道德，另一方面又把道德奠基于政治。而且他所谓政治也必须被理解为独立于道德，而道德最终又依赖于超政治的条件。因此，作者得出了这一关键性的结论："这种含混性或矛盾说明他为什么既坚持法

［5］ 列奥·施特劳斯、约瑟夫·克罗波西主编：《政治哲学史》下册，李天然等译，石家庄：河北人民出版社，1993年，第691页。
［6］ 施特劳斯、克罗波西主编：《政治哲学史》下册，第693页。
［7］ 施特劳斯、克罗波西主编：《政治哲学史》下册，第691页。

与道德的分离又坚持两者的结合，以及他为什么会在历史哲学面前表现出奇怪的踌躇：赋予历史哲学以一种既是决定性的又是无足轻重的地位。"[8]

之所以说政治在康德的哲学体系中处于一种派生的地位，外在地看，也许是因为"康德的政治哲学实质上是法律学说"，[9] 而被实践的至上性所规定的理性概念，及其内含而未消融的"是"与"应当"的区分，又必然导致道德的形式主义和政治、法律的教条主义。内在地看，则是因为，康德的"实际的政治学说依然是道德的意图和'现实主义的'意图的不稳固且不能令人满意的组合。康德的思想模式使他在解释现实政治生活时能够着眼于政治生活的道德尊严这一关键性的和被忽略了的问题，即被马基雅维利和霍布斯的传统蓄意牺牲掉的问题。但使他的哲学能在这方面有所成就的东西却有碍于一种首尾一贯的解决问题的办法"[10]。显而易见，通过揭示康德试图扭转的马基雅维利和霍布斯传统处理政治与道德关系的方式及其重新植入实践哲学内部的张力，《政治哲学史》"康德篇"的作者以一种前所未有的力度和透彻性把康德回应和规整古今之争问题时所面对的困难重新呈现出来，这种追问不但指向康德解决道德进步问题的方式，而且指向了目的论的自然概念的本体论基础。

二

《政治哲学史》"康德篇"的基调是消极的甚至是"挑刺性"的，我们可以看到，通篇中除了"任何人，如果他严肃思考自由主义和民主政治的基础，他就会从中发现在霍布斯、洛克乃至卢梭身上所不具

---

[8] 施特劳斯、克罗波西主编：《政治哲学史》下册，第 693 页。

[9] 施特劳斯、克罗波西主编：《政治哲学史》下册，第 715 页。

[10] 施特劳斯、克罗波西主编：《政治哲学史》下册，第 732 页。

备的一种道德感情，而康德为这种道德感情提供了理论的证明"[11]这一平淡的描述语，全文对于康德的道德政治哲学基本上是否定性的评价。那么，在把问题的讨论进一步引向深入之前，先让我们来看看康德自己究竟是怎样论述政治与道德之关系的。

在康德政治哲学的"成文"作品中，最为集中地论述这个问题的是被认为康德政治哲学最富独创性，也是最重要的《永久和平论》的附论。这个附论分为两个部分，分别题为"从永久和平的观点论政治与道德的分歧"和"根据公共权利的先验概念论政治与道德的一致性"。

在附论一中，康德集中论述的是把道德应用于政治所产生的问题，这形象地体现在两句古老的格言中，一句是政治格言："要狡猾如蛇"；另一句是道德格言："要老实如鸽"。但是与本附论的标题似乎有些不一致，康德引入这两句格言的"目的是否认这种对立会造成真正的困难"："作为应用的权利学说的政治，与作为只是在理论上的这样一种权利学说的道德就不可能有任何争论"。[12]他还说："如果并没有自由以及以自由为基础的道德法则的存在，而是一切发生的或可能发生的事情都仅仅只是大自然的机械作用；那么政治（作为利用这种作用来治理人的艺术）就完全是实践的智慧，而权利概念就是一种空洞的想法了。"[13]进一步，康德还区分了"道德的政治家"与"政治的道德家"，前者是"一个这样采用国家智虑的原则使之能够与道德共同存在的人"，而后者则是"一个这样为自己铸造一种道德从而使之有利于政治家的好处的人"。[14]显然，康德赞成前者，反对后者，并指出："政治准则决不能从每一个国家只要加以遵守就可以期待到的那种福利或幸福出发，因此也就决不能从每一个国家以之为自己的对象的那种目的出发，即从作为国家智慧的最高的（但又是经验

---

[11] 施特劳斯、克罗波西主编：《政治哲学史》下册，第 695 页。
[12] 康德：《历史理性批判文集》，何兆武译，北京：商务印书馆，1990 年，第 130 页。
[13] 康德：《历史理性批判文集》，第 131 页。
[14] 康德：《历史理性批判文集》，第 132 页。

的）原则（的意志）出发；而是应该从权利义务的纯粹概念出发（从它的原则乃是由纯粹理性所先天给定的'当然'而出发），无论由此而来的后果可能是什么样子。"[15]正是基于这一论断，康德提出了在后世极有影响的在实践理性的任务中我们究竟应该以实质的原则作为起点，还是应该以形式的原则作为起点的问题，并由此实现了古今之争问题上的根本转型。

在附论二中，康德主要是基于公共性原则论证政治与道德的和谐一致。康德坚持认为每一种权利要求必须具备这种公共性的资格，他由此得出了公共权利的先验公式："凡是关系到别人权利的行为而其准则与公共性不能一致的，都是不正义的。"[16]《政治哲学史》"康德篇"在这一点上正确地指出："作为准则的因而行为的道德的一个标准，可公开性与可普遍化在公式主义和做作方面是相类似的。"[17]的确，如果说附论一对于实践理性的任务中的"实质的原则"与"形式的原则"的区分还是着眼于对这些原则的"内容"方面的考量，那么附论二所提出的公共性和公开性原则则完全进入了这些原则的论证的层面。这就是说，不管所萃取的"内容"是"实质的"还是"形式的"，它们也都必须经过"公共性"和"公开性"的检验。《政治哲学史》"康德篇"正是在这个层面上谈及康德贬低四大古典美德中的三个：勇敢、节制和智慧，而且在把"人们相互关系的领域"等同于"正义所支配的领域"之后，进一步指出："没有人比康德更强烈地赞成激情对理性的服从，因而坚持认为在人身上存在着纵向等级系统。然而，同在卢梭那里一样，在康德这里对人的欲望的限制不是'纵向地'通过遵守人身上的自然等级秩序来实现的，而是'横向地'通过对自由和个人的相互的限制和尊重来实现的。"[18]

如果说形式主义的理性概念和程序主义的论证方式使得康德的道

---

[15] 康德：《历史理性批判文集》，第 137 页。
[16] 康德：《历史理性批判文集》，第 139 页。
[17] 施特劳斯、克罗波西主编：《政治哲学史》下册，第 705 页。
[18] 施特劳斯、克罗波西主编：《政治哲学史》下册，第 703 页。

德和政治概念在说明权利与义务的相互性以及权利与义务两者之于美
德的至上性观念上超越了卢梭，那么更为重要的则是在调和幸福与美
德的尝试中所实施的由"纵向系统"向"横向系统"的转换。可以毫
不夸张地说，康德对古今之争问题的根本立场就是通过这种转换而确
立起来的。在这个意义上，如果套用罗尔斯的说法，康德是把卢梭的
论证提到了更高的抽象水平，那么在扭转马基雅维利和霍布斯对于政
治与道德关系理解的同时，更为重要的则是康德同时也转换了道德和
政治的内涵及其所包含的优先性论证的方式。同样值得重视的还在
于，如果我们考虑到在康德的系统中，历史哲学是应道德的要求而起
的，那么一旦进一步"需要（通过历史哲学）表明在美德和幸福、道
德和自然、道德和政治或义务和利益之间存在一致性或不存在实质性
的对立"，[19]那么问题就不但变成了政治哲学与历史哲学在康德哲学
体系中的紧张关系问题，而且涉及了政治哲学与历史哲学在整个近代
哲学谱系中的交替和兴衰问题。

三

在收录于《过去与未来之间》的《历史的概念》一文中，阿伦特
在考察了历史与自然、历史与世俗的不朽性之后，紧接着在题为"历
史与政治"一节中，以一种相较于《政治哲学史》"康德篇"更为犀
利也更有建设性的姿态介入政治哲学与历史哲学在康德哲学中的紧张
状态，不但由此提出了对重新理解近代哲学史谱系颇有启发的见解，
而且通过对所谓康德未成文政治哲学的发掘，从另一个维度有效地把
康德政治哲学置入与当代政治哲学的有效对话当中。

阿伦特首先指出，现代的历史意识是随着世俗领域兴起并获得一
种新尊严而形成的："的确，现代之初的一切都指向了对政治行为和

---

[19] 施特劳斯、克罗波西主编：《政治哲学史》下册，第709页。

政治生活的提升，16 和 17 世纪在新政治哲学上如此繁荣，却几乎没有意识到要对历史本身的重要性做出任何特殊的强调。相反，新政治哲学关心的是摆脱过去，而不是恢复历史过程。"[20] 在这里，特别要加以注意的是，阿伦特是把历史（学家）的基本沉思的态度与现代信念支配下的行动哲学对立起来考虑的，这是因为，无论是对于早期的维柯，还是对于后来的黑格尔，"历史概念的重要性首先是理论上的。他们两人中的任何一个都从未想过直接将这个概念用作行动的原则"[21]。阿伦特由此着重揭示了把这种历史观念与早期现代的目的论政治哲学相结合之后所产生的蜕变："将未知的、不可知的'更高目的'转化为有计划、有意志的意图的危险在于，意义和意义性被转化成了目的。"[22]

从这里可以看出，阿伦特对历史概念的追溯和勘察是与她毕生萦怀的世俗领域的意义问题或者说是现代世界不断增长的无意义性问题紧密联系在一起的，在时间与历史概念的古今之争中，决定性的差别在于，"在现代这种观念中，过去和未来的双重无限性消除了所有开始与终结的观念，而建立起一种潜在的、世俗不朽的观念"[23]。这种历史观念对现代历史意识的影响在黑格尔那里达到顶峰，在后者那里，形而上学的中心概念是历史，这就把它与所有从前的形而上学尖锐地区分开来了。而阿伦特对康德政治哲学与历史哲学之紧张关系的洞若观火的抉发既是为了例示古今之争视野中政治与历史概念之兴衰交替，更是为了揭示它们在后康德哲学世界中的畸变与灾害。

《政治哲学史》"康德篇"的作者雄辩地写道："康德，这个在其著作中将政治哲学转变为历史哲学的第一个伟大的哲学家，却明确地提出一种反对一切历史哲学——包括他自己的历史哲学——的理由。他清楚地知道，历史的进步是若干代人努力的结果，一代代人

---

[20]　汉娜·阿伦特：《过去与未来之间》，王寅丽、张立立译，南京：译林出版社，2011 年，第 72 页。
[21]　阿伦特：《过去与未来之间》，第 74 页。
[22]　阿伦特：《过去与未来之间》，第 74 页。
[23]　译文参见阿伦特：《过去与未来之间》，第 71 页。

或多或少无意识地建造着一座大厦，他们自然不可能共享这座大厦的完成所带来的幸福。但康德认为这是理性动物所不可避免的情况，因为人作为个体是会死的，而只有作为类才是不朽的。"[24] 值得注意的是，阿伦特在引用康德同样意思的原话之后，同样认为，"带着充满困惑的遗憾以及巨大的折中，康德放弃了把一个历史概念引入他的政治哲学"[25]。但是与前面那位作者不同，阿伦特似乎对于康德在政治哲学与历史哲学之间的"徘徊"抱有最高程度的"同情之了解"，相应地，她的深度发掘也似乎更有启示和力度。例如她一方面指出，康德实际上已经注意到后来黑格尔所谓"理性之狡计"，甚至具有对历史辩证法的初步洞见；另一方面，她明确认为，"在康德那里，与黑格尔相比，现代式的从政治逃入历史的动机仍然是十分清楚的。这是一种进入'整体'的逃避，是为了个别的无意义性所激发的逃避"[26]。更为重要的是，阿伦特以康德为例深入揭示了现代思想从政治理论转向一种本质上沉思性的历史哲学的悖谬。在阿伦特看来，康德已经不再困扰于困扰马克思和尼采的沉思与行动、沉思生活与积极生活的优先性问题，他所困扰的是积极生活内部的等级问题，也就是行动、制作以及劳动之间的优先性问题，"确实，传统哲学将行动评价为最高级人类活动，经常不过是空口说说而已，其实倾向的是更可靠的制作活动，于是，积极生活内部的等级问题几乎从未得到清晰阐述。让行动内在的困惑再次走上台前，正是康德哲学在政治上占有一席之地的标志"[27]。

正是基于这样的认识，阿伦特晚期致力于从《判断力批判》中去发掘康德所谓未成文的政治哲学。笔者以前对此曾有专文论述[28]，在这里值得指出的是，以整理出版阿伦特的《康德政治哲学讲稿》而极

[24] 施特劳斯、克罗波西主编：《政治哲学史》下册，第 709-710 页。
[25] 阿伦特：《过去与未来之间》，第 79 页。
[26] 阿伦特：《过去与未来之间》，第 79 页。
[27] 阿伦特：《过去与未来之间》，第 80 页。
[28] 参见应奇：《政治的审美化与自由的绝境：康德与阿伦特未成文的政治哲学》，《哲学研究》2003 年第 4 期。

大地改变了晚近阿伦特研究之重点和趋向的罗纳德·贝纳尔，在最近为此书中译本所撰序言中，对阿伦特之于康德的美学和罗尔斯之于康德的道德哲学之间的关联做出了这样的类比："将阿伦特与罗尔斯相类比，有助于我们领会深藏于康德道德之思的结构与康德审美判断力哲学的结构之间隐匿的亲和性，而这一亲和性正是阿伦特本人未予充分承认的。"[29] 从这个角度，引入哈贝马斯关于对话性和独白性的辨析，是从公共性和公开性的层次讨论深化关于道德正当性和政治合法性问题的一条人们已经耳熟能详的路径。但是，返回到阿伦特辨析历史概念的初衷，那么，"跃然于字里行间的是她为捍卫人类尊严、使之免遭古代和现代的双向侵害的果敢决心——人类尊严面临着两个方向的威胁：一个是古代的、对洞穴之意见的鄙弃，以柏拉图为代表；另一个是现代的历史主义，历史主义倾向于把人类主体上演的特殊故事化为一出进步主义的普遍大剧"[30]。因此，如果说康德对于西方思想史上旷日持久的政治与道德之争的仲裁和解决最终仍然受制于洛维特所谓由一种基督教的救赎历史转化而来的进步史观，[31] 那么阿伦特恰恰通过立足于人类尊严概念展开对进步史观的批判，从而预先为走向一种非历史主义的政治哲学奠定了一块最重要的理论基石。

四

法国当代哲学家吕克·费里在《政治哲学》第一卷中提出一种现代的非历史主义的人本主义，他的问题意识与贝纳尔笔下的阿伦特惊人地相似。差别只在于，这种人本主义是经过施特劳斯的现代性批判"洗礼"并对后者作出自觉回应的产物。

---

[29] 罗纳德·贝尔纳：《康德政治哲学讲稿·中文版前言》，载于阿伦特：《康德政治哲学讲稿》，第 11 页。

[30] 贝尔纳：《康德政治哲学讲稿·中文版前言》，第 13 页。

[31] 参见卡尔·洛维特：《世界历史与救赎历史》，李秋零、田薇译，北京：生活·读书·新知三联书店，2002 年。

与一般对于施特劳斯的现代性批判的反应不同，费里高度重视施特劳斯对历史主义的批判，甚至同样认为"对历史主义——在这里意味着支持历史过程，否定任何超验的维度——的拒斥是任何政治哲学的真正的前提条件，即使对于任何名副其实的批判哲学来说也是如此"[32]。要理解费里方案的内在理路和规范含义，就需要说明这里所谓"对历史主义的拒斥"和"名副其实的批判哲学"的确切内涵。

施特劳斯所谓历史主义，是指"所有人类的思想都是历史性的，因而对于把握任何永恒的东西来说都是无能为力的"[33]。在现代社会科学针对政治哲学的历史主义和实证主义这两种武器中，"以历史之名是否定政治哲学之可能性的第一个条件，因为任何形式的历史主义都导向对规范与事实之区分的攻击"[34]。按照费里的梳理，施特劳斯区分了历史主义的三种版本[35]：（1）"理性主义的"历史主义，其主要代表就是黑格尔的历史哲学，这种历史哲学在肯定现实的合理性时达到了顶峰；（2）经验主义的历史主义，它试图揭示所有思想和世界观的历史特征，当然也包括那些肯定普遍性或永恒性的思想和观点；（3）"存在主义的"历史主义，在这里施特劳斯实质上是指海德格尔——虽然完全不同于前两种理性主义，但最终仍然取消了理想与现实的对子，这种对子被批判为源于"柏拉图式二元论"的一种形而上学的幻觉。

费里承认，施特劳斯正确地强调了历史主义与政治哲学之间的冲突，并清楚表明政治哲学必须以历史哲学为前提。但是施特劳斯的一个核心难题恰恰在于，"对历史主义和实证主义的一种严肃的攻击必

---

[32] Luc Ferry, *Political Philosophy: Rights-The New Quarrel between the Ancients and the Moderns*, translated by Franklin Philip, Chicago: University of Chicago Press, 1990, p.19.

[33] 列奥·施特劳斯：《自然权利与历史》，彭刚译，北京：生活·读书·新知三联书店，2003年，第13页。

[34] Luc Ferry, *Political Philosophy: Rights-The New Quarrel between the Ancients and the Moderns*, p.30.

[35] Luc Ferry, *Political Philosophy: Rights-The New Quarrel between the Ancients and the Moderns*, p.30.

须包含对历史性——这被当作是现实与理想之间的中介——的某些思考，而不能托庇于一种假定的自然主义的和非历史主义的立场"[36]。费里从理想与现实、自由与必然这两个对子进入关于历史主义和历史性之哲学内涵和规范含义的讨论，问题的实质依然在于，"古典意义上的自然、施特劳斯意义上的历史和康德与费希特意义上的自由之间的对立乃是三种历史性观念之间的冲突"[37]。

　　按照第一种历史性观念：时间过程并不是基于"主体性"，而是寄托于"他性"，于是历史过程主要是由"机运"或"命运"支配着显现出来的。这就是海德格尔和施特劳斯以"存在历史"之名加以恢复的古典的历史性观念；根据第二种现代的现实主义的历史性观念，现实与理想之间的中介是通过一种决定性的因果过程而出现的，这种观念源于马基雅维利的历史性观点，而在黑格尔的理性狡计理论中达到顶点；而第三种现代的非现实主义的历史性观念按照自由和应当这种伦理的术语来思考现实与理想之间的关系，费希特是这种观念的代表。以对于"作为整体的现代性是历史主义的或前历史主义的"怀疑为起点，《政治哲学》第二卷的工作就是重建现代历史哲学的谱系，其中一个核心的部分就是对费希特历史哲学的本体论前提的考察。在费里看来，费希特的立场"似乎能够免于施特劳斯的现代性分析之害，正因为没有完全把现实与理想分离开来，他并没有说它们的融合是不可避免的。因此，施特劳斯的现代性标准——合理的与现实的之间的等同，现实主义，政治对于伦理的优先性，目标的降低，对超越性的抑制，自由之于理性的优越性——没有一个适合于费希特"[38]。因此，这一工作的实质也就是要表明费希特怎样在没有抛弃现代性的情况下根除理性主义历史主义的思辨基础。而更重要的是要表明，"为

---

[36]　Luc Ferry, *Political Philosophy: Rights-The New Quarrel between the Ancients and the Moderns*, p.60.

[37]　Luc Ferry, *Political Philosophy: Rights-The New Quarrel between the Ancients and the Moderns*, p.60.

[38]　Luc Ferry, *Political Philosophy: Rights-The New Quarrel between the Ancients and the Moderns*, p.69.

什么在现实性与合理性之间敞开的空间中，我们可以锻造一个创造一种主体间性的公共空间的政治哲学计划，也即是一种现代的（因为它并不贬低主体性）但仍然是非历史主义的权利理论”[39]。

在对《政治哲学史》“康德篇”的讨论中，我们曾经把政治哲学和历史哲学在卢梭和康德那里发生的转换称作从“纵向系统”向“横向系统”的转换。对这种转换，费里从施特劳斯那里借用“垂直的限制”和“水平的限制”来形容，并将之作为现代性转换本身的一个论据。在评价现代性批判中出现的由海德格尔所代表的“回到古希腊去”的方案时，费里引人注目地写下了“倒转黑格尔和贡斯当”这样一个标题，“这个口号表征着对在哲学上由黑格尔、政治上由邦雅曼·贡斯当从世界历史中诊断出的深刻的积极要素的一种真正的颠倒”[40]，而对于在希腊人本主义的“尚未”（not yet）与现代理性主义历史哲学的“进步”（progress）之间的裂隙中“趁虚而入”的施特劳斯，费里的最后诊断是，施特劳斯制造了这样一种二难选择：要么在承认一种非人类的、实体性的和客观的伦理秩序的同时坚持是与应当的区分，要么坚持一种不再区分自由与放任、是与应当的现实主义，“施特劳斯的备选项是在自然与历史之间，支持历史的选择蕴含着一种关于理想与现实之关系的严格的理论（非伦理）观念。我认为这种备选项所遮蔽的正是自由哲学所设想的第三种可能性”[41]。

正是基于这种自由哲学所设想的“第三种可能性”，费里在《政治哲学》导论最后题为“新争论，伪争论，还是坏争论”一节中，明确认为所谓古今之争实质上不但是一个伪争论，而且是一个坏争论，正确的认识是“把古代人与现代人之间的对立不是理解为一种单调的年代学的对立，而是两种理想类型的结构性的对立——每一种类型无

---

[39] Luc Ferry, *Political Philosophy: Rights-The New Quarrel between the Ancients and the Moderns*, p.70.

[40] Luc Ferry, *Political Philosophy: Rights-The New Quarrel between the Ancients and the Moderns*, p.16.

[41] Luc Ferry, *Political Philosophy: Rights-The New Quarrel between the Ancients and the Moderns*, p.57.

疑都更为充分地体现在一个时期而非另一个时期，但仍然总是构成了人类思想的可能表达。在这个意义上，也只有在这个意义上，我们才能理解从亚里士多德到笛卡尔也许既没有进步（黑格尔），也没有衰退（施特劳斯、海德格尔），而仅仅是把不知为何对于作为一个整体的人类依然可能的本体论结构主题化。古代人与现代人之间的争论即使在今天也仍然具有某种意义：把古代与现代理解为一种结构性的对立，这可以成为一场对话的关键支点"[42]。

五

在代表了后阿隆的当代法国政治哲学家对于施特劳斯的古典政治哲学路向的回应中，与费里和他的合作者阿兰·雷诺相较，皮埃尔·马南对于施特劳斯抱有更为同情的态度。例如他仍然是在"古代人"与"现代人"的历史对比中来考察哲学的和政治的自由主义，他像施特劳斯一样相信自由主义必须被看作是现代性内部的发展，从历史上说是现代与过去断裂的产物，只不过这种分裂并不是作为一种非人格化力量的"历史"的产物，而是像马基雅维利、培根和霍布斯这样的现代政治哲学家的一种自觉的计划。就此而言，现代历史是现代哲学所创造和发明的。[43] 但是，虽然在哲学史和对历史主义的分析上马南紧紧追随施特劳斯，而且同样肯定现代历史主义作为一种把"是"与"应当"合为一体的努力是在黑格尔的历史理性辩证法那里达到顶点的，但是与施特劳斯不同的是，马南强调哲学自由主义诞生于其中

---

[42] Luc Ferry, *Political Philosophy: Rights-The New Quarrel between the Ancients and the Moderns*, p.24.

[43] 这里是对马南观点的阐述，参见马克·里拉（Mark Lilla）为所编《新法国思想：政治哲学》（*New French Thought: Political Philosophy*, Princeton: Princeton University Press, 1994）撰写的长篇导言，马南论著的中译本已经有：《自由主义思想文化史》，长春：吉林人民出版社，2004年；《民主的本性》，北京：华夏出版社，2011年；《人之城》，北京：商务印书馆，2018年；《城邦变形记》，桂林：广西师范大学出版社，2019年。

的基督教背景。《自由主义思想文化史》尤其强调欧洲的"神学－政治问题"不会出现在同质的城邦国家或帝国，而是出现于"普世"的基督教会与特殊的绝对君主制之间的张力，而现代自由主义社会的动力和问题都可以追溯到政治权力与宗教舆论的彻底分离，这种分离不但抛弃了自由派的宗教政治，而且怀疑任何关于人类之自然和善好的知识。于是，马南一方面像托克维尔那样感叹民主制可能带来的软性专制和随波逐流的弊端，另一方面又认为自由和自治是对于现代人已经失去的东西的重要补偿。

就对于政治哲学中的古今之争的反应而言，当代法国政治哲学家阿兰·博耶的立场与马南有些类似。博耶是从共和主义作为自由主义－社群主义之争的解决方案和第三条道路的角度来介入所谓古今之争问题的，他反对过高地估计古代人与现代人之间的差异，虽然他同样认为古今之争似乎是现代政治哲学的基础，但是他雄心勃勃地像贡斯当那样致力于论证"最好地实现古代人自由观念的城邦也是最近似于现代人自由观念的城邦"[44]，尤其是，博耶认为共和主义谱系的发掘和重构对于那些坚持认为只有在现代的、反亚里士多德的、人本主义的和主体主义的哲学中才能发现一种真正的普遍主义的论者来说是一个重大的挑战。这里他所指向的主要就是费里和雷诺的主体主义哲学方案。

与马南对前现代政治思想的同情理解不同，费里和雷诺坦率地宣称从希腊人那里学不到什么东西，因为希腊哲学是与和民主时代相异的一种等级制的宇宙论联系在一起的；这无疑与前述博耶肯定共和主义传统是在古典时代产生的，古代人的自由观就已经是波普所谓"开放社会"的冒险开端形成了鲜明的对照。与马南一样，费里和雷诺也相信历史主义是错误的，而且对现代政治产生了有害的影响；但是，与马南"试图从最初的道德和思想文化的选择中推导出现代的自由主

---

[44] 博耶：《论古代共和主义的现代意义》，载于应奇、刘训练编：《公民共和主义》，北京：东方出版社，2006年。

义史"[45]不同，费里和雷诺的目标是发现一种既非朴素形而上学亦非独断历史主义的现代人本主义，从而为现代政治哲学指明出路，这是因他们认为正是这种历史主义要为从中滋生出的反人本主义负责。如同前面指出过的，正是在这个意义上，费里和雷诺把矛头主要对准从尼采到海德格尔的个人主义和反人本主义。他们把主体与个体区分开来，并认为走出现代个人主义的路径就在于以一种从费希特那里提炼出来的主体性概念为基础的现代人本主义，它既不是历史主义的，也不是形而上学的。但是，除了这种主体性概念本身的含混性及其在解释普遍的政治和道德判断上的困难，费里和雷诺那种直接从哲学史中得出政治结论的方法论本身也已经遭到了质疑，特别是在施特劳斯与海德格尔哲学相关的问题上。

施特劳斯的再传弟子斯密什在肯定费里正确地"提醒我们海德格尔的榜样在施特劳斯对希腊的回归中起到了决定性的促进作用"[46]的同时，认为费里没有足够重视施特劳斯对海德格尔的保留和批判，尤其是错误地断定施特劳斯把海德格尔的对形而上学的现象学解构照搬照抄到了政治哲学领域。斯密什明确指出，"施特劳斯虽然引用了各种海德格尔式的问题和措辞，但他对海德格尔的反现代性进行了意义深远的批评"[47]，而其中的差异就体现在两者对自由民主制和德国面临的危机的解读上。按照斯密什的解读，"相对于自由民主制自身产生的问题，施特劳斯更担心它的衰落所引发的问题"[48]。参照《自然权利与历史》开篇引用《独立宣言》宣称人人享有平等人权，并警告放弃这一理念的危险性，我们就可以看得更为清楚，"虽然没有指名道姓提到海德格尔，施特劳斯却阐明美国的平等主义给他带来的困扰

---

[45] 参见辛格为《自由主义思想文化史》英译本所撰写的序言，载于皮埃尔·莫内：《自由主义思想文化史》，曹海军译，长春：吉林人民出版社，2004年。

[46] 斯密什：《阅读施特劳斯》，高艳芳、高翔译，北京：华夏出版社，2012年，第173页。

[47] 斯密什：《阅读施特劳斯》，第166页。

[48] 斯密什：《阅读施特劳斯》，第168页。

远没有德国'历史意识'的兴起给他带来的困扰多"[49]。

费里在《政治哲学》的导论中曾经指出，哈贝马斯和阿隆"这两位思想家在有诸多分歧的情况下却依然隶属于批判主义的传统"。[50]的确，在反思和清理德国"历史意识"的兴起所带来的困扰和灾难方面，我们同样可以在与哈贝马斯亦师亦友的韦尔默那里找到与阿隆以及后阿隆的法国政治哲学之间的深切共鸣。在《法兰克福学派的当今意义》一文中，韦尔默一方面肯定，在从"二战"结束到1960年代学生运动之前的岁月中，阿多诺是"在反动政治的损害后恢复德国文化传统的本身性，并使之进入在道德上受到困扰、其认同被动摇的战后一代人意识之中的第一人"，这是因为，"阿多诺在赋予'另一个德国'以正当性上比任何人做得更多，而这个词本来常常是带着抱歉的口吻使用的"；[51]另一方面，韦尔默又认为，霍克海默和阿多诺之所以能够在法兰克福继续他们的学术生涯，并引导德国公众和德国学生，批判理论之归属于马克思主义传统是一个重要原因，"正是对于把批判理论奠基在普遍的社会和经济决定因素而不是民族因素上的强调，使得霍克海默和阿多诺能够针对发动的和法西斯的败坏，为特定的德国文化传统进行辩护"，韦尔默由此得出："批判理论是战后德国能够想象的与法西斯主义彻底决裂，而又不必与德国的文化传统，也就是一个人自身的文化传统类似地彻底决裂的唯一理论立场。"[52]

如前所述，包括施特劳斯的后学在内的一种"流俗"的看法认为现代历史主义作为一种把"是"与"应当"合为一体的尝试是在黑格尔那里达到顶点的。与这种似乎以反对线性进步观的名义重现的线性进步观相对，韦尔默试图把由包括古典希腊的和基督教的伦理学在内

---

[49] 斯密什：《阅读施特劳斯》，第 173 页。

[50] Luc Ferry, *Political Philosophy: Rights-The New Quarrel between the Ancients and the Moderns*, p.131, 导论注释一。

[51] 韦尔默：《后形而上学现代性》，应奇、罗亚玲编译，上海：上海译文出版社，2017 年，第 290 页。

[52] 韦尔默：《后形而上学现代性》，第 291 页。

的欧洲道德哲学所开启和呈现的问题重新置入在康德、黑格尔和马克思那里的"诘难式发展",具体来说,就是以"是"与"应当"的区分为出发点,在确立合法性与合道德性的双向分离的视域之后,把伦理学与批判理论的关系放置在规范假设问题与历史视野问题的二元框架中,既要肯定在康德那里得到最彻底和一致的表达的普遍主义伦理学,又要汲取黑格尔把伦理学与政治哲学重新结合在一起的努力中的合理成分,还要将"黑格尔提出的问题,纳入马克思理论的视野内",[53]在结合批判理论的发展得到转换的后一种视野中,尤其重要的是伦理学和社会理论的关系以及哲学与社会科学之间的关系。经过这样一番复调性的带有阿多诺式"星丛"指向的理论穿梭,韦尔默得到的结论在某种程度上呼应了德国观念论研究中对线性进步论的拒斥:"这三种立场之间的关系不可能按照从康德开始,经过黑格尔到马克思的明确进步的方式被重构。毋宁说,自然权利问题上的这三种立场的批判潜能只有当我们让它们相互作用时才能充分实现。"[54]

哈贝马斯在他的九十寿辰演讲中曾经调侃包括自己在内的当代德国哲学家就是在康德、黑格尔与马克思之间"兜圈子",[55]以施特劳斯对历史主义和实证主义的批判为焦点的现代性批判虽然把目光投注到比现代性的捍卫者更为远古的时代和文本,但是他们其实也远未"兜出"哈贝马斯所说的"圈子"。皮平曾援引《反自由主义剖析》的作者霍尔姆斯所谓施特劳斯的"真正敌人是康德,他有意地在文章中回避他"并赞同这种观察。事实上,皮平的一个主要工作,或者说其工作的一个重要意义恰恰在于试图表明,"施特劳斯对于第二次浪潮(即第一次危机)的诠释误解并低估了受卢梭影响的德国思想家特别是康德、费希特、黑格尔等唯心主义者所表达的另一种可能性"。[56]皮平所言肯定未必能够证明费里和雷诺所做就是正确的,但是它至少

---

[53] 韦尔默:《后形而上学现代性》,第 3 页。

[54] 韦尔默:《后形而上学现代性》,第 60 页。

[55] 哈贝马斯:《再论道德与伦理的关系》,载于《哲学分析》2020 年第 1 期。

[56] 皮平:《施特劳斯的现代世界》,载于刘小枫:《施特劳斯与古典政治哲学》,张新樟等译,上海:上海三联书店,2002 年,此处引见第 334 页注和 305 页。

能够局部地解释后阿隆的政治哲学家在哈贝马斯那里找到的亲和性。

有意思的是，最初发端于美学，后来波及自然科学、伦理学和政治领域，最后在哲学中集大成的古今之争在当今又有重新回到历史学这个题中应有之学的迹象和趋势。例如，在历史主义和历史意识的层面上，对于前面指出过的费里所谓施特劳斯在希腊人本主义的"尚未"（not yet）与现代理性主义历史哲学的"进步"（progress）之间的裂隙中的"趁虚而入"，以及皮平所谓对古今之争的重新刻画所引起的基督教与现代性之关系的难题，一个颇有启发的回应是由法国历史学家阿赫托戈所提出的，他试图用一种所谓当下主义的"历史性的体制"，来解决西方历史文化中根深蒂固的"已然"和"尚未"之间的紧张，"当人们与古人发生了彻底的决裂，来到进步的时代，来到历史加速发展的时代，在过去的基础上，'革新'已经失去了其带动的作用。因为从今往后，最为重要的事情，是尚未发生的事情"[57]。阿赫托戈以此为基础广泛而深入地论述了"已然"与"尚未"，"复古"与"革新"之间的内在关系，从而为我们进一步思考和处理古今之争的问题，甚至是古今中西之争的问题提供了另一种理论视域和资源。

---

[57] 弗朗索瓦·阿赫托戈：《出发去希腊》，闫素伟译，北京：中信出版社，2020 年，第 232 页。

评 论

西方启蒙的进化*

邓晓芒

各位来宾、各位朋友，大家好！我今天讲的题目是"西方启蒙的进化"。

首先，我对西方启蒙进行一个区分。西方启蒙有两层意思，一个是广义的，一个是狭义的。从字面上来看，西方启蒙这个概念本身是一个比较日常的词语，它并不是特指 18 世纪那一场声势浩大的启蒙运动。启蒙这个词和光照有关，比如说英语中的 Enlightenment，意味着"开明或者是照进光去"；德语中的 Aufklärung 意味着"成名或者打开在光明之中"。所以，历来也有人把这个词用于古希腊的哲学思想，比如苏格拉底的"认识你自己"；柏拉图的洞喻或者基督教的启示；霍克海默在他的启蒙的辩证法里甚至于把启蒙追溯到《荷马史诗》；奥德赛，以至于远古的神话和巫术，他认为那也是启蒙。由此可见，这种观点几乎是把启蒙等同于人类文明的起源，人和动物的区别就在于人是启蒙了的。这种泛启蒙的观点当然不能说毫无道理，它可以说是一种广义的启蒙，因为启蒙最基本的原则就在于理性，而理性正是人和动物的一个本质区分。亚里士多德讲"人是理性的动物"，即使在最原始的人类那里，我们也可以借此把人和动物区别开来。但是，我们在本文提到的启蒙并不是广义的启蒙，而是狭义的，即 17、18 世纪以来在西方成了话题甚至于形成某种社会思潮或者运动的启

---

* 2020 年 11 月 14—15 日，第九届启蒙运动思想研讨会在湖北武汉举办，邓晓芒教授在本次会议上作了主题发言，本文由湖北大学哲学学院杜毅博士据此整理、李家莲副教授校对而成。

蒙思想。我们把 18 世纪称为启蒙时代，把此前的人类生活称作蒙昧时期，这并不是说此前的人类都是动物，都没有理性，但是将人类的理性从人的各种天赋能力中单独提出来作为至高无上的原则，乃至于建立起所谓的理性的法庭，用来判断自然和社会的一切问题的真假善恶，由此来为历史的进步或者是反动提供一个衡量的标准，这只是欧洲 18 世纪才兴起的一股风气。在人类以往的历史中，理性的确从来没有取得过如此崇高的地位，它要么被看作是人在自然界或者社会中为自己谋生的一种手段（它等同于聪明或者是明智），要么标志着通往神和上帝的道路。所以，卡西尔说："大概没有哪一个世纪像启蒙世纪那样，自始至终地信奉理智的、进步的观点。18 世纪浸润着一种关于理性的统一性和不变性的信仰，理性在一切思维主体、一切民族、一切时代和一切文化中都是同样的。宗教信条、道德格言和道德信念、理论见解和判断是可变的。但从这种可变性中却能够抽出一种坚实的、持久的因素，这种因素本身是永恒的，它的这种统一性和永恒性表现出理性的真正的本质。"在中国，自明清以来的启蒙有这种说法。但是，自明清之后以及后来的"五四"和上世纪八十年代的启蒙从来没有表现出这样一种对理性统一性和不变性的信仰，所以启蒙无法内化成为中国人性格中一个不以外界形式为转移的本质的层次。而今天我要讲的西方启蒙的进化，就是要在这个意义上面来揭示近代西方理性精神所走过的历程。

其次，我要讲的是英国的启蒙思想。一谈到英国启蒙思想，我们不能不提到它的方法论的奠基人弗朗西斯·培根。作为英国经验论哲学的开创者，培根的新工具从感觉经验的立场提出了对亚里士多德工具论的改造，也就是要排除从概念到概念的抽象的三段论演绎推理，从而探索出一条由直接的经验中收集例证来进行归纳的所谓的"三表法"。培根由此而奠定了后世归纳逻辑的基础，他的经验主义的实证精神也成了以牛顿物理学为代表的英国经验论和自然科学的方法论纲领。但人们不太容易注意到的是，培根的归纳法从其诞生之日起就已经包含有两个不同的层次：一个是被他看作最重要出发点的感觉经验；另一个是在感觉经验的基础上所进行的，不能完全排除掉的所谓心灵的动作，也就是对感官的验证和校正这样一个过程。这一过程恰好是运用了理性的逻辑策划，它寄托于同一律、矛盾律、排中律这样一些逻辑规律之上。培根的归纳法如果不加入理性因素，在科学抽象的基础上提出假说，并且运用演绎推理来验证具有必然性的客观规律，它是永远也找不到的。培根的"三表法"，比如说他得出了热的形式，分子的运动等等，实际上他也运用了理性的假说，但是他自己却把这样一个合乎认识规律的思想的非要看作仅仅是一种暂时的智力的放纵。在他看来，在不久的将来，我们只要能够把一些经验材料全部收集完备，就完全可以把所有的知识都掌握在手里，到那个时候我们就不再需要理性的非要。但是，我们从中也可以看出来，英国经验派作为启蒙理性还限于一种作为工具的理性。培根的名言"知识就是力量"，它意味着：知识就是工具。理性在新工具中是必不可少的，但是还没有正式地上升为理性的法庭。英国经验派的启蒙思想在后来的发展中，从培根的这样一个不自觉的内在矛盾，也就是经验和理性这一对矛盾，分别走向了两个不同的方向：一个方向是由霍布斯和洛克所代表的英国经验派把理性（比如说：几何学和逻辑学）的因素纳入了经验论的原则；另外一个方向是由哈奇森、凯姆斯、亚当·斯密、休谟这些人所代表的所谓苏格兰启蒙运动的方向，在这个方向上人们力图把感觉经验绝对化，彻底排除一切理性并且倾向于用习惯来取代理性的功能。最著名的就是休谟所说的："习惯是人生的伟大指南。"而在第一个方向上，霍布斯和洛克往往被人看成并不是真正的纯粹的经验论者，总是有人说他们把理性的东西混进经验之中，甚至还有人认为他们不是经验派而是理性派。但可以明确的是，他们两个人在方法论上都深受笛卡尔的几何学的方式及笛卡尔的理性推理的影响。但是，要说他们不属于经验派就言过其实了，因为人们没有看出来任何经验派没有理性的因素是不可能成立的。这里所表现出来的某种理性派的做法，其实正是经验派的内部为了自圆其说而必须纳入进来的。如果凡是运用了理性方法的都属于理性派，那就没有经验派哲学这一说了。而所有的经验派哲学都要运用理性的方法，比如说：霍布斯把培根的"归纳法"称为发明的方法，即经验的归纳只是发明的方法，但是其中我们不但要对经验的对象进行分析，而且要把分析的结果加以综合，这种综合就包含有证明的方法。这是霍布斯的一对概念，一个是发明的方法，还是完全经验的，但是其中已经包含有证明的方法，这里就要用到演绎法，而在这方面他极力推崇的是几何学的方法。但是这种证明的方法在霍布斯这里和在笛卡尔那里的几何学方法意义是完全不同的，因为它在霍布斯这里只是被看作我们处理理性和经验材料的工具，而并不体现认识对象本身的逻辑结构，所以它还是工具主义的。在这一点上，他与笛卡尔是不一样的。还有洛克，除了感觉经验以外，他还提出一种反省的经验。洛克的这种反省的经验其实也加入了理性的各种方法，比如说：比较、区分、抽象等等。更进一步说，就连苏格兰启蒙运动中最极端的代表人物休谟，哪怕他已经把感觉经验的原则推到了怀疑论的绝路，但是他仍然在算术、几何学这些观念与观念的关系里面为理性的推理留下了余地。他并不完全否认理性的作用，他认为几何学、算术还有应该包含的逻辑学等这些知识是鲜艳的和可靠的，不需要任何经验的根据，他对自己观点的论证也是严格符合逻辑规范的。而在这里，逻辑规范并没有感觉印象插进来的余地，更不会受激情和冲动的干扰。西方哲学界从上个世纪七八十年代对苏格兰启蒙运动开始抱有一种特殊的兴趣，以为从这里可以找到后现代主义对理性要赶尽杀绝的榜样，所谓反理性主义，反罗各斯中心主义等等，这种企图恐怕最终会是失望的。

英国启蒙运动除了在经验自然科学方面为 18 世纪以牛顿物理学为代表的自然观和实验方法风行一世提供了哲学基础之外，另一个重要的领域就是在人类社会生活方面，它所提出的整套的政治理论和伦理学说。确切地说，后面这个领域不过是前一种科学方法论在人自身的现实生活中的运用，比如：当霍布斯用自然人之间不可避免的一切人对一切人的战争来论证一种社会契约论的必要性时，他已经假定了人所天赋的理性推理的能力。只有具备了理性的能力，人才能够在包括自身在内的人类社会濒临灭亡之际找到唯一的活路。而之所以能够建立社会契约，还是因为有了理性的人就可以避免因战争而遭受灭亡。这种契约是互相约定，将自己的自然权利都交给某个第三者，在他的绝对统治之下形成人与人之间的和平相处。契约论的启蒙性质就在于第三者——君王，但是他不是君权神授的而是君权民授的，通过契约我们大家约定把权力交给他，但是由我们赋予他权力。所以，社会建立在每一个公民的理性之上，哪怕它是专制的社会，它所依据的不是人为法，而是普遍的公共的自然法。洛克的政府论也是这样，他继承了霍布斯的这种方法论的总体倾向，只是在如何解释人的自然权利，如何解释社会契约，以及由此建立起来的国家体制方面，他与霍布斯是不同的。在洛克看来，人的自然本性并不是唯一的弱肉强食，而是充满着同情心和合作性，他们通过社会契约所建立起来的国家，不是为了互相避免伤害，而是为了互利互惠。只有保持社会普遍的公平正义，才能创造出一切人追求自己幸福的条件，不仅仅是为了避免同归于尽，而是要追求更高的幸福。所以，在这里政府并不是国家的主人（这跟霍布斯不同），而是人民所委托的办事机构，立法权应由民选的议会掌握，而不能由君主独断专行。国家体制是立法、行政和对外权三权分立的一个相互制约的体系，国王只是起了一个象征性的作用。所以，洛克主张君主立宪，其中分权的思想和民选、民治的思想从此成了18世纪启蒙思想家的共识。这种共识不是什么习惯或者风俗，而是一种理性的设计，而这种设计是建立在对人类自然法的分析和理性的认识之上的。换句话说，自然法的本质其实就是理性法。

接下来，我要讲的是法国启蒙运动。法国启蒙思想，我把它称为"作为直观的理性"。法国启蒙思想从它的奠基人笛卡尔的理性自明性这个原则里面已经显示出和英国启蒙思想的一个根本的区别。同样是从理性出发，英国启蒙思想看重的是理性的工具性作用，它可以用来证明别的东西；而法国启蒙思想看重的是理性本身的直接呈现。从这样一个根基出发，我们可以演绎出一切知识。虽然这两种启蒙思想都排除了传统的迷信和成见的桎梏，把人引向了自己固有的理性判断力，使理性成了最高的裁判者，在这个意义上，这两种启蒙都属于启蒙思想，但是英国启蒙是间接的运用理性，法国启蒙则是直接的基于理性本身的结构，由此而正式地建立起了一个永恒的理性的法庭（即以理性作为法庭来判断一切），这个是英国启蒙没有达到的。因此，法国启蒙运动比英国启蒙运动更加彻底，也更具有行动力。所以，当我们提到 18 世纪的启蒙思潮，第一个想到的就是法国启蒙运动，而不是英国启蒙思想。这要归功于法国启蒙思想本身具有更高的理论层次，在这个层次上面，它影响到了英国启蒙思想的方法论，像霍布斯、洛克都从它那里吸收了很多东西。正是在笛卡尔所开创的法国启蒙思想之中，启蒙理性成了唯理论。虽然法国启蒙思想家并不都是唯理论者，也有主张经验论的，也有主张感觉论的，像狄德罗、爱尔维修这些人，有唯物主义者和自然神论者，他们对于冷冰冰的孤立的理性都有一些批评，但是他们在公开宣扬这些贴近感觉、贴近情感的学说的同时，我们也可以看出底下实际上默默地在运作的理性程序，这是与英国启蒙学者有些不一样的。卡西尔在启蒙哲学中指出，在法国启蒙思想中，感性的、实证的观点总是和体系的精神结合在一起的，这跟英国的启蒙思想以及感觉论和经验论是不一样的。即使是感性的、实证的观察，它都是体系性的。而总体看来，唯理论的统一性要求支配了 18 世纪的精神，统一性的概念和科学的概念是相互依赖的。科学无非是人类的理智，它永远是同一个东西，永远与自身相统一，无论它所研究的对象如何千差万别，伏尔泰的讽刺也好，对上帝的假设也好，卢梭的情感教育也好，爱尔维修的感觉论也好，都没有人像休谟那样用人的习惯来取代理性的位置。虽然在他们的思想里面都有理性，但是这个理性不能被简单地归结为习惯。但这样一种理性又不一定要采取三段论推理的形式，甚至也不一定是几何学的知名方式，它是更深层次的，决定着逻辑推理和数学证明、几何学证明的原则。也就是说，它是一种直观的理性或者理性的直观。在笛卡尔那里它被表达为清楚明白，但又并非休谟的感官印象那样的清楚明白，而是理性的自明性。后来胡塞尔把它表达为明见性，笛卡尔的"我思故我在"就是这样一个最基本的绝对的明见性。

在法国启蒙运动中，明见性被通俗化甚至于被庸俗化了，被称为"常识"，我们也把它理解为健全的理智，其实它是一个只可意会不可言传的概念，也就是理智直观。比如说：你为什么相信 A 就等于 A？你为什么相信无中不能生有？你为什么相信部分不能大于整体？这些问题没法解释。笛卡尔的"我思故我在"就是这个道理。他说："我怀疑，所以我不怀疑我在怀疑，我唯一不怀疑的就是我在怀疑，如果我怀疑我在怀疑，那么这不是对我的怀疑的反驳，而恰好是对我怀疑的证明。"这是自明的。所以理性的直观不需要别的证明，它自身就是自身的证明。至于后来斯宾诺莎所说的"实体是自因"，所有作为工具而起作用的理性，最后的根据都是理性本身的这种自明性或者是明见性，它不再能够被当作工具来使用，来证明别的东西，它是一切证明之所以可能的条件，这就是直观的理性比工具的理性更加高明之处。启蒙理性只有达到这个层次，它才能从外部的世界深入人的内心。它在主体性的"我"中找到了自身的安身立命之所，"我思故我在"这样一个理性直观，它的意义是重大的。那么我是谁？我就是思维，我就是理性，所以我的感觉也好，情感也好，推理也好，信仰也好，论证也好，怀疑也好，都是我的理性的活动。当我们意识到这一层，人的内心就被启蒙之光照亮了，而人的理性为什么能够照亮整个世界，也就得到解释了。人类理智的统一性，也就是理性本身的明见性，之所以是明见性就是因为它是具有统一性的。反过来说，理性之后又能够呈现出这种明见性，就是因为它自始至终贯彻到底的这种统一性，只是唯有理性才具有的特性，凡是感性的东西，凡是情感的东西，凡是非理性的东西都是暂时的，都是互相冲突的，都是不能一贯地保持统一的东西。法国启蒙运动就是要从这样一些东西里面寻求那种一贯的东西，这种东西就是理性的直观。所以，我们把法国启蒙思想归结为理性的直观的思想。

下面我们再看德国的启蒙思想，德国的启蒙思想我把它归结为思辨的理性，它跟法国的和英国的启蒙思想都是不一样的。深受荷兰的斯宾诺莎，特别是德国的莱布尼茨的影响，笛卡尔的唯理论为德国启蒙思想做了准备。莱布尼茨只用拉丁文和法文写作，但是和法国启蒙学者那种理智、亲民、一目了然的风格相比，他的哲学思想已经具有浓厚的思辨气息。具体表现在科学思想方面和人文方面：在科学思想方面，它在一般的英国历史上增加了一个充足理由律，又叫作充分根据律，这就为理性从一种工具论向直观的理性过渡找到了逻辑上的根据；而在人文的方面，他提出"单子论"，为人的自由意志提供了形而上学的根据。人的灵魂也是一种单子，这些都是常识和健全理智解释不了的，但它的启蒙意义就在于第一次把理性和自由意志联系起来，这样一种理性和自由意志的联系只有在思辨的层次上才能够得到说明。上帝的充足理由就是上帝的自由意志，而人的自由意志是构成万物的元素的自发性，即单子的自发性。这种偶然的自发性背后其实仍然服从着上帝的必然规律及充足理由律，所以各个自由的单子都处在上帝的理性的"前定和谐"之中。我们把这种超越一切感性之上，同时又能够彻底解释感性现象的理性称为"思辨的理性"。一般的理性只能解释必然规律，而思辨的理性就能够解释自由的法则，而真正把这种思辨理性的原则发挥出来的，既不是沃尔夫的逻辑理性，也不是鲍姆加登对美学的感性学的创立，而是康德从纯粹理性的高度对一般启蒙的带有总结性的界定。康德在其著名的文章《答复这个问题："什么是启蒙运动？"》里回答什么是启蒙的问题，他说："启蒙就是人们走出由他自己所导致的不成熟状态，不成熟状态就是对于不由别人引导而应用自己的知性无能为力，要有勇气运用你自己的知性，这就是启蒙的箴言。"在这里一个重要的关键词就是"知性"，又可被称作"理智"，它相当于我们前面所说的工具理性，但是知性的运用可以由别人来引导，也可以不由别人来引导。从后面这点来看，它又是基于人本身的直接的能力和理性，最后要能够不由别人引导而基于自身的直接理性来把理性用作工具，这就需要决心和勇气。之所以要有勇气和决心运用理智的知性，是因为自由意志的理性是由思辨理性来确立的。当然，如果是由于懒惰和怯懦而甘于终生停留于未成年的状态，由别人来引导和监护自己，那也就只能怪自己。因为作为一个自由人，这种未成熟状态是由自己所招致的，这就把启蒙的使命透彻地揭示出来了。启蒙运动是一场建立理性法庭的活动，同时也是一场人类为自己争自由的运动。因为理性的立法使得自由摆脱了自己的暂时性、偶然性和受限制性，而成了自己限制自己的自律，在最高的意义上使得理性的人成了自由人。但康德的过人之处就在于他并没有把自己对启蒙的这种最新的定义设定为一种既定的事实，而只把它看作是一种人性，不断使自己趋于成熟的过程，这个过程是否最终有个结束，他对此存而不论。他说如果现在提出这个问题，我们目前生活在一个启蒙的时代吗？那么回答就是："不"，但的确是生活在一个启蒙运动的时代，毕竟能够自由探讨的领域现在已经对他们开放了，而普遍启蒙以及走出人类自己所招致的不成熟状态的阻力逐渐减少了，在这些方面我们毕竟有着各种清晰的迹象。事实上，康德说这番话的时候是 1784 年，作为一种轰轰烈烈的运动的启蒙已经走向终结，但是启蒙的精神却没有消失，而是积淀为德意志民族的民族性，乃至西欧各国的文化精神中的一个无形资产。

1789 年法国大革命的失败似乎给启蒙运动判了死刑，但这种现实中的挫折并不意味着启蒙精神已经完成了使命。对这一点黑格尔有他的一个评价，他把启蒙的基本概念限定在有用性之上，仅仅将它理解为一种工具理性，所以有用性就是工具理性，这就会把现实中的失败等同于启蒙精神的被否定。他认为这种否定是启蒙的有用性，所以这些规定都通过自我在绝对自由中所经验到的损失而失去了，就是在法国大革命的所谓的绝对自由中，启蒙的精神和有用性都失去了，它的否定是毫无意义的死亡，不具有任何充实内容的否定的东西的纯粹恐怖。这就是黑格尔在精神现象学里面对启蒙所下的断语，但是这个断语实际上是过于武断了。他对启蒙的这种看法没有把启蒙看作是一个发展的过程，这是对康德启蒙观的一个倒退。相比之下，福柯从后现代主义的立场上对康德的启蒙观的理解倒是更为客观，福柯在《什么是启蒙？》的译文的最后的结论中说道："启蒙的历史事件并未使我们成为成熟的成年人，而我们至今也未曾达到这样的状态。但是不管怎么说，在我看来，康德通过反思启蒙而构建的，对现在与我们自身的批判性追问是有其意义的。"启蒙不是通过一场运动可以一劳永逸地达到的一个目标，按照福柯的说法，它是一种态度，一种精神气质，一种哲学生活。在这种态度、精神气质和哲学生活中，对我们所视之内涵的批判，同时也成为关于强加给我们的界限的历史考察和逾越这些界限的可能性的实验。从这种眼光来看，启蒙经历了它的工具理性、直观理性和思辨理性之后，接下来应该进入一个更高的阶段，那就应该是历史理性。黑格尔讲历史理性，可惜他自己并不认为他还在启蒙运动之中，他还觉得他早就已经走出了启蒙。只有当后来的人回过头来才会发现，虽然黑格尔如此老谋深算，他却没有意识到自己也只能处在启蒙的历史之中，他也是一个阶段，他也没有完全成熟，在漫漫长路上他停顿下来，却忘了为后来的人留下余地。综上所述，西方启蒙的实质就是理性的觉醒，西方启蒙的进化就是理性本身的进化，而这样一种进化的历史过程所呈现出来的恰好是理性本身的逻辑层次。

我对西方理性的含义做过四个逻辑层次的划分，第一个层次：理性在人是理性的动物这种最一般的意义上泛指人区别于其他动物的精神活动，包括知、情、义；第二个层次：理性作为情感和情欲与情感和意志不同的认知的活动，把"知"单独挑出来作为理性的任务，这是指人的思维能力、认知能力和理性灵魂，这是英国启蒙运动所达到的层次；第三个层次：在认识领域里面有感性认识和理性认识，而理性作为理性认识与感性认识不同，它是指通过概念和逻辑推理判断，把握客观对象的规律和普遍本质的能力，这是法国启蒙运动所达到的层次；第四个层次：同样是理性认识能力，但是它有低级的和高级的区别，低级的理性认识能力就是知性的，高级的理性认识能力就是辩证理性。理性的这四个层次的含义一层比一层更高，最后这一层我们可以说是德国思辨理性所达到的层次，并且展示了从思辨理性走向历史理性的一个前景。所有这四个层次都有一个统一的含义，那就是超越，就是从动物性的、感性的、自在的个别存在超越到精神性的、普遍的自由存在而达到本质。那么从理性的这样一个逐步提升的进化的过程中，我们能够找到历史发展中的理性线索，也就是人类自由在历史中所呈现出来的必然规律性，但这种规律性并不是封闭的而是开放的，是面向未来的。由此可见，理性的启蒙永远不会过时，它是人的使命，正如自由是人的使命一样。

今天我的发言就到这里，谢谢大家！

斯密的道德哲学戏剧*

康子兴

> 全世界乃一舞台。
>
> ——莎士比亚

如果要用一个关键词来概括格瑞斯沃德（Charles L. Griswold, Jr.）对斯密道德哲学的解读，这个词应该是"戏剧"。他不仅用戏剧来概括斯密的修辞风格，也用"剧场比喻"来分析同情、理解其道德学说，甚至，他也认为，斯密的著作本身就是呈现给读者的"思想戏剧"[1]。

格瑞斯沃德就像是一个剧作评论家，不仅沉浸到斯密创作的哲学戏剧里，走进由文字搭建起来的剧场，近距离感受剧作给他带来的感动、聆听其道德规劝、体验其力量；还能够走出剧作，从一个高于剧场的位置，审视这部剧作，与戏剧和读者保持相对的"疏离"，分析戏剧的主旨、结构，以及作者的修辞技巧，分析剧作的效果以及产生这些效果的原因。读其书，不知其人，可乎？格瑞斯沃德并不满足于梳理斯密道德哲学的义理，而是要与之展开深入对话，透过著述去认知著述背后的哲人，思考其对道德、自然、政治的理解，与之一起反思哲学与道德、自然、政治之间的关系。亦言之，格瑞斯沃德不

---

* 本文作为《亚当·斯密与启蒙德性》中译本（查尔斯·格瑞斯沃德著，康子兴译，北京：生活·读书·新知三联书店，2021年）的"译者前言"，曾发表于《读书》2021年第6期。本文中引用斯密著作时，依据斯密著作的通行注引格式随文标出，不再出脚注。
[1] Charles L. Griswold, Jr., *Adam Smith and the Virtues of Enlightenment*, Cambridge: Cambridge University Press, 1999, p.70.

仅着力还原斯密哲学的面貌，揭示其学说内在的统一性，还致力于向读者呈现学理背后的伟大心灵，呈现哲人的忧与思。甚至，他对"哲人"斯密的用力更甚于斯密的哲学。或许，在他看来，唯有如此，那些在人类文明史夜空熠熠闪光的学说才能重焕生机。在一个更换了演员的世界剧院里，在不朽的人世舞台之上，我们需要优秀的导演方能演好属于自己的道德戏剧。亚当·斯密正是这样的导演，他深谙戏剧之道，他把自然与人世当成剧本，也把自己对编剧意图的理解写成剧作，传诸后世。哲人就像桥梁，他们将人世与自然连接起来：一面是受习俗主宰的不完美的"囚家"，另一面是永恒的秩序。在这人世之中，怎样才能既获得幸福又摆脱狂热？哲人的启蒙便需要具备充分的审慎，他既要带来智慧的火种，又必须深刻认识到人类与此世的缺陷。哲学阐述了我们对自然和永恒秩序的追问。但是，哲学与人世应该是一种怎样的关系？或者，不完美的人类需要什么样的哲学？只有透过哲人的学说，进一步叩问哲人对哲学的反思，我们才能对这两个问题做出解答。这正是格瑞斯沃德努力的方向。

一 世界剧院：戏剧与道德

《道德情感论》具有浓厚的文学色彩，引得格瑞斯沃德反复咏叹。他提醒读者注意，斯密一反学术著作通常采用的论述方式，在论述的主体部分，他有意直接诉诸读者的日常经验与思考，"以相对文学的方式推进"[2]。直到全书末尾，他才对道德哲学致力于回答的问题与结构进行讨论。不仅如此，"在这部作品前六部分中，他甚少（或从未）提及霍布斯、曼德维尔、莎夫茨伯里、洛克、卢梭、哈奇森、贝克莱、休谟等哲人。相反，他更加频繁地提起剧作家、诗人、为纯文学做出贡献者，以及历史学家"[3]。而且，"《道德情感论》中弥漫着例证、

---

[2] *Adam Smith and the Virtues of Enlightenment*, p.47.
[3] *Adam Smith and the Virtues of Enlightenment*, p.47.

故事、文学引用、典故以及各种形象，它不时呈现出小说的品质；叙述与分析在全书中彼此交缠。"[4]所以，与其他伟大的哲学著作相比，《道德情感论》独具风格。格瑞斯沃德将之与斯宾诺莎的《伦理学》进行比较，进一步凸显其文学性和戏剧性。"就像斯宾诺莎的《伦理学》是在仿效几何推演，斯密的书则是在模仿文学，确切地说是戏剧表达。"[5]

对斯宾诺莎而言，几何推演不只是修辞风格，更是伦理学的实质，也是他理解伦理与道德的基本原则。斯密著作的文学色彩促使格瑞斯沃德进一步追问，在斯密的道德学说与戏剧之间，两者是否具有内在的一致性？

答案是肯定的。

斯密区分了两种处理实践道德法则的方式——语法学家路径与批评家路径，认为它们分别与两类德性对应，"正义法则堪比语法法则，其他德性法则则堪比批评家为获得优雅高贵写作定下的法则"（TMS，III.6.11）。斯密把"所有古代道德学家"（例如亚里士多德与西塞罗）都归入"批评家"范畴，肯定了他们的努力，"以此方式对道德法则的处理，就构成了可被适当地称为伦理学的那种科学"（TMS，VII.iv.6）。与此同时，斯密也批评了"基督教会中晚世纪所有决疑论者，以及本世纪和上世纪所有处理过所谓自然法理学的人"，把他们归入"语法学家"范畴，认为他们把正义当作诸德性之范式。格瑞斯沃德从中找到线索，认为斯密与古代道德学家共进退，在《道德情感论》这部伦理学著作中，斯密自觉地作为批评家写作，并以剧场批评为模型。[6]

"同情"（sympathy）是斯密的核心概念，同情发生在行为人与旁观者之间。行为人—旁观者的二元结构是其道德哲学的根基。在斯密看来，行为人与旁观者之间的关系是最根本、最基础的社会、道德关

---

[4] *Adam Smith and the Virtues of Enlightenment*, pp.59-60.

[5] *Adam Smith and the Virtues of Enlightenment*, p.41.

[6] *Adam Smith and the Virtues of Enlightenment*, pp.65-66.

系，体现了人的自然社会性。唯有通过这组关系，人才能获得"道德自我"。所以，为了理解人性与人类命运图景，它也至关紧要。同情在人类生活占据了最为核心的地位。

格瑞斯沃德一再强调，在斯密呈现出来的理论结构里，"同情"是一组不对称的关系——在做与看之间，在行为人与旁观者之间，看和旁观者具有内在的优越性。旁观者是道德评价的尺度，这就好像，在剧场里，掌声来自观众与批评者。"同情"具有一种类剧场结构，也就是说，斯密描述并规定了道德情感的戏剧风格。当旁观者想象自己处在行为人的境地，扮演其角色，体验其情感，并对之做出判断与评价时，他就是在向自己模拟戏剧。

"全世界乃一舞台"，格瑞斯沃德引用了莎士比亚的这句箴言，将之作为《亚当·斯密与启蒙德性》第二章第二节的题记。既然世界是一个舞台，那么所有生活在世间的人便都是演员。行走天地间，我们为何需要表演？这个问题涉及斯密与卢梭关于"自然状态"的争论。卢梭认为，只有通过构想一个前社会的自然状态，我们才能理解不平等的起源、文明社会的奴役，也才能够想象真正自由的道德与政治。对此，斯密做出了理论上的回应和批评。斯密认为，一个人如果生来就是社会的陌生人，处在卢梭式的自然状态中，那么，他不仅看不到自己脸孔的美丑，也无法获得任何道德美丑的感受。他只是一个"人类生物"（human creature），还不是完全意义上的人（*TMS*，III.1.4）。只有在社会中，以旁观者的赞美或谴责为镜，我们才能获得反思性情感，才能获得道德能动性，也才能成为真正的人类个体（human individual）。所以，我们的自然状态是在社会当中，旁观者是道德能动性得以可能的条件，也因此具有了规范意义上的优先性。

人是社会的动物，我们要通过他人的眼睛来观照自己，反思自己的情感与行为，我们才能认知合宜与德性，才能得到旁观者的同情与嘉许。然而，身体把我们从根本上分离开来，旁观者不能直接感受行为人的苦乐，他只能借助"同情"的心理机制，想象自己身处对方的境地，从而获得某种共通感受。相比其行为人的原初感受，这种共通情感绝不可能同样生动和强烈。所以，行为人要获得道德认可，他就必须隐藏某些激情，以合宜的方式表达自己的情感。既然公正无偏的旁观者决定了合宜的标准，那么，每一个行为者都必须成为演员，戴上面具，按照社会舞台规范来表演。实际上，这种戏剧关系还可能进一步延伸。当行动者能够想象，一个无偏旁观者洞晓其处境，观看着他的行为，他就获得了自我反思的能力，也获得了"道德自我意识"。亦即，他在想象中把自己分成两个人，内在的或理想的法官仍为一旁观者。我们变成了自己的观众，戏剧关系也因此内在化了。[7]

斯密在以剧场批评为模型来分析道德判断时，也将我们的日常生活视为一个舞台。斯密无疑认为戏剧与道德具有内在的同构性：在看戏的时候，我们对戏剧角色的理解与评价有赖于同情，在日常生活中，我们对他人的道德评价也有赖于同情，这两者是"同一种心理过程或经验"。所以，斯密才持续引用文学与戏剧，用以阐释道德情感的活动，并将之视为道德教育的重要手段，认为"莱辛与伏尔泰、理查森（Richardson）、马里沃（Marivaux）以及瑞珂博尼（Riccoboni）是比芝诺、克里西甫（Chrysippus）或艾比克泰德（Epictetus）更好的训导者"（TMS，III.3.14）。

"没有了社会赋予我们的面具，我们就不再是我们自己，但是，那张面具既有所揭示也有所隐藏。没有面具，我们就不能是面向自己或他人的演员，也不能作为人或道德自我存在。在此意义上，人类生活在根本上是戏剧性的。"[8]格瑞斯沃德对斯密的道德哲学做出了戏剧化的解释，他也在有意让我们回想起柏拉图对戏剧的批评，并提醒我们注意斯密与柏拉图之间的对话，以及斯密对柏拉图理论模型做出的重大调整。柏拉图认为，无论悲剧还是喜剧，它们都只是模仿的技艺，也只能刺激、鼓动我们心灵中非理性的激情，从而扰乱灵魂秩序，败坏德性。柏拉图认为戏剧与激情都是盲目的，无法引领我们认知"好的理念"、世界的真实形式。它们会将我们绑缚在不真实的阴影和洞穴里，也只能让我们在好生活的谎言里跋涉、挣扎。但是，"斯

---

[7] *Adam Smith and the Virtues of Enlightenment*, p.108.

[8] *Adam Smith and the Virtues of Enlightenment*, p.110.

密悄悄地排除了这样一种可能：灵魂对神或好的形式之理解能够实现一个'更高的自我'，以取代对同情的迫切需要。他也排除了这样一种可能：我们能够被理解为'不完整的'，或是有缺陷的，或是某种更高存在的影像；而是说，我们相对其他每个人都是不完整的"[9]。斯密抛弃了柏拉图或亚里士多德意义上的目的论，为日常生活辩护，认为我们的日常生活具有戏剧一般的完整性与理性，我们的社会生活受着"自然智慧"的引导，好可以是坏的意外结果，我们也只能在社会舞台上实现自己的道德角色，获得自己的幸福。

二　怀疑主义：戏剧与哲学

在道德与人生的戏剧里，我们每个人既是观众也是演员，我们在评价他人的同时也被他人评价。正是在世界剧院里，我们才获得了道德自我，变得正义、富有德性。"合宜"是社会赋予我们的面具，它规定了我们的角色，也授予我们规范。合宜概念糅合了伦理学与美学。按照斯密的论述，我们对合宜的追求源自对美的爱。合宜意味着秩序，但它更像是对秩序的描述，而非对秩序之实体或终极因的阐发与追问。斯密将一切德性都归纳为"合宜"。在不同的境况下，合宜之要求亦有所差异，于是才产生了德性的分化。在这个世界剧院中，演员与观众依照同一个剧本进行表演和批评，剧本也预先规定好了合宜之要求。然而，对普通行为人与旁观者而言，剧本并不可见。他们只能通过道德情感与想象，借助同情来认知具体生活场景中的合宜要求。亦即，合宜具有很强的模糊性，并无确切而统一的法则。但是，斯密满足于较为模糊的合宜性描述，没有要求，也拒绝要求我们经历"一条更加漫长、环绕弯曲的途径"[10]，引领我们认知"好的理念"。

[9] *Adam Smith and the Virtues of Enlightenment*, p.111.
[10] 柏拉图：《理想国》，顾寿观译，长沙：岳麓书社，2010年，第302页。

斯密对世界剧场的坚守与辩护表明了一种针对柏拉图哲学的怀疑主义。格瑞斯沃德注意到，在《道德情感论》的第七部分，斯密的"道德哲学史"有一些重要的省略。"精确地说，斯密几乎完全忽视了柏拉图的形而上学，尽管在《理想国》中，其形式理论也与伦理学具有内在联系。他在处理亚里士多德与斯多亚派时也采用了一个相似的模式。"与之相应，斯密从未出版一部论形而上学或认识论的著作，《道德情感论》也不是一个得到清晰阐述的形而上学或认识论体系的构成部分。[11]

我们不难发现怀疑主义对斯密哲学的影响。例如，他的论述限制了理性在伦理评价中的影响。斯密强调，尽管理性能够构想出道德的普遍法则，并思考某一目标的手段，但它不能提供给我们"关于是非的首要认知"（*TMS*，VI.iii.2.7）。也就是说，理性必须以道德情感的认知为前提，在伦理判断上，道德情感的作用是第一位的。在社会秩序的生成演化方面，他同样限制了理性的作用。劳动分工可谓财富与文明的枢轴，但它不是人类智慧的产物，而是交易倾向"缓慢逐渐造成的结果"[12]。就其本质，交易倾向的基础正是同情的道德本能。自16至18世纪，欧洲经历了由封建社会向商业社会的转型。斯密将之称为于公众幸福"极重要的革命"，但它不是出于理性的设计，而是领主及商人工匠竞逐虚荣和钱财导致的意外结果。在《国富论》的其他大历史叙事中，例如在关于宗教自由史的讨论中，他也清楚表明，"人类理性的微弱努力"只发挥了有限的作用。至于国家依据总体规划，深度干预经济的行为，他更是对比展露出深刻的怀疑。

格瑞斯沃德把斯密称为非教条式的怀疑主义者。与皮洛主义者（Pyrrhonist）相比，他的怀疑主义颇为节制，他承认道德之客观真实性，认为道德品质统治着个人和共同体的生活。正因为如此，他才致力于继承并完善由格劳秀斯开创的自然法理学传统，决心研究"一切国家法律之基础"（*TMS*，VII.iv.37）。依据斯密的理论立场，一方面，

---

[11] *Adam Smith and the Virtues of Enlightenment*, pp.155-156.

[12] 亚当·斯密:《国富论》，郭大力、王亚南译，北京：商务印书馆，2016年，第11页。

我们可以说，我们在一定程度上创造了道德，"因为我们在自然之书中读不到它们，上帝也没有把它们交到我们手里"。但另一方面，道德品质又并非由孤立的个人创造，也并非凭空产生。格瑞斯沃德提醒我们注意道德与自然社会性之间的内在关联：我们只有在共同体中才能成长为道德个体，但"这个共同体的道德法则外在于任何个体"。[13] 所以，斯密的怀疑主义也具有其伦理意图：它讲述了柏拉图式哲学有限的实践意义，认为我们没有能力也没有必要沉思最终极的形而上学真理，促使我们把哲学视野转向世界剧院内部，关心自己、家人、朋友与国家的幸福。斯密的意图与马可·奥勒留受到的指控遥相呼应："当他致力于哲学沉思，冥想宇宙之繁荣时，他就忽视了罗马帝国的繁荣。"所以，斯密在《道德情感论》中重述这一指控，并评论说，"玄思哲人最高贵的沉思也难以弥补对最细微积极义务的忽视"。(*TMS*, VI.ii.3.6)

斯密的哲学在形而上学真理与社会共同体之间做出了抉择。人类理性无力超越道德情感，认知"好的理念"。如果沉湎于形而上的玄思，步入一种神圣的疯狂，哲学将忽视它对共同体的义务，甚至对共同体造成伤害。相反，共同体本身承载了道德，在具体的生活场景中，我们可以借助同情认知合宜的具体要求。这就好像一个剧院，排练好的戏剧正在上演，每个演员未必完全理解整个戏剧的内涵，但他们熟知具体场景下的台词与细节。是众多具体而细小的场景、演员与观众的互动、舞台与剧场工作人员的配合才造就了一出完整的戏剧，也使剧场承载的目的、法则得到呈现。

哲学是对智慧的爱。柏拉图在《会饮》中探讨了哲学的爱欲，它必须在爱的阶梯上不断爬升，直至达到那"统一的美"，唯一的以美本身为对象的知识。"同情"在《道德情感论》中的核心地位指向了爱在这本书中的核心地位：对赞美与值得赞美的爱是"同情"的根本动力。格瑞斯沃德把《会饮》当成坐标，两相对照，凸显出斯密对爱

---

[13] *Adam Smith and the Virtues of Enlightenment*, p.172.

与哲学的审慎思考。苏格拉底推崇对智慧与美本身的爱，斯密则从中看到了潜在的危险。

浪漫的爱情将两人融合为一，使之不再处在与旁观者的同情关系里。在旁观者眼里，情人之间热切的爱恋显得荒谬可笑。不仅如此，这种丧失同情结构的激情之爱甚至会酿成悲剧。为了说明激情之爱导致的狂热与荒谬，斯密引用了伏尔泰的悲剧《穆罕默德》。在这个故事里，两个年轻人彼此爱恋，但错误地认为，他们全心爱着的神要求他们去杀死一个他们极为敬重的人（TMS，III.6.12）。这个悲剧融合了两种狂热：对爱人的狂热与对宗教的狂热。由于对宗教的狂热，他们无视老人的德性，也无视老人的关爱，犯下可怕的罪孽。由于对爱人的狂热，他们看不到对方的过错。当情人受到欺骗，误入歧途时，他们非但不能加以劝诫或制止，反而相互鼓舞，携手奔赴罪的深渊。在斯密看来，这两种狂热具有同样的根源与结构："同情"的剧场结构瓦解了，他们失去了旁观者的审视与批评，站在完全失去反思能力的行为人立场。

由于沉思"好的理念""美的知识"，爱智慧者也可能走向狂热，从而具有内在的危险。爱智慧者可能会分有如下观点：当我们以某种抽象、哲学化的方式来沉思"人类社会"时，它显得好像是一架巨大的、无边无际的机器，其规范、和谐的运动产生了一千种令人适意的效果（TMS，VII.iii.1.2）。这架机器"美丽且高贵"；就像爱人沉湎于被爱者的美丽，爱智慧者也有被一种概念体系之美征服的危险。[14]当哲学的狂热与政治权力结合在一起，热爱体系的当权者从理想政府计划中看到一种虚假的美，受其引诱，最终"毁灭自由并每一个反对它的人"。

《道德情感论》是斯密的爱欲之书，却是教导人们节制爱欲的著作。对爱之迷狂，斯密深怀警惕之心，令其哲学上表现出怀疑主义特征。对智慧、美与好之理念的爱会破坏同情的剧场结构，摧毁旁观者

---

[14] *Adam Smith and the Virtues of Enlightenment*, p.155.

在道德判断中的优先性，从而瓦解德性之爱。为了保卫爱与友谊，斯密限定了对智慧的爱欲。所以，在其对道德哲学史的梳理中，斯密用"合宜"来解释柏拉图的伦理学，避而不提理念论与形而上学。"对斯密来说，他认识到世界剧院（theatrum mundi）就是家园，这意味着从狂热与冲突的黑暗中获得解放。"[15]

三　不完美的乌托邦：戏剧与政治

借助道德的戏剧结构，斯密已经告诉我们：人是情感的动物，只具有不完美的理性，无法仅凭沉思认知"好的理念"或"美的知识"。在"同情"的道德戏剧里，我们在想象中扮演他人的角色，理解其处境，体会其情感，做出道德判断，或用公众的眼睛来审视自己，戴上社会赋予的面具，自我控制，合宜地行动、表达情感。人生如戏，戏剧似乎是人的本质属性。就其实质而言，世界剧院表达了人类的自然社会性。它也表明，道德是一个实践理性问题，我们只有在行动中，在社会生活实践中才能理解、认知、获得德性。因为，道德不是对知识、理念的抽象思考，它涉及复杂而具体的生活情境。倘若我们只是遵照某种抽象原则生活，我们将不可避免地走向狂热，对社会的复杂性视而不见。人生于戏中，我们唯有通过表演与反思来理解自己的角色，进而思考戏剧与剧场的结构。我们没有能力跳出舞台，读到原始剧本，从而无法完整而确切地认知我们正在演出的戏剧。这是我们的自然处境，也是我们的命运。我们都是剧中人，也必须与他人一起演出，才能呈现、诠释出戏剧的普遍精神。我们都是道德演员，在世界剧院中，我们因分工的差异而扮演不同的角色。在斯密看来，无论是对个人德性还是对国家智慧而言，这种戏剧意识都至为关键。在某种意义上，"剧场"也成为沟通《道德情感论》与《国富论》的桥梁。

---

[15] *Adam Smith and the Virtues of Enlightenment*, p.155.

格瑞斯沃德曾谈及从"世界剧院"视角解读斯密的原因，并阐明了它与《国富论》的关系。"斯密为何认为，这一世界剧院视角引人入胜？原因众多，其中之一便是这个比喻的灵活性。关于'景观'，一个批评家可能会问不同的问题……实际上，他可能想要知道，使训练有素之批评家能够存在的经济与社会条件（e.g., *WN* V.i.f.51，I.ii.4）。易言之，剧院批评的比喻也会拓展至《国富论》的理论构建。"[16]

这段评论揭示了《国富论》与斯密之道德哲学间的关联。在格瑞斯沃德看来，《国富论》的论题内含于斯密的道德哲学，亦即，《国富论》致力于探讨健康道德的"经济与社会条件"。实际上，当戏剧批评家思考"训练有素之批评家能够存在的经济与社会条件"时，他就在努力跳出"表演—批评"的框架，或者跳出他在剧院中的角色，思考剧院与戏剧的总体结构，思考道德戏剧能够顺利演出、得到精彩呈现的条件。不过，值得注意的是，这位批评家没有也不能真正跳出剧院，他仍在剧院之中，也仍在扮演其角色。所以，他的思考是一种自我反思：他通过反思自己正在观看、表演和批评的戏剧，在剧院当中理解戏剧的主旨、效果与条件。

《国富论》的作者无疑是这样的批评家。既然《国富论》致力于阐述"立法者科学"，那么，斯密心中理想的立法者必然也是这样一位批评家。这位立法者当然不是柏拉图心心念念的哲人王。按照格瑞斯沃德的解释，世界剧院相当于柏拉图构想的洞穴。但是，在斯密看来，朝向洞外太阳的爬升艰难而没有希望，以此方式进行的启蒙努力不过是哲学的狂热罢了。相反，只要我们聚集起必要的勇气，我们就可以打破捆绑着我们的链条，在洞穴里点燃火焰，把洞穴改造成温暖而光明的家。这样，我们就获得了双重解放，既摆脱了原本束缚着我们的成见，也摆脱了光明在洞外的神话。[17]

那么，斯密的"立法者"应当如何在洞穴中点燃火堆呢？在社会

---

[16] *Adam Smith and the Virtues of Enlightenment*, p.70.

[17] *Adam Smith and the Virtues of Enlightenment*, p.15.

生活中，在对他人与自我的观看中，我们逐渐获得了无偏旁观者的立场与视野，认知了德性与道德机制，也认知了正义与社会秩序的内在法则。由于人的道德本能，分工不断发展，社会逐渐演化，哲学与哲学家也随之产生。哲学家不再从事生产，把"观察一切事物"当作自己的任务，"能够结合利用各种完全没有关系而且极不类似的物力"[18]。正如斯密在其著作中所做的那样，哲人参与并观察生活，反思自己的道德经验，理解社会的结构与变化，并深入思索世界的变迁与分化。哲人在现实与历史中找到了稳定的、富有解释力的秩序框架，建构起自己的道德与政治理论。哲人相信，他的理论能够指导我们的道德与政治实践，帮助我们获得不偏不倚的道德立场，避免走向冷漠与狂热，也能够帮助我们认识社会的自然秩序，克服偏见与欺骗。哲人会建构起自己的理论体系，但是，它的体系不是基于抽象的理念原则，而是对健康道德、社会秩序的描摹，是对稳定持存经验结构的呈现。斯密的道德情感理论与政治经济学的"自然自由体系"便是如此：前者向我们呈现认知健康德性的正确方式，展示"同情"的内在结构与机制；后者则揭示一个健康有序的文明社会的结构与基础，揭橥社会演化的原因、历程与法则。在这个过程中，维持健康道德、社会秩序的条件随之浮现，国家职能亦由此得以阐明。亦言之，通过对生活的观察、对历史的反思，斯密认识到，社会秩序受一只无形之手的操纵。这只无形之手超越了个人与阶层的意志，但绝不任意，而是彰显着自然的智慧，具有内在的法度。所以，斯密的理论便是着力刻画它的工作，展示它对历史与现实的影响，令我们理解其机制与法则，进而指导国家的有形之手。

斯密与柏拉图一样，主张权力与智慧（哲学）应当合而为一。但是，他笔下的国家智慧不是对洞外太阳的认知，而是在世界剧院内部对"无形之手"的理解。在《国富论》中，斯密也勾勒了他的政治理想，并力图教化君主，使之能够深入理解政治经济的"自然自由体

---

[18]　亚当·斯密：《国富论》，第8页。

系"，使国家扮演"无偏旁观者"的角色。所以，在为不列颠的现实困境献策时，他才评论称，对"自然自由体系"的贯彻是一个"乌托邦"或"大洋国"（*WN* IV.II.43；V.iii.68）。但是，与柏拉图勾勒的贵族政体相比，"考虑到公民最高贵的德性与最真实的幸福，这个'乌托邦'显然不完美"[19]。

在斯密心中，梭伦是理想立法者的代表。他不是柏拉图意义上的哲人，却最具审慎的智慧。他的立法尽管不是最好的，却是"利益、偏见、时代性情所能承认的"最好的法律（*WN* IV.v.b.53）。斯密为哲学与哲人赋予了不同于古典的，具有启蒙色彩的定义。在这种启蒙的意义上，我们可以将其心目中的理想立法者称为"哲学王"。这位哲学王既要对道德与社会秩序具有整全的理解，对自然正义的法则具有清晰的认知，同时，他的目光也不能完全超脱于世界剧院，他对现实社会弊病、症结、改良的方式，乃至其限度都要有清晰的认知。他深知，面对社会的不义与缺陷，他只能给出一副并非完美的药方，他清醒地认识到了人性的限度，并且承认："当人类在集体能力和政治剧院中行动时，与他们在关注私人追求时相比，我们的期待要更少一些，这样做是审慎的。"[20]

四 一场戏剧的相遇

面对尼采、海德格尔、麦金太尔等人对现代性的批判，格瑞斯沃德意识到，我们是启蒙之子，却又生活在一个自我怀疑的时代。在这样一个特殊时刻，在古今之争的视野中进行自我反思就变得意义非常。亚当·斯密对现代世界产生了巨大影响，但是，他自身具有极高的古典学素养，他的哲学也内在地包含了古今之争的视野。在一定程度上，斯密与格瑞斯沃德具有共同的问题意识，从而导致两人在理论

---

[19] *Adam Smith and the Virtues of Enlightenment*, p.302.
[20] *Adam Smith and the Virtues of Enlightenment*, p.305.

思考上的共鸣。"一个自我怀疑的时代拥有这样的优势：它是哲学的沃土……对于启蒙自身的批判与证成，那里是否还有遭到忽视或误解的资源，尤其是为了保存古代思想可欲求诸方面而提供的资源？如果有，我们就需要细致地考察。亚当·斯密就是这样的一种资源。"[21]

"戏剧"为格瑞斯沃德提供了一个场域，使之能够勾连起古今哲学的两位代表，在道德、自然、政治等问题上比较柏拉图与斯密的哲思，并融入自己对时代与哲学的思索。或许，在格瑞斯沃德看来，在有所彷徨与怀疑的时刻，他与斯密的相遇也是戏剧的安排。不然，在整部著作之前，他为何要引用华莱士·史蒂文斯对命运的咏叹呢？

格瑞斯沃德执教于美国波士顿大学哲学系，担任波登·帕克·鲍恩哲学教授（Borden Parker Bowne Professor of Philosophy）。他具有非常广阔的理论视野，其教学与研究涉及诸多"论题、人物与历史时期"。他已经出版四部著作：《柏拉图〈斐德若篇〉中的自我认知》《亚当·斯密与启蒙德性》《宽恕：一个哲学的考察》《让-雅克·卢梭与亚当·斯密：一场哲学的相遇》。《亚当·斯密与启蒙德性》是他的第二部专著，出版于1999年。很明显，这部作品延续了他对柏拉图的研究，尤其是他对修辞的关注。2007年，他开始在研究生课堂上讲解卢梭，将之与休谟和斯密进行对比，着力梳理法国启蒙与苏格兰启蒙之间的理论对话。2018年，他出版了《让-雅克·卢梭与亚当·斯密：一场哲学的相遇》，对这一理论课题做了阶段性总结。

2008年夏天，我与导师商定好博士论文选题，决定研究斯密的政治哲学。此后不久，伦敦政治经济学院的库卡修斯（C. Kukathus）教授就向我推荐《亚当·斯密与启蒙德性》，称它是最好的斯密研究著作。自那时起，这本书就一直陪伴着我，不时给我带来启发。也是在那时候，我注意到，"西学源流"译丛将之列入了出版计划，于是一心等待中译本出版。

九年之后，在2017年初秋，我去大理旅游。正当我徜徉于苍山

----

[21] *Adam Smith and the Virtues of Enlightenment*, p.7.

感通寺内时，我收到了三联书店冯金红老师发来的信息，她问我是否愿意翻译格瑞斯沃德教授的这部著作。在那一刻，我感到自己与斯密也有了戏剧般的相遇。君不见，一百多年以前，严复正是将"同情"（sympathy）译作感通。

　　我在2019年初译出初稿，冯金红老师和童可依编辑均给出了许多中肯的修改意见。一番校订后，宋林鞠小姐认真审读了文稿，指出了不少疏漏和表达不够晓畅的地方。我们一起推敲译法，润色文字。冯老师的严谨练达、宋小姐的细致敏锐都令我印象深刻，也让我受益匪浅。三联图书馆落地窗前的阳光、福叁咖啡馆里的香气都会存入我的记忆。在我的思想剧场里，它们有如舞台上的布景，既帮助烘托氛围、呈现主题，也共同参与戏剧的制作。所以，这部译稿凝聚了译者和编辑的共同努力，也是"演员与批评家"共同呈现的一幕戏剧。当然，译文仍有诸多不完善处，恳请读者朋友们批评，让我们一起在斯密的道德哲学戏剧中相遇。

启蒙及其超越
——评《剑桥十八世纪政治思想史》

马万利

　　18 世纪是启蒙的时代，而启蒙是一个超越时空的命题。法国大革命正酣之际，康德对"什么是启蒙？"给出了著名论断：启蒙就是人类脱离自我招致的不成熟状态；但他又说："如果现在有人问：我们目前是不是生活在一个已经启蒙了的时代？那么回答就是：不是。"[1] 可以说，这开启了后世对于启蒙运动的诸般思考，毁誉不一，褒贬不止。

　　《剑桥十八世纪政治思想史》是"剑桥政治思想史"丛书中的一卷，这部近千页的大部头学术著作由英国剑桥大学教授、皇家历史学会院士马克·戈尔迪（Mark Goldie）与专治启蒙思想史的英国历史学家罗伯特·沃克勒（Robert Wokler，1942—2006）联袂主编，由 24 位在各领域学有专攻的权威学者撰稿，中译本由国内知名学者和译者刘北成领衔翻译。

　　无疑，启蒙运动是《剑桥十八世纪政治思想史》的突出论题；但是，本书是在 18 世纪政治思想与实践的全景视野下考察启蒙运动这一主题，并且，"对 18 世纪诸多争论的论战特征、对相关作品的写作环境给予应有的重视"[2]。本书不只是一部启蒙思想史，而是一

---

[1] 转引自彼得·盖伊：《启蒙时代》（上），刘北成译，上海：上海人民出版社，2015年，第 16 页。

[2] 马克·戈尔迪、罗伯特·沃克勒：《剑桥十八世纪政治思想史》，刘北成、马万利、刘耀辉、唐科译，北京：商务印书馆，2017 年，第 7 页。（以下引文未特别注明者均出自该书，不加脚注，只在正文中标识页码。）

部超越启蒙话语，对 18 世纪政治思想的广度与深度进行全景式描述的巨著。

一

全书主体内容分为六个部分，大体上都是围绕启蒙这一主题展开，分别讨论了启蒙的发生、启蒙的"旗帜"（理性）、启蒙思想的基石（自然法）、启蒙与商业、启蒙与公共幸福、启蒙与革命，等等，视野辽阔，启人心智。

1. 启蒙与旧制度

18 世纪各种政治思想在很大程度上都是针对法国"旧制度"而展开的，启蒙思想是其中最大的一个阵营。本书第一部分题为"旧制度及其批判者"，可谓切中要害，出手不凡。

启蒙哲人声称"消灭败类"，包括暴君、教士与野蛮人，认为他们是旧制度的维系者。本书开篇通过勾画 18 世纪"各民族的精神"，凸显旧制度下的暴君"败类"与法的精神的种种相悖。在这里，撰稿人突出启蒙哲人高超的"比较法"。一个是时间维度上的比较，主要援引孟德斯鸠《论法的精神》与《罗马盛衰原因论》，介绍了古代希腊人、罗马人以及法兰克人的法律传统以及关于法的本质的传统思考。另一个是空间维度上与英国的比较，主要援引伏尔泰《哲学通信》。英国在商业上的成功令政治观察家着迷，但是海峡对岸的议会制与巴黎高等法院与此毫无相似之处。

更大的"败类"群体是教士。18 世纪，宗教改革已经过去三个世纪，新教的影响渗透到欧洲众多地区，法国则是天主教的重要堡垒。本书广泛讨论了路德宗、加尔文宗、英国的非国教徒，以及怀疑主义、教士权术、宗教宽容、詹森派、虔敬主义等宗教主题。本书关于这个主题的讨论有两个特点。一是打破了信仰与政治之间或促进或阻碍的简单关联。撰稿人指出，"没有哪个宗教团体遭受到耶稣会在1765 年之后所遭受的那种迫害"，而对于 18 世纪的信仰来说，"一个重要的悖论就在于，经由情感经验而能够为人类意志所了解的上帝，往往倾向保守主义，而相反的上帝形象，即推论性理性（而不是情感意志）能够认识的超验的上帝，创造了最任性的政治，并且向自由的道路迈进"（第 141 页），也就是说，对信仰的唯意志论与唯理论的不同解释又在很大程度上成为政治化进程中的自由主义与保守主义长期冲突的始作俑者。第二个特点是，本书关于信仰与启蒙的讨论，是在对法国大革命以及霍布斯鲍姆所谓"革命的年代"的前瞻中展开的。结合爱德华·汤普森的观点：英国避免了法国大革命，原因在于英国的宗教（比如循道宗）"吸纳了大量英国工人阶级的成员，从而削弱了阶级意识和政治激进主义"（转引自第 141 页），作者进一步指出，"欧洲大陆尤其天主教欧洲更难出现这种情况"（第 141 页）。

撰稿人关于暴君与教士、政治与信仰的双重分析意味深长。旧制度的刚性扼杀了一种具有缓冲效用的宗教改革倾向。应该说，启蒙运动既不是信仰与政治的角斗场，也不是在不同信仰之间，或者在信仰的理性与情感的不同基础之间摇旗呐喊；但启蒙思想难免成为一种针对旧制度的行动力量。

2. 启蒙与理性

理性是启蒙运动的主调，正如启蒙是 18 世纪政治思想的主调。该书第二部分细数政体理论、百科全书、乐观主义等为 18 世纪注入的"新的理性之光"。

政体理论是启蒙理性的一个重要实践领域，该书这方面的可贵之处在于，揭示了启蒙政体理论的一个长期没有引起充分重视的基础：比较法。换句话说，该书通过建构理性——比较——政体理论——启蒙的分析框架，为我们展现了启蒙与理性之间的关系在政体理论上的例证。比较是一种理性。"18 世纪的欧洲思想家通过比较和对比来刻画他们的国家、欧洲大陆以及他们所处历史时代的特征。"（第 145 页）

在这种比较的视野下，不同政体的高下优劣就有了理性基础。孟德斯鸠在《论法的精神》第 2—8 章中阐述的政体理论（共和政体、君主政体和专制政体）独树一帜，主导着 18 世纪的政治理论，当然伏尔泰为这种比较增添了风俗视角（《风俗论》），而休谟从《人类理解研究》《人性论》到晚期论文《论政府的起源》，一以贯之地注意到比较中的情感因素，对比较的本土立场提出怀疑与警告。18 世纪，比较法不仅用于政体理论，还用于社会理论，孟德斯鸠的《波斯人信札》和狄德罗的《两个印度》《布尔维尔游记增补》都用大量的"异国情调"揭示了政体与社会的关系。

《百科全书》可以说是启蒙理性的集大成，"从其完成以来一直就是 18 世纪文化的里程碑"（第 169 页），伏尔泰称其为"不朽的著作"。近年，学术界关于百科全书的研究有一个比较明显的社会学转向，《启蒙运动的生意》中译本在国内颇受重视。对此，《剑桥十八世纪政治思想史》不偏不倚，兼顾并收。实际上，早在法国百科全书运动之前，编撰百科全书可以说是欧洲"文人共和国"的一项普遍旨趣，法国《百科全书》受惠于伊弗雷姆·钱伯斯的英文版《百科全书，或艺术与科学百科辞典》。对狄德罗来说，约翰·雅各布·布鲁克的《哲学批评史》一直是一个典范（第 172 页）。毋庸多言，法国的学院体制、公共领域是百科全书的孵化场。人们通常认为，审查制度阻碍了百科全书的事业，但实际上，"百科全书不但受到欧洲主要政权的迫害，同时也得到它们的保护"（第 169-170 页）。而精明的出版商在这项风险投资中左右逢源，甚至不惜对这份出版物"色情化"，是《百科全书》的助产士。《百科全书》名副其实，但就其政治思想部分而言，理性仍然是重要的基石，它贯穿于狄德罗撰写的"政治权威""自然法""折中主义"，布歇·达尔吉的"法律"，诺古的"政府"，甚至卢梭的"政治经济学"等词条中。"有鉴于此，如果想从《百科全书》的字里行间拼凑出法国大革命《人权宣言》的轮廓，就有点不着边际了。"（第 189 页）

18 世纪总体上是乐观的世纪，对启蒙理性的批判要到世纪晚期才开始发声。乐观主义的基石仍然是启蒙理性。"乐观主义"这一术语似乎是 1737 年首次以法文形式出现的。[3] 笛卡尔有力地推动了人们对于理性的信念。启蒙哲人教导，上帝已经创造出了一个最好的宇宙。"在莱布尼兹看来，万物皆来自上帝具有无穷的善和智慧这一基本前提"（第 191 页），莱布尼兹—沃尔夫体系实际上也是一个乐观主义的体系。而蒲柏的诗句唱响了乐观主义的最强音：

> 整个自然都是艺术，不过你不领悟；
>
> 一切偶然都是规定，只是你没看清；
>
> 一切不协，是你不理解的和谐；
>
> 一切局部的祸，乃是全体的福。
>
> 鄙视高傲，却犯了理性的恶意，
>
> 凡存在都合理，这就是清楚的道理。（转引自第 192-193 页）

简而言之，善是上帝与理性的共同目标，恶是一种幻觉。但是，到 1760 年代，这种乐观主义遭到当头一击。"这种心态转变无疑存在复杂的原因，其中三个特别重要：里斯本大地震（1755）、七年战争（1756—1763）以及伏尔泰的《老实人》的出版（1759）。"（第 193 页）

18 世纪启蒙理性的一个主要目标是打破偶像崇拜，但结果造成了理性崇拜。对理性崇拜的批判之声，要到下个世纪经由狄更斯和马克思等人之笔成为绝响。20 世纪初的美国历史学家卡尔·贝克尔在《18 世纪哲学家的天城》中指出，18 世纪的启蒙哲人反对奥古斯丁的"天城"，其实他们所做的工作"只不过是以新的材料在重新建造另一

---

[3] 当时，耶稣会期刊《特雷武月刊》刊登了一篇评论莱布尼茨《神正论》的文章，作者把乐观主义定义为一种理论，依据这种理论，"这个世界是最适宜的"。法文中，optimum 意为"最适宜的"；optimisme（乐观主义）由此派生。参见第 191 页。

座中世纪奥古斯丁式的'天城'而已。"[4] 在这个意义上，18 世纪与现代的关系远不如 18 世纪与中世纪的关系来得密切。这启发人们对启蒙理性的反思。

3. 启蒙与自然法

自然法是一种古老的学说，但在 17 世纪被重新发现，被赋予了新的角色。该著指出："17、18 世纪的思想家非常清楚，在古代和中世纪的思想中，自然法都占有显著地位，但是他们又认为，随着基督教的分裂和近代国家的出现，自然法获得了新的角色。……启蒙运动的关键性争论之一就是，人类的认知力量，包括道德力量能否以及在何种程度上足以引导现实世界的生活；自然法处于这一争论的中心。"（第 241 页）进一步而言，在 18 世纪的德意志、苏格兰、法国，自然法被不同地理解和运用。本书第三部分提供了这方面的一个丰富画面。

近代自然法的发现，最早可追溯到 17 世纪的德意志，普芬道夫是重要的开创者。随着生灵涂炭的三十年战争结束和威斯特伐利亚条约的签订，德意志的政治语境发生变化；与此相适应，神圣罗马帝国框架下的罗马法被一种以自然法为精髓的"国家间法"所消解。以此为开端，克里斯蒂安·托马修斯、克里斯蒂安·沃尔夫进一步为近代自然法引入了人的责任与义务的观念。到 18 世纪，"自然法先是被休谟、边沁与康德所扼杀，既而又被历史主义、唯心主义与实证主义所埋葬"（第 268 页）。但是，这种说法言过其实，康德的贡献在于，把近代自然法理论由"不确定论述"阶段引入"确定论述"阶段。其中最关键的，是"把关于自然法的形而上学转变为关于自然权利的形而

---

[4] 卡尔·贝克尔：《18 世纪哲学家的天城》，何兆武译，北京：北京大学出版社，2001 年，"译序"。笔者的进一步讨论见卡尔·贝克尔：《人人都是他自己的历史学家：论历史与政治》，马万利译，北京：北京大学出版社，2013 年，译者序"卡尔·贝克尔的生平与学术"。

上学";在这里,该著特意区分了德语"Naturrecht"可表达的这两种语义。该著对于康德的这一贡献不吝溢美之词:"康德的新的'哲学高调'——应合他的众多头衔——高屋建瓴,势如破竹……而在法哲学方面,它使大多数评论家相信,康德本人的事业与莱布尼茨派或沃尔夫派的学者们大相径庭,而普芬道夫学派与托马修斯学派的学者们几乎就不能算是哲学家了。"(第 280 页)

苏格兰启蒙运动在 18 世纪启蒙运动中的重要性,近些年越来越受学术界的重视。就国内而言,浙江大学多年来每年举办一次"苏格兰启蒙运动研讨会",难能可贵。应该说,这与苏格兰启蒙运动对自然权利学说的突出贡献有关。康德的"自然权利转向"还可以放到 17 世纪苏格兰政治语境中考察;而 18 世纪的苏格兰启蒙运动对自然权利的全面阐释,为欧洲大陆启蒙运动中自然权利学说与实践的扩散提供了思想资源。光荣革命之后,苏格兰境内形成一股反革命的逆流。一些大学教授不愿意宣誓效忠长老会国教,有的辞去教职,他们"针锋相对地摆出了各种基于自然法的道德与政治理论"(第 285 页)。苏格兰启蒙运动中群星璀璨,每个人都从独特的角度阐述自然法。格肖姆·卡迈克尔是格拉斯哥大学第一位道德哲学教授,他通过革新经院主义,"对自然权利传统在苏格兰大学的确立做出了有意义的贡献"(第 286 页)。弗朗西斯·哈奇森借用古代斯多亚派道德学家的教诲,将自然权利建立在美德的基础之上,尽管权利与美德两种话语本身就难以调和。休谟在独特的怀疑论的基础上,提出自己的自然权利理论。他承认"财产权以及遵守诺言的义务为社会生活提供了制度安排,但是他认为这种安排在源头上是人为的、非自然的"(第 291 页)。在 1950 年代,亚当·斯密讲授法理学的学生笔记被发现,揭开了其法理学、历史学、经济学等的自然权利学说基础。通过斯密的"共感"观念,我们可以理解,他为什么反对重商主义,谴责政府干涉"人民以自己认为对自己最有利的方式从事证券与企业",认为那是对"人类最神圣的权利"的侵害(转引自第 298 页)。自然权利学说在苏格兰的另外一个果实是社会发展的四阶段说。凯姆斯勋爵、斯密等人把以往社会解释为渔猎社会、畜牧社会、农业社会、商业社会等阶段，其衡量标准其实是每个阶段基于自然法的社会安排。

18 世纪，自然法在法国的突出成就是社会契约论。一般认为，社会契约论肇始于霍布斯的《利维坦》，终于康德的《权利教义》（第332 页）。但其鼎盛时期却在法国，卢梭对社会契约论的激进化具有重要作用。卢梭通过"公意"概念、教育理论及其对古代社会的向往，将社会契约从一种假说变成现实的目标。"如果把狄德罗《百科全书》中当时那些按照正统洛克学说论及'社会契约'的词条与卢梭的契约论加以比较的话，卢梭版契约论的激进主义就变得很明显了。"（第 344-345 页）该书最后评价道：这位"有着古代灵魂的现代人真的将古代的'大同'与现代的'意志论'冶为一炉，是 18 世纪最复杂的契约论思想家"（第 355 页）。康德的"1790 年代的作品可以被认为是社会契约传统的完成与顶峰"。康德区分"目的王国"与"道德王国"、区分政治的法律基础与道德基础，"把契约论融入强大的一般道德理论之中，不愧是一流的政治哲学家"（第 359 页）。

4. 启蒙与商业

18 世纪不仅是政治思想启蒙的时代，也是商业活动兴起与商业观念转型的时代，二者互为表里。该书第四部分从奢侈、重农主义、政治经济学、所有权等角度对此予以介绍，向我们展现了启蒙时代的经济肖像。

"一个幽灵，在现代世界游荡，那不勒斯人斐迪南多·加利亚尼1751 年写道，这是'奢侈'的幽灵"（第 365 页）。本书关于 18 世纪商业问题的讨论，从奢侈开始，独辟蹊径，又合乎情理。一般认为，奢侈就是过度的个人消费，但本书采纳的是诸如亚当·斯密的定义：奢侈是一种"改良自身状况的愿望"，并认为那是一种"自爱"行为。《百科全书》中的"奢侈"词条对 18 世纪前半期关于奢侈的争论做了回顾和总结，本书选择考察 18 世纪法国和英国的多位思想家关于奢侈的争论：费奈隆的《忒勒玛科斯冒险记》以及寓言《蜜蜂》、曼德维尔的《抱怨的蜂巢》，此外还有沙夫茨伯里伯爵三世、弗朗西斯·

哈奇森和乔治·贝克莱、孟德斯鸠、让·弗朗索瓦·梅隆，以及伏尔泰关于奢侈的讽刺诗《俗人》（*Le Mondain*）。该著强调 18 世纪奢侈争论的广泛性与深远影响，后世学者似乎对此不够关注。撰稿人总体上承认奢侈作为禁欲主义的对立面，对于近代启蒙与商业的正面作用。值得注意的是，关于那位尚古的"日内瓦公民"对于巴黎无处不在的奢侈的批判，特别是其第一篇获奖征文，该著着墨甚少，这一点颇有意味。

政治经济学是 18 世纪政治思想的重头戏，也是启蒙运动在苏格兰和在商业领域的重要成就。著名的启蒙运动史家、苏塞克斯大学人文学院荣休教授唐纳德·温奇（Donald Winch）撰写的"苏格兰政治经济学"一章，颇有新意。首先，作者指出，"把苏格兰与政治经济学联到一起，却更多地属于后人的看法"（第 427 页），在当时可能是英格兰人对"苏格兰哲学家"（Scotch pheelosopher）的一种嘲讽。笔者看来，英格兰人对于苏格兰同胞的嘲讽与其对法国"启蒙哲人"的不屑相映成趣。其次，撰稿人对斯密的学说的形成与主要逻辑进行了解读，但着墨更多的是政治经济学的"政治"属性。他似乎预想到多数读者对于"事物的自然进程"的曲解和盲目追捧，因此有意突出斯密强调立法者在商业社会中的积极作用。作者指出，"《国富论》第五卷的目的是证明，在司法、国防、教育和公共事业领域，立法者负有积极义务，承担着其他任何机构不能承担的责任"（第 440 页），"斯密体系中的立法者学说是对（苏格兰）这个思想国度的贡献，也完全体现了民族的特点"（第 447 页）。最后，作者还向我们揭示，"斯密对斯图尔特是有失公允的，他有意识地从不提及斯图尔特的名字和作品"[5]，由此启发读者重新认识斯密学说的"原创性"。

18 世纪启蒙思想家关于商业的讨论，最终触及一个古老的根本性问题：所有权。或许是因为财产权问题在法国引起空前激烈的现实冲突，该书只论述了 18 世纪法国的所有权观念，而将英国只作为

---

[5] 第 429 页。詹姆斯·斯图尔特爵士著有《政治经济学原理探究》（1767 年）。

一个暗藏的对比物。18世纪法国的所有权观念是复杂的，我们既不能简单地指出其思想源头，也难以对这种观念的现实后果做出既中肯又有价值的评价。撰稿人指出，18世纪的所有权观念混合了古代智慧，但又与17世纪格劳秀斯、霍布斯和洛克的财产理论没有直接的连续性。卢梭关于财产与艺术及科学进步的宏论，有力地引导了法国在18世纪走向一条与众不同的追求所有权的道路。大厦将倾的路易十六声称要"用美德引导人们走向幸福"（转引自第474页）。巴贝夫将自己更名为格拉古·巴贝夫，几年后以阴谋推翻法兰西第一共和国之罪名被处死，开启了法国革命家对古代格拉古兄弟思想遗产的膜拜。罗伯斯庇尔试图根除所有权这"一切压迫与暴政的源头……恢复人性的一切权利和一切原初的尊严"（转引自第474页）。林林总总，这些都与17世纪的所有权观念相去甚远，也与英国以洛克为主的所有权观念大相径庭。这种差距启发我们思考英法两种不同财产观对各自的现实政治与历史进程的深厚影响。

该书关于启蒙时代商业论争的讨论，还启发我们从更长的时段思考学术界近年热议的"商业革命"。12世纪末13世纪初，欧洲的商业开始兴起。公元1500年前后，欧洲自南向北形成了地中海、中欧、波罗的海等区域性贸易网络。经过长达五个多世纪的发展，到18世纪，商业在欧洲逐渐取代此前人类数千年赖以生存的农业，成为财富的主要来源。这一过程被称为"商业革命"。行动的观念化总是迟于行动本身。到18世纪，即便在英国，人们对于商业的价值甚至其"德行"仍然保持怀疑。从奢侈主题开始，启蒙时代关于商业的论争，是新教伦理的发酵，进一步刷新了人们的造物观与人性论，为近代的"社会进步"与"人性堕落"都打开了缺口。

5. 启蒙与公共幸福

18世纪是启蒙的时代，也因此成为公共幸福与革命的时代。本书第五、六部分分别阐述启蒙与公共幸福和革命的关系。就公共幸福而言，本书选取开明专制、刑法改革、人民主权等为例证。

"启蒙"与"开明"语义同源，在英文中共享词根 enlightened。启蒙时代在政治上的一个现时结果，就是出现了一批受启蒙思想影响、奉行"开明专制"的君主。本书第 17 章"哲学王与开明专制"首先讨论了"哲学王"这一古典观念在 18 世纪的复兴，接下来评述腓特烈二世、叶卡捷琳娜二世和约瑟夫二世等几位典型的开明专制君主，最后回到理论层面，比较专制主义、绝对主义、开明专制君主等概念的内涵与历史演进逻辑。笔者看来，欧洲近代治国者大致经历了几种形态："新君主"、立宪君主、绝对君主、专制君主、开明专制君主，不过它们在时间和空间上有交叉重叠。对于这些概念，除古典时代的柏拉图、亚里士多德之外，马克思与佩里·安德森都做过明确阐述，但令人费解的是，国内思想界对此没有给予重视。本书关于开明专制的论述，对于我们理解这些概念及其背后的欧洲近代政治的发展理路，十分有益。而且，本书在这方面的论述材料对于国内学人来说也是新颖的，如：腓特烈二世的《无忧宫哲人作品集》与《反马基雅维里》、狄德罗的《献给叶卡捷琳娜二世的备忘录》、魁奈的《论中国的专制主义》。

西方近代的刑法改革是启蒙运动和 18 世纪政治思想的重要实践领域。伦敦大学学院政治思想史荣誉退休教授、边沁项目组高级研究员弗雷德里克·罗森（Frederick Rosen）撰写了第 19 章"功利主义与刑法改革"，其学术视野与问题意识令人赞叹。本章首先从"功利主义"角度分析近代西方刑法改革的哲学基础，包括孟德斯鸠关于自由与刑法的观点、贝卡里亚论犯罪与刑罚、边沁的罪刑相称学说；然后"把这些重要的思想家的哲学观点与那些更为现实的讨论，主要是在英国进行的讨论联系到一起"（第 527 页），去考察 18 世纪的刑法改革讨论，包括关于迈克尔·马登、威廉·佩利、塞缪尔·罗米利等关于死刑的讨论，威廉·埃登、约翰·霍华德、布莱克斯通等关于流放与囚禁的讨论，特别是边沁关于圆形监狱的讨论。在这样的论述框架里，启蒙与改革的关系被凸显出来，启蒙运动尽管不时因法国大革命而蒙受非议，但它所取得的最直接的人道主义成就与所带来的公共幸福无可置疑。

公共幸福的观念往前再走一步，势必触及人民主权这一根本性问题。启蒙不仅产生开明专制君主，也引发人民主权的呼声。卢梭堪称在启蒙哲人阵营中发出了人民主权的最强音。关于卢梭，该著开篇亮出一段十分精彩的评价："他是置身于天主教徒中的一个新教徒，是置身于王权帝国主义时代世界主义游客中的来自日内瓦小共和国的一个高傲市民，是对被供奉在 18 世纪最时髦的神龛中的'现代性'迎头痛击的批评家。这个人，就是卢梭。他在精神上与巴黎知识界相去甚远，虽然早年曾心向往之。"（第 551 页）该著还指出康德对于卢梭人民主权观念的发展。卢梭的肖像是康德书房里的唯一装饰，康德说自己一度"对无知的普通人不屑一顾。是卢梭改正了我，涤荡了我的盲目偏见"（转引自第 565 页）。但该书最后也指出："就人类道德进步的前景而言，康德是一位乐观主义者，卢梭是一位悲观主义者；但在另一方面，对于人性的缺点，康德比卢梭更多怀疑。"（第 569 页）这一论断启人心智，再一次推动我们思考启蒙运动在欧洲不同地区的异质性与不同的现实意义。

6. 启蒙与革命

18 世纪是启蒙的世纪，也是革命的世纪。启蒙与革命的关系是一代又一代学人萦绕于怀的命题，成为本书最后的落脚点。18 世纪的政治思想在欧洲奏响大陆启蒙思想与英伦岛屿启蒙思想的不同旋律，18 世纪的革命也上演了美国革命与法国大革命的不同乐章。本书将这两场革命置于 18 世纪政治思想的语境下考察，为我们展示了思想与行动、启蒙与革命的一致与吊诡。

"如果没有政府原理和实践方面的革命相伴随，美国的独立，若仅仅被视为从英国分离出来，那就是一件微不足道的事情"（转引自第 577 页），托马斯·潘恩的总结是对，但进一步而言，"美国革命的激进主义"体现在哪里？创造这一术语的美国历史学家戈登·S.伍德为本书撰写了第 21 章"美国革命"，指出美国革命虽然"没有产生出能够跻身霍布斯、洛克、孟德斯鸠之列的大理论家，也没有造就出类似卢梭乃至布拉马基或普芬道夫的人物",但那些革命领袖的"政治思想所达到的创新性和融贯性确实令世人瞩目"(第577页)。作者具体考察了美国革命时代关于英国宪政、代表权、立宪主义、共和国的大小、人民主权等的思想观念,但对法国启蒙思想的影响着墨甚少,即便在讨论人民主权观念时,也更多地引用反联邦派的观点,而罔顾卢梭,似乎在有意撇清美国革命与欧洲特别是法国启蒙思想的关系。对此笔者深以为然,美国革命领袖不是书斋里的学者,他们是行动派;进一步而言,他们的行动原则更多地来自对母国英国政体理论的反思,而非对法国启蒙思想的因循。有论者指出,独立前后,最受殖民地读者欢迎的读物依序是:《圣经》、古典著作、时评小册子,由此可见一斑。

很多人将法国大革命作为解读启蒙与革命的关系的首选案例,主要考虑到法国大革命的决绝与恐怖。这种分析框架的确具有解释功能,但最大问题是将启蒙与法国大革命都看作是单一性的,结果在两者之间建立其简单的因果关联。本书没有落入这一窠臼。作为思想史著作,本书特别关注法国大革命时期的"政治语言",凸显各种政治话语之间的对立与冲突。如果说法国革命前启蒙思想内部就有两种不同甚至对立的潮流,大致以伏尔泰与卢梭为旗帜,那么,这些对立的观念一直贯穿于大革命的始终。作者指出:"如果说这些相互竞争的话语任何一种都不能完全决定法国大革命的语言,那么后者也是在以这些话语为基础的创造性即兴发挥的过程中形成的。"(第600页)由此,法国大革命被解释为某一支思潮的"即兴发挥"。进一步而言,在革命的洪流中,政治思考"始终是被分别依据意志论话语和理性论话语提出的两种主张之间的张力所深深地制约着"(第609页),由此形成"两种自由语言",一种以西哀耶斯为代表的理性论话语,另一种源于古典共和主义的意志论话语,马拉是其拥趸。最后,"轮到人称'不可腐蚀者'的罗伯斯庇尔来确立美德统治"。作者最后意味深长地指出:"至此,'革命'不再具有原初意义上的那种受天文学影响的周而复始的循环观念……这个词越来越具有以无限进步的未来为取向的、更积极和更扩展的意义;它被用于表示旨在改善人类处境的社会与文化转型的动态过程与后果。"（第 625-626 页）法国大革命的完成，也是"法国大革命"概念化的完成。

苏珊·邓恩形象地将美国与法国的革命并称为"姊妹革命"。阿克顿勋爵写道："法国人从美国那里拿来的是他们发动革命的理论，而不是他们切割又缝合政府的理论。"[6] 美国"国父"之一古维诺尔·莫里斯在法国大革命正酣之际指出，法国"以天才人物取代理性作为革命的指导，以实验代替经验，在闪电和阳光之间，他们更愿意选择前者，也正因为此他们一直在黑暗中摸索徘徊"。[7] 美法革命对启蒙思想的不同理解与选择，导致不同的过程与结果，本书的解读更让人警醒。

二

如果说 18 世纪政治思想的主调是启蒙，那么这种启蒙并非单一的奏鸣曲，而是在与众多复调的交响中不断走向高潮；而启蒙的正当性与进步性正是在这种交响中不断被渲染、质疑与矫正。

本书特别重视启蒙运动的异质性，突出其在空间与人物上的细微差异。法国被视为启蒙运动的"故乡"，但主要是反天主教以及某种形式的反基督教。其结果是出现了高卢派与詹森主义。欧洲大陆其他地区的启蒙不以反天主教为特色，相反，有所谓"天主教启蒙"，其表现是多位"开明的"、信奉天主教的君主。苏格兰的启蒙因内部张力而独具特色，休谟的怀疑论就是对理性主义的一种反对，常识学派是矫枉过正。在美国，托马斯·潘恩的《常识》通篇宣扬独立这一反常识的主题，其本人晚期在《人的权利》《理性时代》等作品中对信

[6] 阿克顿：《法国大革命讲稿》，秋风译，贵阳：贵州人民出版社，2004 年，第 34 页。参见苏珊·邓恩：《姊妹革命：美国革命与法国革命启示录》，杨小刚译，上海：上海文艺出版社，2003 年，朱学勤"中译本序（一）"，译文为"法国从美国人那里学来的是革命理论，而不是政体理论；是他们一刀两断的气魄，而不是修修补补的艺术"。

[7] 转引自苏珊·邓恩：《姊妹革命：美国革命与法国革命启示录》，扉页。

仰的不恭敬，可以解释其晚年为什么会遭到厌弃。

异质性在18世纪的英国更加隐微。1707年《合并法案》将苏格兰王国与英格兰王国合并为单一的大不列颠政治实体，但相比苏格兰，英格兰在很多时候、很多方面都并非启蒙运动的主战场。霍布斯、洛克为启蒙思想注入了第一口仙气，紧随其后的是一批务实的政治理论家，而非启蒙思想家。在18世纪，英格兰以其宪政体制而非政治学说受到其他地区启蒙思想家的礼赞。英国宪政体制的核心是"国王在议会中"这一混合政体，包括议会主权、平衡原则、分权原则。这一整套体制与观念的基础，是习惯法或者说普通法体系。18世纪的自然法在英格兰以习惯法的面目出现，避免了太多的理论纷争；英国宪政在18世纪的发展，成为启蒙运动在整个欧洲结出的最具现实意义的果实。

被法国启蒙哲人奉为圭臬的比较法一开始就面临质疑。休谟怀疑因果关系与推理的价值，但没能减弱法国启蒙哲人的比较热情。本书将赫尔德树为怀疑比较法的典型，指出赫尔德在其《另一种历史哲学》中嘲笑了比较方法，以及对人类的生活方式、文学和政治制度进行比较的意义（第166页）。这种批评在今天被越来越多的人认同，人们认识到这种比较法为"欧洲中心论"提供了方法论。该书指出："启蒙运动时期的比较分析完全取决于在欧洲和'他者'之间做出二元划分，而这种分析旨在强化欧洲对非欧洲人的统治。"（第168页）因此，基于比较法而构建的帝国体系的正当性，从一开始就受到18世纪政治思想家的质疑。一些人甚至由此怀疑启蒙运动的理性基础。

18世纪政治思想史中最有力的反调可能是对社会契约论的挑战，这直接触动了一部分启蒙思想家为政治世界设定的引以为豪的理性基础。大致说来，洛克的"同意"观念与霍布斯关于"自然状态"的设想铺就了社会契约论的逻辑起点，卢梭使社会契约论在法国激进化，康德"1790年代的作品可以被认为是社会契约传统的完成与顶峰"（第356页），"塑造了他那巧妙、细致但又晦涩、脆弱的契约论"。契约论的这一发展轨迹"可以说是对黑格尔名言的完美体现：密涅瓦的猫头鹰只是在薄暮降临时才悄然起飞"（第359页）。契约论为康德所完善之日，正是行将没落之时。实际上，契约论的演进始终与反契约论相伴随。在 18 世纪，波舒哀退守神授权利论，借由大卫与所罗门的智慧拒斥契约论。开明君主及其拥护者都宁愿相信"哲学王"而非未经考据的一纸契约是正当权威的来源。"18 世纪中叶最强悍的反契约论者是休谟……休谟以'全歼'洛克学说的方式，对契约论展开了攻击。"（第 341 页）黑格尔果断斩断了契约论与意志论的关联，进而为功利主义对社会正义的重新阐释打开了大门。边沁尝言，社会契约论是"高跷上的胡话"，而"拔除它的第一根木跷的，正是休谟"（第 360 页）。柏克将法国大革命的恶果演变成压死契约论的最后一根稻草。他指出，社会应该是一种历史遗产，而非理性的命令或意志的产物。该书最后指出，到 19 世纪初，社会契约论从它的显赫地位上衰落下来，代之而起的是伯克、功利主义、黑格尔。随着黑格尔和边沁在 1831 年和 1832 年相继去世，契约论的死期也被宣告来临。很少人曾预想到，在 20 世纪晚期会出现一个新的契约论时代，揭橥大旗的是罗尔斯的《正义论》，它坦承以霍布斯、洛克、卢梭和康德为基础（第 360-361 页）。

　　政治经济学是 18 世纪政治思想以及启蒙学说在经济学领域的划时代成果，但是，政治经济学是一个有着众多"复调"的篇章。它的基调是"国家经济"，因此是一门区别于古典城邦经济、家庭经济、王室财政的新的"科学"。在这方面，该书的贡献在于，将重农主义、重商主义以及官房学派从亚当·斯密的学说的遮蔽下解脱出来，让我们注意到近代政治经济学的丰富性。关于重农主义，该书提醒读者不应该忘记，斯密最初要把《国富论》献给魁奈。实际上，18 世纪中期，重农学派在法国、意大利、甚至美洲与亚洲的殖民地都曾风光一时。至于重农学派的衰落，该书认为有理论之外的现实原因，"将'谷物战'不仅仅视为重农学派的危机，而且也视为'启蒙运动的危机'，是正确的"（第 412 页）。重商主义处于政治经济学光谱中被亚当·斯密学说遮蔽的另一端。它虽然到 18 世纪已经式微，但本书并没有忽视它对亚当·斯密的影响。

　　关于 18 世纪政治思想史谱系的解读，该书的一个突出贡献是发现了官房学派并将其置于突出位置。官房学（cameralism）对于国内学界可能是个陌生的领域，不少人对这个术语可能闻所未闻，一些人甚至把它简单地误译为"重商主义"。独立学者、苏塞克斯大学高级访问研究员基思·特里布尔（Keith Tribe）专门撰写了第18章"官房学与治国之术"，可作为官房学研究的入门性导读，同时也是前沿性评述。作者指出："官房学本是一种学院课程，旨在培养18世纪德意志各邦国的行政官员。作为一种书面话语，它存在于1720年代至1790年代间德意志、奥地利以及波罗的海地区众多大学用于教学的数百本教科书中。"（第507页）在笔者看来，官房学可以说是德意志版的政治经济学。它关注"国君财富"甚于"国民财富"，是一门关于"国君财富的性质与来源"的学问。但是，它并不强调二者的对立，而是提倡将国君财富从国民财富中区分出来，并认为国民财富与国君财富是并行不悖的。官房学与其他政治经济学有着共同的关怀，这突出表现为治安学，但是对这个主题的探讨，德意志人与苏格兰人似乎是在各行其是。

三

该书卷帙浩繁，内容十分丰富，在编撰体例上独具一格，而且保留了各位撰稿人的特色。

本卷的24个主题"涵盖了18世纪政治思想中的所有重大主题"。编者指出："除了关注18世纪'文人共和国'当中领袖人物的重要作品之外，我们还希望能涉及相对次要的人物的文本，后者通常通过具体的地方语境，并且以当地习语对国内和国际争论做出了贡献。我们力求不但考察启蒙时代的杰出论著，也顾及这一时代大量的零散时文，这么做既是因为在我们看来有必要填补造成高峰突起的山谷，更是因为，根据我们的判断，18世纪政治思想中反复出现的核心话题，有一些是需要在那些或许更具历史重要性而非哲学重要性的作品中加以探究。"（第7页）虽然书名称18世纪，但其内容往前延伸到17世纪末洛克的宗教宽容思想，因为编者考虑到它是本卷主题启蒙运动的动力之一，而且被 17 世纪卷忽略；往后还覆盖 19 世纪初的拿破仑时代，编者认为那个时代是启蒙思想在政治上的延续，"如果忽略了法国大革命，也就意味着否定晚期启蒙思想的直接影响和最直接的政治冲击……"（第 8 页）虽然书名称政治思想史，但内容包含经济、法律、神学等众多领域，其中对官房学、刑法改革、宗教宽容等问题的论述，别开生面。就内容丰富性而言，该卷堪称国内外同类政治思想史著作之首。

这本大部头的学术著作的内容丰富性还在于，他提供了 200 多页的延伸性阅读材料。编者专门汇编《人物传略》，对本书所涉及的人物给予介绍。共 200 余词条，每个词条约二三百字，要言不烦，有的还别开生面。该书还提供了大量有价值的参考文献，包括重要著述、原始文献和二手文献。重要著述指在学术界具有持久影响力的权威作品，如：E. 卡西尔、伯纳德·贝林、福柯、彼得·盖伊等人的学术著作，共 40 余部。原始文献指 18 世纪主要政治思想家的作品，共 500 余部，篇目齐全，更重要的是提供了可靠的版本。二手文献是一般性的学术著作，包括论著和论文，以及主要的学术期刊。

与内容的丰富性相称，该卷选择了包容性很强的编撰体例和写作风格。编者"遵循 18 世纪'文人共和国'的精神，邀请不同年龄、不同背景和不同地区（欧洲和北美）的专家为我们撰稿"，"每个人都独立地理解各自分担的章节"（第 11 页）。开卷第 1 章"各民族的精神"由剑桥大学圣约翰学院研究员希尔瓦纳·托马塞里撰写，体现了撰稿人广阔的学术视野和内敛的文字风格。其关于法兰克人、希腊人、罗马人的思想遗产的平行叙述，关于伏尔泰《哲学通信》《巴黎高等法院史》《亨利亚特》与孟德斯鸠《论法的精神》的对比评介，为读者打开了一个走进本书的入口。相比之下，由德国美因河畔法兰克福大学政治科学教授依林·费切尔撰写的第 20 章"共和主义与人民主权"，则显得才华横溢。令读者拍案叫绝的是，该文解读共和主义，竟从卢梭入手。而他开篇那段关于卢梭的生动而文采飞扬的介绍，相信读者会过目不忘。

　　虽然从上述六部分的篇名中，读者可以体会出思想史的大致时间顺序；但是，本卷的 24 章不是按照时间先后编排，也不是提供"一部相互关联的思想者传记合集"（第 7 页），而是"以主题来组织全书结构"。可以说，24 章既相互关联，又独立成章。该书没有明确设立以启蒙运动为题的一章，而是将启蒙运动在不同时代、不同地区的众多论争分散到不同章节予以具体考察。这种处理方式是明智的，它与启蒙运动本身的丰富性与异质性是相称的，应该说也是本书在众多同类主题的著述中的一个亮点。当然，这种做法与本书由众多撰稿人合作而成有关。

　　在国内近些年流行"简史"的读书氛围中，这本大部头的学术著作可能令普通读者望而生畏。本书以丰富的内容，独特的体例，向我们展示了 18 世纪政治思想的启蒙主调以及丰富的复调。它促使读者思考，18 世纪是启蒙的时代，更是一个众声喧哗的争论时代，其奥义有待后世不断地聆听。该著告诉读者，大多数启蒙思想家没有居高临下的传道姿态，相反更多的是在自下而上地挑战既有的思想观念。启蒙思想家并不以光明之炬的持有者自居，他们倡导理性，也以理性怀疑对理性的倡导。掩卷沉思，启蒙永远是一个未竟的事业，永远在路上。

作者简介

（按文章出现先后顺序）

高力克，北京师范大学法学博士，浙江大学传媒与国际文化学系教授。主要研究领域为中国近现代思想史，主要学术著作有《历史与价值的张力：中国现代化思想史论》《调适的智慧：杜亚泉思想研究》《求索现代性》《五四的思想世界》《自由与国家：现代中国政治思想史论》等。

李家莲，英语语言文学专业学士、硕士，伦理学博士，浙江大学经济学院博士后。现任湖北大学哲学学院教授、博士生导师，高等人文研究院副院长。主要研究 18 世纪苏格兰启蒙学派道德哲学、美德伦理学和美学。已出版专著《道德的情感之源：弗兰西斯·哈奇森道德情感思想研究》和译著多部。

张正萍，毕业于北京师范大学，获得历史学学士、硕士学位和文学博士学位。现任浙江大学历史学院副教授。研究方向为 18 世纪苏格兰启蒙运动，现在从事苏格兰启蒙史学研究。已出版专著《激情与财富：休谟的人性科学与其政治经济学》，译著《苏格兰启蒙运动中的商业社会观念》《政治与经济：休谟论说文集》《偷窃历史》等。

王楠，北京大学社会学博士，现任中国政法大学社会学院社会学系副教授，硕士生导师。主要研究领域为古典社会学理论、西方早期现代社会理论、影视与社会文化等。已出版《劳动与财产：约翰·洛克思想研究》、《自由与教育：洛克与卢梭的教育哲学》（合著）等。

周保巍，华东师范大学政治学与国际关系学院副教授，主要研究领域为西方政治思想史、思想史方法论、国际政治思想。已出版译著《休谟与卢梭：他们的时代思想》《民族语境下的政治思想史》《大卫·休谟传》《现代政治思想史：从霍布斯到马克思》等多部，发表论文多篇。

张国旺，清华大学法学博士，现为中国政法大学社会学院社会学系副教授。主要研究领域为社会理论、法律社会学、政治哲学。出版专著《从自然到政治：卢梭社会思想的内在运动》（即出），发表论文多篇。

金雯，华东师范大学中文系比较文学与世界文学教授、博士生导师。著有 *Pluralist Universalism* 和《被解释的美》，在国内外期刊上发表过各类研究现当代文学和 18 世纪文学的论文，兼任 *International Journal of Cultural Studies* 期刊编委。译著包括布鲁姆《影响的剖析》、翁达杰诗集《剥肉桂的人》和乔丽·格雷厄姆诗集《众多未来》等。并以笔名"莫水田"在自媒体上发布各类文章，进行随笔和诗歌写作。

范昀，浙江大学传媒与国际文化学院国际文化学系副教授，浙江大学美学与批评理论研究所副所长，博士生导师。主要研究领域为伦理学与美学、现当代英美文论、18 世纪欧洲的美学史与思想史等。已出版专著《追寻真诚：卢梭与审美现代性》等。

应奇，哲学博士，华东师范大学哲学系教授。主要研究方向为西方政治哲学、道德哲学、语言哲学、中西哲学比较等，兼任中华全国外国哲学史学会理事。

邓晓芒，中国著名哲学家和美学家，现任华中科技大学哲学系教授、德国哲学研究中心主任。主要研究方向为德国哲学，美学、文化心理学、中西文化比较等。

康子兴，北京大学法学博士，现任北京航空航天大学人文与社会科学高等研究院副教授。主要研究领域为政治哲学、古典政治经济学与古典社会理论。已出版专著《社会的立法者科学：亚当·斯密政治哲学研究》，译著《论文明社会史》《亚当·斯密与启蒙德性》《商业社会中的政治》等。

马万利，北京师范大学历史学博士，现任大连理工大学人文与社会科学学部教授（历史学）、博士生导师。主要研究方向为西方近现代思想文化史、美国史等，并致力于学术译介。已出版译著《人人都是他自己的历史学家：论历史与政治》、《常识》、《反联邦论》、《剑桥十八世纪政治思想史》（合译）等，发表论文多篇。